Choa Kok Sui

Grundlagen des Pranaheilens

Choa Kok Sui

Grundlagen des Pranaheilens

Bauer

Verlag Hermann Bauer
Freiburg im Breisgau

Die Deutsche Bibliothek – CIP-Einheitsaufnahme

Ein Titeldatensatz für diese Publikation ist bei
Der Deutschen Bibliothek erhältlich

Mit 27 farbigen Abbildungen und 80 Zeichnungen

Die englische Originalausgabe erschien 1987 beim
Institut for Inner Studies, Inc., Manila, unter dem Titel
The Ancient Science and Art of Pranic Healing

Deutsch von Luise Kösling

7. überarbeitete und erweiterte Auflage 2000
ISBN 3-7626-0812-1

Einband: Kreativ Design Gerd Aumann, Wiesbaden
Satz: Fotosetzerei G. Scheydecker, Freiburg i. Br.
Druck und Bindung: Wiener Verlag GmbH, Himberg
Printed in Austria

Meinen Eltern,
meinen verehrten Lehrern,
besonders
meinem Lehrer Mei Ling,
und meiner Heimat,
den Philippinen und China,
gewidmet.

Danksagung

Meinem verehrten Lehrer Mei Ling und allen anderen, die mir ihre Unterweisung und ihren Segen zuteil werden ließen.

Mike Nator und anderen Hellsichtigen, die ihre Zeit opferten und sich für verschiedene Experimente und deren Überprüfung zur Verfügung stellten.

Meiner Frau, die mir bei meinen anderen Arbeiten half und dadurch das Schreiben dieses Buches möglich machte.

Dr. Rolando Carbonell, Marilou Guillen und Lynn Payno für ihre wertvollen Ratschläge und die Redaktion der Arbeit.

Dem Künstler Benny Gantioque für die Illustrationen. Dank auch allen hier nicht Genannten für ihre Hilfe und Unterstützung.

Inhalt

Vorwort von Dr. Eric B. Robins 11
Einführung 15

Kapitel 1
Das Wesen der Pranaheilung 19

Was ist Pranaheilung? 19 · Prana oder Ch'i 20 · Der bioplasmatische Körper 22 · Meridiane oder Bioplasmakanäle 23 · Anwendung von Prana in der Akupunktur, Akupressur und Reflexzonenmassage 23 · Selbstheilung und Lebensenergie 24 · Was kann man durch Pranaheilung erreichen? 25

Kapitel 2
Innere Aura, Gesundheitsaura und äußere Aura 27

Bioplasmatischer Körper und physischer Leib 30 · Erscheinen der Krankheit im bioplasmatischen Körper 30 · Die Energiezentren 31 · Der Mechanismus psychosomatischer Leiden 32 · Äußere und innere Faktoren von Erkrankungen 35 · Welche Funktionen hat der bioplasmatische Körper? 36 · Grundprobleme und Verfahren der Pranaheilung 36 · Kurzer Überblick über die vier Stufen der Pranaheilung 37 · Die verschiedenen Zertifikate 38

Kapitel 3
Grundstufe der Pranaheilung 40

Grundprinzipien 40 · Erhöhung des Energieniveaus 43 · Hand- und Fingerchakras 44 · Sensibilisierung der Hände 45 · Das Scanning 49 · Das Sweeping 53 · Das allgemeine Sweeping 54 · Das örtliche Sweeping 56 · Erhöhung der Empfänglichkeit des Patienten 58 · Energetisierung mit Prana: Handchakra-Technik 59 · Stabilisierung des übertragenen Prana 64 · Die Freisetzung der Pranaenergie 65 · Der »bioplasmatische Müllschlucker« 66 · Fünf Dinge, die bei der Pranaheilung zu vermeiden sind 68 · Wann ein Heiler nicht heilen sollte 69 · Stufen der Heilung 69 · Kann man ohne Scanning heilen? 71 · Kritische Faktoren beim Heilen 71 · Die elf Hauptchakras 72 · Behandlung einfacher Fälle: Kopfschmerzen 82 · Überanstrengte oder müde Augen 82 · Ohrenerkrankungen 83 · Zahnschmerzen 83 · Erkältung mit Husten und Schnupfen 84 · Fieber 85 · Magenschmerzen und Beschwerden durch Blähungen 88 · Durchfall 89 · Verstopfung 89 · Dysmenorrhöe (schmerzhafte Menstruation) 90 · Unregelmäßige oder ausbleibende Menstruation 91 · Muskelschmerzen und Verstauchungen 91 · Rückenschmerzen 91 · Schulter-Arm-Syndrom 91 · Schnittwunden, Verbrennungen, Verletzungen durch Stoß oder Erschütterung 92 · Sonnenbrand 92 · Ekzeme und leichtere Hautausschläge 93 · Schlaflosigkeit 93 · Allgemeine Schwäche 94 · Insektenstiche 94 · Furunkel 94 · Pickel 94 · Schluckauf 96 · Nasenbluten 96 · Steifer Hals 96 · Muskelkrämpfe 96 · Wichtige Faktoren bei der Behandlung 97 · Die holistische oder ganzheitliche Sicht beim Heilen 98 · Wie setzt man gezielt Willenskraft und Absicht ein? 99

Kapitel 4

Mittelstufe der Pranaheilung 101

Einziehen von Prana durch Pranaatmung 101 · Aufnahme von Prana aus Boden, Luft und Bäumen 104 · Sensibilisierung der Hände durch Pranaatmung 107 · Scanning mit den Fingern 108 · Sweeping in Verbindung mit Pranaatmung 109 · Energetisierung durch Pranaatmung 110 · Energetisierung durch verteilendes Sweeping 113 · Die Beseitigung kranker bioplasmatischer Materie 113 · Empfehlung für den praktischen Ablauf einer Behandlung 114 · Die Rotation der Chakras 114 · Andere Heiltechniken: Die Extraktionstechnik – Methode bei Naturvölkern 117 · Die Extraktionstechnik – Grundstufe 117 · Die Extraktionstechnik – Stufe für Fortgeschrittene 118 · Der kurzgeschlossene Kreislauf – Reinigung und Energetisierung 118 · Der kurzgeschlossene Kreislauf – Verteilung von Prana 119 · Die Energetisierung von Objekten 119 · Die Behandlung leichter und schwerer Krankheiten 120 · Behandlung einiger Fälle: Masern, Röteln und Windpocken 121 · Mumps und Halsentzündung (Angina) 122 · Zahnfleischbluten 123 · Parodontose/Parodontitis (Entzündete Parodontose) 123 · Ohnmacht 123 · Kurzsichtigkeit, Weitsichtigkeit und

Astigmatismus 124 · Schielen 125 · Glaukom (Grüner Star) 125 · Herzerkrankungen 126 · Hoher Cholesterinspiegel 128 · Bluthochdruck 129 · Lungenerkrankungen 130 · Asthma 131 · Leberleiden 133 · Magen- und Zwölffingerdarmgeschwür 134 · Nieren- und Blaseninfekte 134 · Störungen im Sexualbereich 135 · Erkrankungen der endokrinen Drüsen 136 · Knochenbrüche (gebrochener Finger) 136 · Kleine Brust 137 · Schütteres Haar 137 · Hämorrhoiden 137 · Chronische Blinddarmentzündung 138 · Sinusitis (Stirn- und Nebenhöhlenentzündung) 138 · Verlust des Geruchssinns 138 · Häufiger Harndrang (bei Kindern Bettnässen) 138 · Vergrößerung der Prostatadrüse 139 · Arthritis und Rheumatismus 139 · Schwere Arthritis 139 · Arthrose 139 · Gicht 140 · Gelenkrheumatismus (Chronischer Rheumatismus) 141 · Wirbelsäulenverkrümmung (Skoliose) 143 · Lähmung aufgrund eines Schlaganfalls 143 · Frauen in der Schwangerschaft 144 · Prä- und postoperative Behandlungen 145 · Linderung für Krebspatienten 146 · Verzögerung des Alterungsprozesses 147 · Streß oder Anspannung 148 · Was ist zu tun, wenn Sie sich nicht ganz sicher sind? 149 · Das Prinzip der Zeitverzögerung 149 · Weshalb manche Patienten nicht geheilt werden 150 · Gesundheitsprobleme, die beim Heiler auftreten können 151 · Die Vibrationsgeschwindigkeit des bioplasmatischen Körpers 153

Kapitel 5

Die Prana-Selbstheilung und invokative Pranaheilung 155

Die manuelle Technik 155 · Die Selbstfernheilung 156 · Die Porenatmung 156 · Tao-Technik oder die sechs heilenden Tao-Laute 157 · Die Chakra-Atemtechnik 158 · Die Prana-Atemtechnik 159 · Die Visualisierungsmethode 159 · Meditation über das weiße Licht 160 · Körperübungen 161 · Das Stärken der körperlichen und geistigen Kräfte 162 · Das Bad mit Salz und Wasser 163 · Die Vermeidung negativer Emotionen und Gedanken 165 · Die holistische Methode der Selbstheilung 165 · Probleme bei der Selbstheilung 166 · Das Karma 166 · Die Neutralisierung negativen Karmas 170 · Richtlinien für ethisches Verhalten 171 · Die invokative Pranaheilung 172 · Das Prinzip der Verteilung oder Freisetzung 175 · So lernt der Patient die Technik der Selbstheilung 176 · Die Selbstheilungs-Affirmation 177 · Die Einsetzung eines Heilengels 178

Kapitel 6

***Die Prana-Fernheilung* 180**

Das Fernscanning 181 · Fernreinigung und Fernenergetisierung 182

Kapitel 7

***Fallgeschichten aus aller Welt* 184**

Amerika (USA) 184 · Argentinien 186 · Brasilien 186 · Deutschland 187 · Finnland 188 · Indien 188 · Indonesien 191 · Irland 193 · Italien 193 · Kanada 194 · Mexiko 195 · Niederlande 196 · Österreich 198 · Philippinen 198 · Schweiz 200 · Singapur 201 · Uruguay 202 · Venezuela 203

Kapitel 8

***Meditation über zwei Herzen – Weg zur Erleuchtung* 206**

Meditation über zwei Herzen 213 · Stärkung der Heilkraft 214 · Arhata-Yoga 216 · Referenzen 216 · Persönlichkeitsbildung: Die fünf Tugenden 220 · Empfohlenes Vorgehen 224

***Kontaktadressen* 227**

***Literaturhinweise* 230**

***Register der behandelten Krankheiten* 232**

Hinweis

Die in diesem Buch beschriebenen Methoden und Techniken sind mit Sorgfalt zusammengestellt und lange erprobt. Dennoch übernehmen weder der Autor noch der Verlag die Verantwortung dafür, wie diese Techniken gebraucht werden. Pranaheilen will die Schulmedizin nicht ersetzen, sondern ergänzen. Bei Erkrankungen sollten in jedem Fall unverzüglich ein Arzt und ein zertifizierter Pranaheiler hinzugezogen werden.

Vorwort

Damit Sie von vornherein wissen, mit wem Sie es zu tun haben, möchte ich mich Ihnen kurz vorstellen. Ich bin praktizierender Urologe in Los Angeles, Kalifornien. Es machte mir schon immer Freude, als Mediziner zu arbeiten. Ich war ein Verfechter der allopathischen Standardmedizin und operierte gern. Gerade diese Leidenschaft für die Medizin und die Gesundheit meiner Patienten machte mir jedoch auch bewußt, daß in meiner Ausbildung und Praxis etwas fehlte. Mir wurde klar, daß ein erheblicher Prozentsatz meiner Patienten durch die allopathische Medizin nicht geheilt werden konnte. Ich wollte aber nicht länger nur die Symptome behandeln anstelle des ihnen zugrundeliegenden Problems.

So stellte ich das Grundprinzip der allopathischen Medizin in Frage: daß der Körper Arzneimittel oder Operationen braucht, um geheilt zu werden. Ich empfand die Arbeit innerhalb der Grenzen dieses Prinzips als äußerst frustrierend, da es vom Patienten weder seine Mitwirkung noch, was wesentlicher ist, eigene Verantwortung für seine Heilung verlangt. In Wahrheit heilen nicht die Ärzte, die Menschen heilen sich selbst. Ich kann als Mediziner eine bakterielle Infektion feststellen und zur Bekämpfung ein Antibiotikum verschreiben, aber damit gebe ich dem körpereigenen Immunsystem lediglich die Chance zu »kämpfen«, in Aktion zu treten und selbst den wirklichen Heilungsprozeß in Gang zu setzen.

Als ich vor etwas über einem Jahr das Pranaheilen entdeckte, war ich sofort begeistert, denn hier lag ein System vor, das die »Lücken« füllte, die ich bei meiner Arbeit sah. Ein System, das sich mit der Entstehung von Krankheiten befaßte, das eine fundierte Ergänzung zu meiner medizinischen Praxis darstellte und das vor allem zeigte, wie der Körper durch Pranaheilen wirkungsvoll in seiner Selbstheilung unterstützt werden kann.

Nachdem ich bei einigen meiner Patienten das Pranaheilen angewandt hatte, stieg meine Erfolgsquote bei der Heilung akuter und chronischer Krankheiten sprunghaft an. Als meine »Arbeit« dann im Krankenhaus bekannt wurde, schickten mir einige Kollegen ihre schwierigeren Patienten, bei denen eine gründliche medizinische Standardbehandlung versagt hatte. Nach mehreren Pranabehandlungen ging es auch diesen Patienten ohne Ausnahme besser.

Bevor ich mich mit dem Pranaheilen befaßte, hatte ich relativ häufig medizinische Hypnose eingesetzt. Meine Studien auf diesem Gebiet machten mir klar, daß negative Emotionen im Körper festgehalten werden können. Bedenken Sie: Wenn jemand erzählt, er sei ärgerlich oder niedergeschlagen, kennt er diese Emotionen nur als Gefühle, Verspannungen oder Unbehagen im Körper! Durch Pranaheilen habe ich gelernt, daß Streß und negative Emotionen, die im Körper verblieben sind, Blockaden im Energiesystem des Körpers hervorrufen. Wird die Selbstheilungsenergie des Körpers jedoch blockiert und kann nicht mehr richtig fließen, so kommt es zu Krankheiten. Diesen Zusammenhang zwischen körperlichen Erkrankungen und Energieblockaden läßt das Pranaheilen deutlich werden und bietet zugleich die Möglichkeit, diese mit leicht anzuwendenden Techniken zu heilen. Anhand einiger Beispiele möchte ich meinen Erfolg mit dem Pranaheilen belegen:

In der Klinik kam eine Frau zu mir, die über häufigen Harndrang klagte. Ich nahm, wie üblich, eine gründliche Untersuchung vor, um ernste Probleme wie eine Entzündung der Harnwege, einen Tumor oder eine neurologische Erkrankung auszuschließen. Als die gesamte Auswertung zu negativen Ergebnissen kam, sagte ich ihr, daß ihr Problem auf die körperliche Manifestation von Streß zurückzuführen sei. Sie erzählte mir daraufhin von erheblichen Schwierigkeiten zu Hause, einschließlich eines alkoholkranken Ex-Ehemannes. Außerdem hatte sie als alleinstehende Mutter drei kleine Kinder großzuziehen. Als ich ihre Aura abtastete, fühlte ich eine starke Energiestauung über ihrem Herzchakra und wandte hier Sweeping an. Danach fühlte sie sich erheblich besser und entspannter. »Alle Schwere ist von meinem Herzen genommen«, sagte sie erleichtert. Was sie in der Sprache des Pranaheilens als Emotion empfand, nahm ich als Energiestauung wahr.

Ein Kollege brachte eine Frau mit einem ganzen Komplex von Symptomen zu mir, einschließlich Harndrang und Blasenbeschwerden, Reizdarmsyndrom, Kopfschmerzen, Schlaflosigkeit und Verstopfung. Im Bereich der medizinischen Standardmöglichkeiten hatte nichts ihr Erleichterung verschaffen können. Nach einer fünfzehnminütigen Pranabehandlung verließ sie den Raum ruhiger als zuvor und fühlte sich bereits um fünfzig Prozent besser. Wir gaben ihr anschließend noch entzündungshemmende Mittel für ihre Blase, und nach einem Monat verspürte sie eine hundertprozentige Besserung. Sie hat in den letzten sechs Monaten keine Probleme mehr gehabt.

Ein anderer Fall betraf eine Freundin der Familie. Sie litt an fortgeschrittener Skleroderma, einer selbstzerstörerischen Erkrankung, die das Bindegewebe des Körpers angreift. Die Haut der Hände wird dick und hart. Die Speiseröhre kann vernarben und blockieren, es kommt zu Schluckbeschwerden. Auch die Lungen können Narbengewebe entwickeln, das zu Atembeschwerden führt. Als M.G. das erste Mal zur Pranaheilung kam, führte schon die kleinste Anstrengung zu merklicher Kurzatmigkeit. Wenn sie in ihrem Apartment im zweiten Stock ankam, brach sie für eine halbe Stunde auf dem Flur buchstäblich zusammen und rang nach Atem. Außerdem machten ihre steifen und schmerzenden Gelenke ein längeres Gehen schwierig. Schon nach einer Pranabehandlung empfand sie deutlich weniger Schmerzen, und auch ihre Erschöpfung ließ nach. Das Atmen fiel ihr leichter, und ihr Energieniveau hatte sich stark erhöht. Bereits nach dieser ersten Behandlung sagte sie, ihr Leben habe sich so grundlegend verändert, daß sie nun die Stufen zu ihrem Apartment hinauflaufe und sogar Musik einschalte, um zu tanzen!

Mein aufregendster Fall aber war wohl der des J.M. Er war kein Patient von mir, und man hatte mir auch nichts von ihm erzählt. Ich hatte jedoch seinen Namen über einen so langen Zeitraum auf dem Dienstplan unserer Operationsstation gesehen, daß ich beschloß, von mir aus etwas zu unternehmen. Ihm war vor vielen Monaten die Gallenblase entfernt worden. Dabei waren unglücklicherweise erhebliche Komplikationen aufgetreten, bis hin zu einer Verletzung seines Gallenkanals. Er wurde weiteren Untersuchungen unterzogen, und die Dinge schienen zu eskalieren, wie es bei schwierigen Fällen häufig geschieht, wenn der Körper erst einmal aus der Bahn geraten ist. Der Patient entwickelte Fisteln, so daß Darmflüssigkeit durch die Haut seiner Bauchwand austrat. Außerdem kam es zu einer Hefepilzsepsis (ein ernster Zustand, der in fast siebzig Prozent der Fälle tödlich endet, wenn Hefe im Blut auftritt) sowie zu einer Lungenembolie (ein Blutklumpen in der Lunge, sechzig Prozent der Fälle verlaufen tödlich). Bereits in den vorangegangenen sechs Wochen hatte er unter täglichen Fieberanfällen und schon monatelang unter ständiger Übelkeit und Erbrechen gelitten. Niemand glaubte, daß er Weihnachten noch erleben würde. Ich selbst hatte – vereinfacht gesagt – das Gefühl, daß das Energieniveau des Patienten sehr niedrig war. Seine »Batterien« waren leer, er konnte sich nicht mehr selbst heilen. Darauf deuteten fast alle Symptome hin. Ich begann also mit einer täglichen Pranabehandlung. Bereits nach zwei Tagen verschwanden Fieber und Übelkeit. Nach einer Woche ging sein Puls von 150 auf 120 zurück. Schließlich war er kräftig genug, um eine letzte Operation wegen seiner Fisteln zu überstehen. Inzwischen hat er sich völlig erholt und schaut manchmal abends nach der Arbeit bei mir herein – ganz munter und vergnügt.

»Es sieht so aus, als habe man vergessen, uns diese Dinge im Rahmen unserer medizinischen Ausbildung beizubringen«, beschrieb einer meiner Kollegen die Philosophie, die hinter dem Pranaheilen steht, nachdem er sich damit vertraut gemacht hatte. Das trifft zu. Mit der Pranaheilung unterstützen wir das körpereigene Energiesystem, so daß der Körper sich wieder selbst heilen kann. Blockaden im Energiefeld lösen wir auf. Liegt dagegen ein Energiemangel vor, führen wir Energie zu. Wir arbeiten ständig mit dem ganzen Menschen, nicht nur mit einem einzelnen Organsystem, um die Selbstheilung zu erleichtern. Das lernen wir in der medizinischen Ausbildung im Westen nicht. Glücklicherweise hat Master Choa diese Zusammenhänge entdeckt und sie jedem Interessierten, ob Mediziner oder Laie, auf leichtverständliche Weise zugänglich gemacht.

Als ich begann, das Buch zu lesen, erstaunte mich vor allem die einfache Sprache, die der Autor benutzt – fast als handele es sich um ein »Kochbuch«. Wenn Sie genug Zutrauen aufbringen, das, was hier angeboten wird, auch auszuprobieren, werden Sie zu positiven Ergebnissen kommen. Mit steigendem Erfolg wird wiederum Ihr Vertrauen wachsen. Sie werden schließlich aus eigener Erfahrung wissen, daß Sie bei fast jedem Menschen den Heilungsprozeß positiv beeinflussen können. Energetisch gesehen hat Ihre Überzeugung auch Auswirkungen auf der körperlichen Ebene. Nehmen Ihr Vertrauen und Ihre Erfolge in gleicher Weise zu, so fließt auch Ihre Heilenergie immer stärker.

Master Choa Kok Suis Arbeit hat meine medizinische Tätigkeit, mein Leben und meine persönliche Philosophie sehr stark beeinflußt. Das wird auch für Sie gelten, wenn Sie dazu bereit sind.

Zum Abschluß wünsche ich Ihnen viel Erfolg, Gesundheit, Liebe und Segen für Ihren Weg des Pranaheilens.

Eric B. Robins, M. D.
Urologe
Los Angeles, Kalifornien, USA

Einführung

> Das Schönste, was wir erleben können, ist das Geheimnisvolle. Es ist das Grundgefühl, das an der Wiege wahrer Kunst und Wissenschaft steht. Wer es nicht kennt und sich nicht mehr wundern, nicht mehr staunen kann, der ist sozusagen tot und sein Auge erloschen.
>
> Albert Einstein
> in: *Mein Weltbild* (Zürich 1953, S. 10)

Dieses Buch beschäftigt sich vor allem mit dem Wie und Warum paranormaler Heilung. Es beschreibt eine unkompliziert mechanisch erlernbare Methode, die dabei auch spirituell ist: Mechanisch in dem Sinn, daß der einzelne, indem er* die beschriebenen Anweisungen Schritt für Schritt befolgt, bestimmte Resultate erreichen wird, spirituell insofern, als der Mensch durch Gebet oder Anrufung Gottes zu einem Kanal göttlicher Eingebung und so zur Heilung befähigt werden kann. Eine Technik soll vermittelt werden, mit deren Hilfe bereits nach ein bis zwei Wochen leichtere Erkrankungen, nach ein bis zwei Monaten auch schwierigere Fälle geheilt werden können. Keineswegs sind zehn oder zwanzig Jahre notwendig, um paranormales Heilen zu erlernen. Auch »eine spezielle angeborene Heilkraft« oder Hellsichtigkeit ist nicht erforderlich. Alles, was man braucht, ist die Bereitschaft zu heilen und die Einhaltung der in diesem Buch gegebenen Anweisungen.

Schon in seiner Jugend war der Autor lebhaft interessiert an Yoga, paranormalen Phänomenen, Mystizismus, chinesischem Ch'i Gong (der Kunst, innere Energie zu erzeugen) und anderen esoterischen Wissenschaften. Er hat mehr als achtzehn Jahre lang die einschlägige Literatur erforscht und studiert. Dieses Buch entstand in enger Zusammenarbeit mit Yogis, Heilern, Hellsichtigen, Kennern des Ch'i Gong und einigen außergewöhnlichen Menschen, die in telepathischem Kontakt zu ihrem geistigen Führer stehen. Mit verschiedenen hellsichtigen Freunden wurden jahrelang Versuche unternommen, um Wirksamkeit und Mechanis-

* Das Personalpronomen »er« wird allgemein für beide Geschlechter gebraucht.

men der Heiltechniken zu ergründen, die bekannt sind und von Heilern und Anhängern der Geheimwissenschaften angewandt werden.

Dieses Buch ist Quintessenz und Synthese des Energieheilens. Auf Aberglauben beruhende Überzeugungen und Praktiken wurden dabei nicht berücksichtigt. Einige der Techniken sind in Büchern anderer Autoren oder von Praktizierenden bereits beschrieben worden, andere wurden vom Autor »wiederentdeckt«. Die fortgeschrittenen Techniken, in denen der Autor vertraulich unterwiesen wurde, werden in seinem Buch *Die hohe Kunst des Pranaheilens* dargestellt. Beide Bücher werden dazu beitragen, das Leiden der Menschen zu verringern. Viele der Heiltechniken und Vorstellungen wurden dem Autor von seinem verehrten Lehrer Mei Ling vermittelt. Der Autor selbst ist weder hellsichtig, noch wurde er mit der Fähigkeit zu heilen geboren. Wenn er lernen konnte, wirklich zu heilen, so können Sie es auch!

Die Anweisungen sind so angeordnet, daß jeder Leser einfach und schrittweise paranormales Heilen lernen kann. Zudem wird erläutert, wie eine paranormale Diagnose ohne Hellsichtigkeit erstellt werden kann.

Der Ausdruck *paranormales Heilen* mag keine angemessene Beschreibung sein. Was heute darunter verstanden wird, kann bereits in absehbarer Zeit weit verbreitet und allgemein üblich sein. Seinen Teil dazu beizutragen ist die Absicht dieses Buches. Da bei dieser Form der Heilung Lebensenergie oder Ch'i eingesetzt wird, ist die richtige Bezeichnung *Pranaheilen* oder *Heilen mit Ch'i*. Dieser Name verweist auf die uralten Quellen und die vielen wertvollen esoterischen Praktiken.

Es ist für jeden hilfreich, Pranaheilen zu erlernen. Das gilt besonders für Eltern, da sie schnell und wirksam die Behandlung leichterer und schwererer Erkrankungen ihrer Kinder unterstützen können wie Kopf- und Zahnschmerzen, Fieber, Halsschmerzen, Prellungen, Mumps, Blähungen, Arthritis, Lungenentzündung, Herz- und Ohrenleiden.

Hinweis:
Wenn Sie mit Prana heilen wollen, lesen und befolgen Sie die Anweisungen für die spezielle Erkrankung Schritt für Schritt. Sie werden erstaunt sein über die häufigen spontanen Wunderheilungen. Scheuen Sie sich nicht, mit geöffnetem Buch zu heilen. Sagen Sie dem Patienten, Sie möchten ihn voll und ganz heilen.

Um ein guter Pranaheiler zu werden, sollten Sie alle hier beschriebenen Techniken erlernen und sie regelmäßig anwenden. Vermeiden Sie Schweinefleisch; vielleicht können Sie auch eingeschränkt vegetarisch essen, um Ihren Energiekörper möglichst rein zu halten.

Choa Kok Sui

Ein intelligenter Mensch ist nicht engstirnig. Er verhält sich nicht wie ein Vogel Strauß, der seinen Kopf in den Sand steckt und damit versucht neuen Ideen und Entwicklungen auszuweichen.
Ein intelligenter Mensch ist nicht leichtgläubig. Neue Ideen übernimmt er nicht blindlings. Er untersucht sie gründlich, er beurteilt sie kritisch, er gebraucht seinen Verstand. Neue Ideen und Entwicklungen unterzieht er einer Prüfung durch Experiment und Erfahrung. Ein intelligenter Mensch untersucht neue Ideen unvoreingenommen und objektiv.

Choa Kok Sui

Kapitel 1
Das Wesen der Pranaheilung

Da formte Gott, der Herr, den Menschen aus Erde vom Ackerboden und blies in seine Nase den Lebensatem. So wurde der Mensch zu einem lebendigen Wesen. Genesis 2, 7

Wir beziehen den größten Teil des Ch'i oder unserer Lebensenergie aus der Luft, die wir atmen. Jedes Lebewesen ist vom Atem abhängig. Atemstillstand bedeutet das Aufhören des Lebens. Zwischen dem ersten Schrei des Säuglings und dem letzten Ringen nach Luft des Sterbenden liegt eine ununterbrochene Folge von Atemzügen. Mit jedem unserer Gedanken, mit jedem Willensakt und mit jeder Muskelbewegung verbrauchen wir etwas von dieser Lebenskraft. Es ist deshalb notwendig, den Vorrat ständig zu ergänzen; das geschieht durch die Atmung und mit Hilfe heilsamer Praktiken.

Grundlage der Pranaheilung ist die Ganzheitsstruktur des menschlichen Körpers. Der physische Körper des Menschen besteht aus zwei Teilen, dem sichtbaren physischen Leib und einem »unsichtbaren« Energiekörper, den man auch *bioplasmatischen Körper* nennt. Der sichtbare physische Körper besteht aus jenen Teilen des Menschen, die wir sehen und berühren und am besten kennen. Der Bioplasmakörper ist jener unsichtbare leuchtende Energiekörper, der den sichtbaren physischen Körper durchdringt und darüber hinausreicht. Hellsichtige bezeichnen ihn traditionell als »Ätherleib« oder »ätherisches Doppel«.

Was ist Pranaheilung?

Prana-, Ch'i- oder »bioplasmatische Heilung« kennt man unter vielen Bezeichnungen, etwa als Magnetheilung, Geistheilung oder Handauflegen. Leider sind alle diese Begriffe ungenau und irreführend. Ihre Anwendung würde eine genaue und eingehende Beschäftigung mit dieser Materie schwierig, wenn nicht sogar unmöglich machen.

An unseren Händen ist nichts Magnetisches. Weder ist die linke Hand negativ oder rezeptiv, noch ist die rechte Hand positiv oder besitzt sie projektive Eigenschaften. Beide Hände sind gleichermaßen imstande, Prana zu absorbieren und auszustrahlen. Die ausgestrahlte Energie ist nicht magnetisch, sondern wirkt eher belebend und kräftigend. Die Bezeichnung »Magnetheilung« für die Pranaheilung wäre also ungenau. Das mindert jedoch in keiner Weise die Verdienste der Magnetheilung.

Die Begriffe »Geistheilung«, »Heilung durch den Glauben« oder »Handauflegen« sind zu allgemein und können für verschiedene Menschen ganz unterschiedliche Bedeutungen haben. Deshalb ist es nicht ratsam, diese ungenauen Bezeichnungen zu verwenden. Der Begriff »Handauflegen« beispielweise beschreibt bis zu einem gewissen Grad nur die äußere Handlung, er erklärt oder beschreibt jedoch nicht, was innen geschieht und könnte daher als bloßer Akt des Handauflegens mißverstanden werden.

Prana oder Ch'i

Prana oder Ch'i ist jene Lebensenergie oder Lebenskraft, die den Körper lebendig und gesund erhält. Im Griechischen wird sie *pneuma* genannt, im Polynesischen *mana* und im Hebräischen *ruah*, das bedeutet »Atem des Lebens«. Der Heiler überträgt Prana oder Lebensenergie auf den Patienten, und dadurch heilt er ihn. Durch diesen Vorgang kommen die sogenannten »Wunderheilungen« zustande.

Es gibt grundsätzlich drei Hauptquellen für das Prana: Sonne, Luft und Erde. Das Sonnenprana ist Prana aus dem Sonnenlicht. Es kräftigt den ganzen Körper und fördert Gesundheit und Wohlbefinden. Sonnenprana gewinnt man durch Sonnenbaden oder Trinken von Wasser, das dem Sonnenlicht ausgesetzt war. Ein zu ausgedehntes Sonnenbad oder zu viel Solarprana kann den ganzen physischen Körper schädigen, da es eine sehr intensive Wirkung hat.

Das in der Luft enthaltene Prana bezeichnet man als »Luftprana« oder als »Luft-Vitalitätskügelchen«. Das Luftprana wird beim Atmen von der Lunge absorbiert, es wird aber auch direkt durch die Energiezentren (Chakras) des bioplasmatischen Körpers aufgenommen. Durch tiefes, langsames, rhythmisches Atmen wird eine größere Menge Luftprana aufgenommen als durch schnelle, flache Atemzüge. Es gibt Menschen, die nach einer bestimmten Schulung und Vorbereitung Prana auch durch die Poren der Haut aufnehmen können.

Bei der Pranaheilung wird Lebensenergie
auf den Patienten übertragen

Das im Erdboden enthaltene Prana wird als »Erdenprana« oder als »Erden-Vitalitätskügelchen« bezeichnet. Man nimmt es automatisch und unbewußt durch die Fußsohlen auf. Barfußgehen steigert die Menge des vom Körper absorbierten Erdenpranas. Man kann lernen, bewußt mehr Erdenprana einzuziehen, um die eigene Vitalität und Arbeitsfähigkeit zu steigern und das Denkvermögen zu fördern.

Wasser absorbiert Prana aus dem Sonnenlicht, aus der Luft und aus dem Boden, mit dem es in Berührung kommt. Pflanzen und Bäume nehmen Prana aus dem Sonnenlicht, aus der Luft, aus dem Wasser und aus dem Erdboden auf. Menschen und Tiere erhalten Prana aus dem Sonnenlicht, aus der Luft, aus dem Wasser, aus dem Boden und aus der Nahrung.

Prana kann zum Zweck der Heilung auch auf andere Menschen übertragen werden. Wer einen hohen Pranaüberschuß besitzt, wird den Menschen in seiner Umgebung ein besseres, belebendes oder erfrischendes Gefühl vermitteln. Dagegen ziehen unter Pranamangel leidende Menschen unbewußt Prana von den Menschen um sich herum ab. Das ist der Grund für den Eindruck, bestimmte Menschen würden ohne ersichtlichen Grund eine Art Müdigkeit oder Erschöpfung hinterlassen.

Bäume, etwa Nadelbäume, aber auch überhaupt alle alten und gesunden Bäume strömen sehr viel überschüssiges Prana aus. Für kranke oder erschöpfte Menschen ist es eine große Wohltat, unter solchen Bäumen zu liegen oder zu ruhen. Noch bessere Ergebnisse sind zu erzielen, wenn man das Wesen des Baumes anspricht und bittet, dem Kranken zu helfen, wieder gesund zu werden. Außerdem kann jeder lernen, über die Handflächen von diesen Bäumen bewußt Prana aufzunehmen, bis der Körper durch die enorme Menge des absorbierten Pranas zu kribbeln anfängt und das Gefühl einer gewissen Betäubung eintritt. Diese Fertigkeit ist schon durch einige wenige praktische Übungen zu erlernen. An bestimmten Stellen oder Orten sammelt sich Prana meist in besonderer Konzentration. Diese stark mit Energie geladenen Bereiche begünstigen die Entstehung von Heilzentren.

Bei ungünstigen Wetterbedingungen werden manche Menschen krank. Der Grund dafür ist nicht nur in den Temperaturveränderungen zu suchen. Es kann ebensogut an der Verminderung von Sonnen- und Luftprana (also an einer verringerten Zufuhr von Lebensenergie) liegen. Viele fühlen sich dann geistig und körperlich schlapp und werden anfällig für Infektionskrankheiten. Man kann dem entgegenwirken, indem man ganz bewußt Prana oder Ch'i aus der Luft und aus der Erde aufnimmt. Im Zustand der Hellsichtigkeit ist beobachtet worden, daß tagsüber mehr Prana vorhanden ist als nachts. Etwa gegen drei oder vier Uhr morgens sinkt der Pranaspiegel auf besonders niedrige Werte.

Der bioplasmatische Körper

Der Hellseher nimmt den Energiekörper, der den physischen Leib umgibt und durchdringt, als leuchtendes Feld wahr. Genau wie der sichtbare Körper besitzt auch er einen Kopf, zwei Augen, zwei Arme und so weiter: Er gleicht ihm aufs Haar.

Das Wort »Bioplasma« setzt sich zusammen aus *bios*, Leben, und *plasma*, das ist der vierte Zustand der Materie (die ersten drei sind fest, flüssig und gasförmig). Plasma ist ionisiertes Gas oder Gas mit positiv und negativ geladenen Teilchen. Es ist nicht dasselbe wie Blutplasma. Mit dem bioplasmatischen Körper ist ein lebendiger Energiekörper gemeint, der aus »unsichtbarer« feinstofflicher oder ätherischer Materie besteht. Die Wissenschaft hat ihn mit Hilfe der Kirlian-Fotografie wiederentdeckt. Durch dieses Verfahren ist es den Wissenschaftlern gelungen, kleine bioplasmatische Gegenstände oder Körperteile, etwa einen bioplasmatischen Finger oder Blätter zu untersuchen, zu beobachten und zu fotografieren.

Meridiane oder Bioplasmakanäle

Wie der sichtbare physische Leib Blutgefäße besitzt, durch die das Blut fließt, besitzt der bioplasmatische Körper feine, unsichtbare Bioplasmakanäle oder Meridiane, durch die Ch'i oder bioplasmatische Materie fließen und sich im ganzen Körper verteilen, ihn ernähren und beleben kann. Es gibt einige Hauptkanäle für das Bioplasma und Tausende von kleineren Kanälen. Im Yoga bezeichnet man diese kleinen und großen Kanäle als »Nadis«.

Anwendung von Prana in der Akupunktur, Akupressur und Reflexzonenmassage

Die Akupunktur ist eine uralte chinesische Heilmethode, bei der man Nadeln einsetzt, um die Lebensenergie im Körper des Patienten zu beeinflussen und dadurch sein Leiden zu heilen. Man kann mit Hilfe der Nadeln überschüssiges Prana aus dem Körper des Patienten bis zur erkrankten Stelle leiten. Hat sich im erkrankten Bereich dagegen eine Pranakongestion gebildet, so wird das gestaute Prana mit Hilfe der Nadeln in andere Teile des Körpers abgeleitet. Blockierte Meridiane oder Bioplasmakanäle werden gereinigt und geöffnet, indem man Ch'i durch die verstopften Bahnen leitet.

Der Akupressur und der Reflexologie liegt das gleiche Prinzip wie der Akupunktur zugrunde, allerdings mit dem Unterschied, daß der Heiler absichtlich oder unabsichtlich sein eigenes überschüssiges Prana zur Behandlung gebraucht. Dieses überschüssige Prana wird gezielt auf die Akupressurpunkte gerichtet und fließt von dort durch den entsprechenden Meridian bis zum erkrankten Körperbereich. Manche Akupunkteure übertragen ebenfalls ihre eigene Lebensenergie. Sie richten sie konzentriert auf die Nadel, damit sie von dort in den erkrankten Bereich fließen kann. Diese Methode wird besonders gern bei sehr schwachen oder erschöpften Patienten angewendet.

Selbstheilung und Lebensenergie

Das Prinzip der Selbstheilung

Im allgemeinen ist der Körper in der Lage, sich innerhalb einer gewissen Zeitspanne selbst zu heilen. Zieht man sich eine Wunde oder Verbrennung zu, leitet der Körper sofort Selbstheilungsmaßnahmen ein und ist in ein paar Tagen wieder gesund. Mit anderen Worten: Selbst wenn keine Salben oder Antibiotika eingesetzt werden, regeneriert der Körper die verletzte Stelle und heilt sich selbst.

Obwohl es gegenwärtig kein wirksames Medikament gegen Virusinfekte gibt, erholt sich der Körper von durch Viren hervorgerufenen Erkältungen oder grippalen Infekten gewöhnlich ohne Medikamente innerhalb von ein bis zwei Wochen.

Das Prinzip der Lebensenergie

Damit Leben überhaupt möglich ist, muß der Körper mit Prana, Ch'i oder Lebenskraft versorgt werden. Durch gezielte Steigerung der Lebenskraft (des Pranas) in erkrankten Körperteilen oder im ganzen Körper kann der Heilungsprozeß beschleunigt werden.

Licht kann chemische Reaktionen beeinflussen. Auf diesem Prinzip beruht beispielsweise die Fotografie. Wenn elektrischer Strom durch einen elektrischen Leiter fließt, wird eine chemische Reaktion ausgelöst. Diesen Vorgang nennen wir »Elektrolyse«. Da Pranaenergie die biochemischen Reaktionen im menschlichen Körper auf ähnliche Weise beschleunigt, verkürzt sich die Heilungsdauer eines erkrankten Körperteils außerordentlich, wenn man ihm gezielt Pranaenergie zuführt.

Was wir als »Wunderheilung« bezeichnen, ist nichts anderes als die drastische Beschleunigung der Selbstheilung des Körpers. Pranaheilung ist nichts Übernatürliches oder Paranormales: Sie beruht einfach auf Naturgesetzen, die den meisten Menschen jedoch nicht bekannt sind.

Daß die Naturwissenschaft noch nicht in der Lage ist, Lebenskraft oder Prana aufzuspüren und zu messen, bedeutet nicht, daß Prana nicht existiert oder unser körperliches Wohlbefinden nicht beeinflußt. Früher wußten die Menschen nichts über Elektrizität, waren weder mit ihren Eigenschaften noch ihren Anwendungsmöglichkeiten vertraut – doch das bedeutet nicht, daß Elektrizität nicht existiert. Unsere Unwissenheit verändert nicht die Realität, sondern lediglich unsere *Wahrnehmung* der Realität. Das führt häufig zu falschen Vorstellungen darüber, was existiert und was nicht; was möglich ist und was nicht.

Was kann man durch Pranaheilung erreichen?

Sie kann Eltern helfen, bei ihren Kindern hohes Fieber innerhalb weniger Stunden zu senken und ihre Erkrankung in den meisten Fällen im Laufe von ein bis zwei Tagen auszuheilen. Durch Pranaheilung sind Kopfschmerzen, Beschwerden durch Blähungen, Zahnweh und Muskelschmerzen in den meisten Fällen so gut wie sofort zu lindern.

Husten und Erkältungen können im allgemeinen innerhalb von ein bis zwei Tagen geheilt werden. Durchfall wird in den meisten Fällen in wenigen Stunden behoben.

Schwere Erkrankungen wie Augen-, Leber-, Nieren- und Herzleiden werden in vielen Fällen in einigen wenigen Sitzungen gelindert und in einigen Monaten geheilt.

Die Heilung ganz verschiedener Leiden erfolgt wesentlich schneller und nimmt im Verhältnis zum normalen Krankheitsverlauf nur etwa ein Drittel oder weniger der üblichen Zeit in Anspruch.

Voraussetzung ist, daß der Heiler ein gewisses Maß an Erfahrung und Fertigkeit erreicht hat. Die beschriebenen Wirkungen sind nur Beispiele für das, was Pranaheilung leisten kann.

Die Heilmethode ist leicht zu erlernen. Jeder gesunde Mensch mit durchschnittlicher Intelligenz, der normal konzentrationsfähig ist, einen offenen, urteilsfähigen Geist und Verstand und auch ein gewisses Maß an Ausdauer besitzt, kann Pranaheilung in relativ kurzer Zeit erlernen. Es ist leichter als etwa Klavierspielen oder Malen, es ist ebensoleicht wie das Autofahren. Die Grundprinzipien und Techniken kann man sich in wenigen Sitzungen aneignen. Wie beim Autofahren ist aber viel Übung und Zeit erforderlich, bis man einen bestimmten Grad an Sicherheit gewinnt.

»Es wird eine Zeit kommen, da die Wissenschaft gewaltige Fortschritte machen wird, nicht etwa, weil dann bessere Instrumente und Werkzeuge zur Verfügung stehen, um Neues zu entdecken und zu vermessen, sondern weil einigen Menschen große spirituelle Kräfte zur Verfügung stehen werden, die wir zur Zeit noch kaum nutzen. In den nächsten Jahrhunderten wird die Kunst des spirituellen Heilens zunehmend weiterentwickelt und universell genutzt werden.«

Gustav Stromberg
(bekannter Astronom aus Mount Wilson)
in: *Man, Mind, and the Universe*

Kapitel 2

Innere Aura, Gesundheitsaura und äußere Aura

Die Vorstellung einer menschlichen Aura, einer strahlenden, leuchtenden Wolke, die den Körper umgibt, ist schon uralt. Heilige Bilder aus dem frühen Ägypten, aus Indien, Griechenland und Rom zeigen bereits diese Erscheinung, lange bevor sie durch die christliche Kunst so bekannt und auch zu einem Merkmal des gewöhnlichen Bürgers wurde ... Jahrhundertelang glaubte man, daß Hellsichtige tatsächlich auch um ganz gewöhnliche Menschen eine Aura sehen können und daß sich diese Aura bei jedem von uns in Farbe und Charakter unterscheidet, den Gesundheitszustand sowie emotionale und spirituelle Zustände des Betreffenden ausdrückt. Der visionäre Swedenborg schrieb in seinem geistigen Tagebuch: Es gibt eine spirituelle Sphäre, die jeden Menschen genauso umgibt wie die natürliche und körperliche.

E. J. Kilner, *The Human Aura*

Das »unsichtbar« leuchtende Energiefeld, das etwa zehn bis zwölf Zentimeter über den sichtbaren physischen Körper hinausragt und seinen Konturen folgt, wird *innere Aura* genannt. Erkrankt der bioplasmatische Körper, kann die Ursache dafür zum Teil in einem allgemeinen oder lokalen Pranamangel im Bioplasmakörper zu suchen sein. Man bezeichnet diesen Vorgang auch als *Pranaentzug* oder *Pranaraub*. Die innere Aura des betroffenen Körperteils ist dann bis auf etwa fünf Zentimeter oder weniger reduziert. So zeigt sich beispielsweise bei Menschen, die unter Kurzsichtigkeit leiden, der Pranamangel im Augenbereich. Die innere Aura um die Augen kann sogar noch weniger als fünf Zentimeter messen. Je schwerer die Erkrankung, um so kleiner ist an der betroffenen Stelle die innere Aura; sie kann gelegentlich auf eineinhalb Zentimeter oder noch weniger reduziert sein.

Krankheit kann auch durch einen längere Zeit anhaltenden Überschuß an Prana in einem bestimmten Bereich oder in mehreren Bereichen verursacht werden. Man nennt dies dann eine *Pranakongestion* oder *Pranastauung*. In solchen Bereichen kann sich die Aura bis auf siebzehn Zentimeter und mehr ausdehnen. In solchen Fällen erreicht die

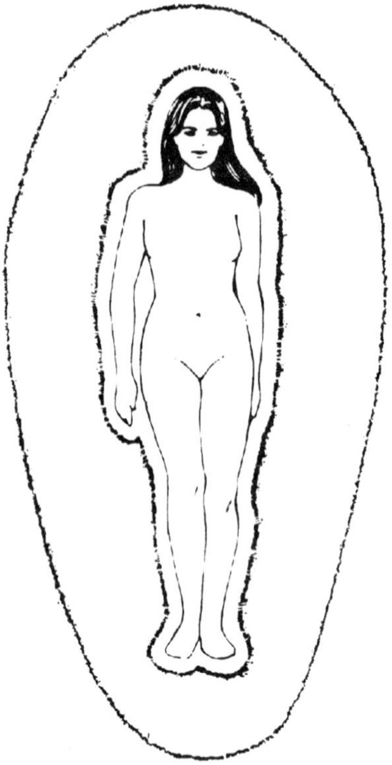

Die äußere Aura und
die innere Aura

Die Gesundheitsaura
mit den Gesundheitsstrahlen

betroffene Stelle der inneren Aura auch einen Umfang von mehr als fünfundsiebzig Zentimetern. Bei einem Patienten beispielsweise, der unter einer Herzerweiterung leidet und bei dem eine Pranastauung rund um das Herz, in der linken Schulter und im linken Oberarm vorliegt, kann die Aura im betroffenen Bereich einen Umfang bis zu dreißig Zentimetern annehmen.

Sowohl bei einem Pranamangel als auch bei einer Pranastauung sind die feinen Meridiane oder Bioplasmakanäle dieses Bereichs teilweise oder stark blockiert. Das bedeutet, daß das Prana im betroffenen Bereich nicht frei ein- und ausströmen kann. Von Hellsichtigen werden solche Stellen farblich als ein helles bis dunkles Grau wahrgenommen. Sind die betroffenen Bereiche entzündet, erscheinen sie in einem schmutzigen Rot, bei manchen Krebsfällen als ein trübes Gelb, bei Blinddarmentzündung schlammig-grau und im Falle von Ohrenerkrankungen manchmal in einem schmutzigen Orange.

Herabhängende und verwirrte Gesundheitsstrahlen
eines Kranken

Von der Oberfläche des physischen Körpers gehen senkrecht Bioplasmastrahlen aus. Diese Strahlen werden *Gesundheitsstrahlen* genannt. Sie durchdringen die innere Aura. Die Gesamtheit dieser Gesundheitsstrahlen bezeichnet man als *Gesundheitsaura*. Sie folgt ebenfalls den Konturen des sichtbaren physischen Leibes und wirkt als ein schützendes Kraftfeld, das den ganzen Körper gegen Krankheitserreger und kranke bioplasmatische Materie aus der Umgebung abschirmt. Gifte, Abfallprodukte, Krankheitserreger und kranke bioplasmatische Materie werden von den Gesundheitsstrahlen vorwiegend durch die Poren ausgeschieden. Ist ein Mensch geschwächt, hängen die Gesundheitsstrahlen schlaff herab und sind teilweise ineinander verschlungen. Der ganze Körper ist jetzt für Infektionen anfällig. Auch die Fähigkeit zur Ausscheidung von Giften, Abfallprodukten, Krankheitskeimen und kranker bioplasmatischer Materie ist stark herabgesetzt. Die Kräftigung und Wiederaufrichtung der Gesundheitsstrahlen fördert den Prozeß der Genesung.

Jenseits der Gesundheitsaura liegt ein weiteres leuchtendes Energiefeld, das man als *äußere Aura* bezeichnet. Äußere Aura, innere Aura und Gesundheitsaura durchdringen einander. Die äußere Aura erstreckt sich gewöhnlich etwa einen Meter über den sichtbaren physischen Leib hinaus. Sie ist im allgemeinen vielfarbig und hat die Form eines auf der Spitze stehenden Eies. Ihre Färbung wird vom physischen, emotionalen und mentalen Zustand des Menschen beeinflußt. Hellsichtige beobachteten, daß sich in der äußeren Aura Kranker manchmal undichte Stellen befinden, durch die Prana ausfließt. Man kann deshalb die äußere Aura als ein Kraftfeld ansehen, das die Pranakraft umschließt und deren Ausfließen verhindert. In gewissem Sinn wirkt die äußere Aura wie ein Behälter oder eine Flasche, in der sich feinstoffliche Energien befinden.

Bioplasmatischer Körper und physischer Leib

Der bioplasmatische und der sichtbare physische Körper sind so eng miteinander verbunden, daß alles, was den einen beeinträchtigt, auch auf den anderen einwirkt und umgekehrt. Wenn also beispielsweise der bioplasmatische Halsbereich geschwächt ist, wird sich das im sichtbaren physischen Körper als Husten, Erkältung, Halsentzündung, Mandelentzündung oder durch andere Halsbeschwerden zeigen. Zieht sich jemand unabsichtlich eine Hautverletzung zu, dann entsteht ein »Prana-Leck« oder eine undichte Stelle in dem Bereich, in dem es zur Blutung gekommen ist. Anfangs wird die betroffene Stelle vorübergehend heller, weil hier Prana entweicht, doch allmählich nimmt sie eine graue Färbung an, da es zum Pranamangel kommt. Ist irgendein Teil des bioplasmatischen Körpers aufgrund einer Pranastauung oder eines Pranamangels geschwächt, kommt es beim sichtbaren physischen Ebenbild entweder zu einer Funktionsstörung, oder dieser Bereich wird infektanfällig. So kann sich ein Pranamangel im Bereich von Solarplexus oder Leber etwa durch Gelbsucht oder Hepatitis manifestieren.

Erscheinen der Krankheit im bioplasmatischen Körper

Nach der Beobachtung Hellsichtiger ist eine Krankheit im bioplasmatischen Körper zu erkennen, bevor sie sich im sichtbaren physischen Körper manifestiert. Wer nicht die Gabe der Hellsichtigkeit besitzt, kann die innere Aura betroffener Körperteile abtasten und fühlen, ob sie kleiner oder größer als gewöhnlich ist. Das Ertasten der Aura bezeichnet man als *Scanning.* Einer Erkältung oder einem Husten beispielsweise geht normalerweise ein Pranamangel im bioplasmatischen Hals- und Lungenbereich voraus, der Hellsichtigen dann als grau gefärbt erkennbar wird. Überprüft man diesen Bereich durch Scanning, lassen sich undichte Stellen oder Vertiefungen in der inneren Aura erspüren. Ein anderes Beispiel: Bei einem Patienten, dem eine Gelbsucht bevorsteht, sieht der Hellsichtige über dem Solarplexus und dem Leberbereich einen Grauschleier liegen. Körperliche Untersuchung und Diagnose ergeben aber ganz normale Werte; der Patient scheint noch gesund zu sein. Wird er aber in diesem Stadium nicht behandelt, ist der Ausbruch der Krankheit im sichtbaren physischen Körper unvermeidlich. Das Scanning bei einem Gewohnheitstrinker ergab, daß sein Solarplexuschakra sich im Zustand der Erschöpfung befand, ein Teil der Leber Anzeichen eines Pranamangels zeigte und es in einem anderen Teil der Leber zur Pranakongestion gekommen war. Dem Patienten wurde mitgeteilt, er habe einen Leberschaden und sollte möglichst bald behandelt werden. Er unterzog sich also einem Bluttest, doch der medizinische Befund ergab, daß seine Leber in Ordnung war, und so zögerte er, sich behandeln zu lassen. Einige Monate später litt er plötzlich unter starken Schmerzen in der Lebergegend, und die medizinische Untersuchung zeigte ihm, daß sich eine Leberentzündung entwickelt hatte.

Eine Krankheit sollte behandelt werden, bevor sie sich im sichtbaren physischen Leib manifestiert. Das wichtigste ist die Vorbeugung! Jede Erkrankung ist sehr viel leichter und schneller zu heilen, wenn sie sich erst im bioplasmatischen Körper zeigt und noch nicht den sichtbaren physischen Körper ergriffen hat. Das Auftreten einer Krankheit kann auch durch Einnahme der richtigen Medikamente verhütet werden. In Fällen, bei denen die Krankheit bereits ausgebrochen ist, sollten möglichst bald Maßnahmen zur Heilung einsetzen. Je früher die Pranaheilmethode angewandt wird, um so schneller kommt es zur Heilung.

Die Energiezentren

Die Chakras oder »wirbelnden Energiezentren« sind wichtige Bestandteile des bioplasmatischen Körpers. Ebenso wie der sichtbare physische Körper lebensnotwendige und untergeordnete Organe besitzt, hat auch der bioplasmatische Körper besonders wichtige oder Hauptchakras, kleinere oder untergeordnete Nebenchakras und unbedeutende oder

Minichakras. Die Hauptchakras sind Energiezentren von etwa sieben bis zehn Zentimetern Durchmesser, die sich unaufhörlich drehen. Sie kontrollieren die großen lebenswichtigen Organe des sichtbaren physischen Leibes und versorgen sie mit Energie. Wenn diese »Kraftwerke« nicht richtig funktionieren, werden die lebenswichtigen Organe krank, denn sie werden nicht mehr mit genügend Energie versorgt. Die kleineren oder Nebenchakras haben einen Durchmesser von etwa zweieinhalb bis fünf Zentimetern. Die Minichakras messen weniger als zweieinhalb Zentimeter. Die Neben- und die Minichakras kontrollieren und energetisieren die weniger wichtigen Teile des sichtbaren physischen Körpers. Die Chakras durchdringen den sichtbaren physischen Körper und dehnen sich über ihn aus.

Sie haben die folgenden wichtigen Funktionen:

Sie nehmen Prana auf, verarbeiten es und leiten es an die verschiedenen Teile des Körpers weiter.

Die Chakras kontrollieren den gesamten physischen Körper, seine einzelnen Teile und Organe, sie versorgen ihn mit Energie, und sie sind für seine ordnungsgemäße Funktion verantwortlich. Die endokrinen Drüsen werden von einigen der Hauptchakras kontrolliert und energetisiert. Man kann diese Drüsen anregen oder hemmen, indem man die Hauptchakras steuert oder beeinflußt. Viele Erkrankungen werden zumindest teilweise durch eine Fehlfunktion der Chakras ausgelöst.

Einige Chakras sind Sitz oder Zentrum übersinnlicher Fähigkeiten. Die Aktivierung bestimmter Chakras kann die Entwicklung bestimmter medialer Fähigkeiten zur Folge haben. Die Handchakras gehören zu den Energiezentren, die am besten und sichersten zu aktivieren sind. Sie befinden sich in der Mitte der Handflächen. Durch Aktivierung der Handchakras entwickelt man die Fähigkeit, feinstoffliche Kräfte zu fühlen und die äußere, die innere und die Gesundheitsaura zu ertasten. Man erreicht das einfach dadurch, daß man sich regelmäßig auf diese Chakras konzentriert. Dieser Vorgang wird als *Sensibilisierung der Hände* bezeichnet.

Der Mechanismus psychosomatischer Leiden

Unkontrollierte Emotionen, Hemmungen und unterdrückte Gefühle wie Zorn oder Wut, tiefe Besorgnis, langanhaltende Verärgerung und Enttäuschungen haben unerwünscht heftige Auswirkungen auf den bioplasmatischen Körper. Zorn und Frustration beispielsweise führen zu einem Pranamangel um den Solarplexus und im Bauchbereich, sie können sich aber auch als Pranastauung um den Solarplexus und im Herzbereich manifestieren. Im ersten Fall machen sie sich in Form von Verdauungsstörungen oder Durchfall bemerkbar. Im Laufe der Zeit können sich daraus Magengeschwüre oder Gallenblasenleiden entwickeln. Im zweiten Fall kann es zur Herzerweiterung oder zu anderen Herzerkrankungen kommen. Eine bestimmte negative Emotion bei einem Patienten muß jedoch nicht zwangsläufig in ein ganz bestimmtes Krankheitsbild münden, bei einem anderen Patienten kann es zu einer völlig anderen Art der Erkrankung kommen.

Zorn, Ärger und Sorge devitalisieren den bioplasmatischen Körper und erhöhen die Anfälligkeit für verschiedene Erkrankungen. Negative Emotionen können derartige Störungen im bioplasmatischen Körper verursachen, daß der ganze physische Körper krank wird. Am eigenen Leib ist zu erfahren, wie erschöpft man sich nach einem großen Zornausbruch oder nach einem heftigen Streit fühlen und sogar krank werden kann. Der Grund ist in einem solchen Fall darin zu suchen, daß sowohl der bioplasmatische als auch der sichtbare physische Körper unter starkem Pranamangel leiden und dadurch infektanfällig werden.

Hat ein Leiden einen emotionalen Ursprung, darf der Heiler nicht nur die Pranaheilmethode anwenden, sondern er muß auch eine psychologische Beratung vornehmen. Man sollte dem Patienten in diesem Fall empfehlen, einen Kurs über Persönlichkeitsschulung zu besuchen und regelmäßig zu meditieren, damit er die nötige Hilfe findet, um seine negativen emotionalen Tendenzen zu überwinden. Durch tägliche innere Reflexion und Meditation wird der Patient allmählich ein größeres Maß der Selbstwahrnehmung und eine höhere emotionale Reife entwickeln. Das fördert in ihm die Fähigkeit, seine Emotionen zu kontrollieren und in die richtigen Bahnen zu lenken. Auf diese Weise kann er seinen Gesundheitszustand ganz beträchtlich verbessern. Es muß auch darauf hingewiesen werden, daß in einem solchen Fall durch Pranaheilung allein kein dauerhafter Erfolg zu erzielen ist, wenn nicht gleichzeitig auch eine entsprechende emotionale Veränderung stattfindet. Es ist wie beim Löschen eines Feuers, das von einem Brandstifter gelegt wurde. Wenn man sich nicht darum kümmert, den Schuldigen dingfest zu machen, wie sollte man da verhindern können, daß er das Haus wieder in Brand steckt, sobald es neu aufgebaut ist! Soll eine dauerhafte Heilung erzielt werden, muß die Wurzel des Übels beseitigt werden.

Der Geist bestimmt zu einem gewissen Grad die Form des bioplasmatischen Körpers. Hellsichtige haben beobachtet, daß der sichtbare physische Körper seine Gestalt dem bioplasmatischen Körper anpaßt. Der Geist kann bewußt oder unbewußt die Form des bioplasmatischen Körpers beeinflussen. Mancher Ehemann macht sich die gewonnenen Erkenntnisse zunutze und regt seine schwangere Frau dazu an, schöne Dinge anzuschauen, harmonische Musik zu hören, positiv zu fühlen und zu denken, sich mit ernsthaften Dingen zu beschäftigen und das jeweilige Gegenteil zu meiden. Derartige Aktivitäten beeinflussen die Gesichtszüge des ungeborenen Kindes sowie seine emotionalen und mentalen Möglichkeiten und Neigungen. Sind diese Einflüsse positiv, dann sind auch die Auswirkungen positiv. Sind die Einflüsse aber negativ, dann kommt es auch zu negativen Auswirkungen. Schwangere sollten das beachten. Es wird ihren Kindern zugute kommen.

Der Gedanke, daß der Geist den bioplasmatischen Körper beeinflussen und sogar bis zu einem gewissen Grad formen kann, ist nicht neu. Es gibt bereits in der Bibel eine Geschichte über dieses Thema. Gemeint ist der Bericht, in dem Jesus darüber spricht, wie Jakob zu seiner eigenen Herde kam. Jakob hatte nämlich an die zwanzig Jahre für seinen Schwiegervater Laban gearbeitet und sehnte sich danach, finanziell unabhängig zu werden. Er traf daher eine Vereinbarung mit Laban, wonach künftig alle gesprenkelten, scheckigen und dunklen Ziegen und Lämmer ihm gehören sollten. Da aber Laban ein schlauer Geschäftsmann war, sonderte er noch am selben Tag alle gefleckten männlichen Ziegenböcke und alle gefleckten Ziegen (alle, die Weiß in ihrem Fell hatten) und ebenso alle dunklen Lämmer aus und entfernte sie aus der Herde. Genetisch war es jetzt unwahrscheinlich oder zumindest sehr schwierig, daß nun noch Ziegen und Lämmer auf die Welt kamen, wie sie Jakob versprochen waren. Doch Jakob wurde von Gott geleitet. Es heißt in der Bibel (Genesis 30, 37–39): »Nun holte sich Jakob frische Ruten von Silberpappeln, Mandelbäumen und Platanen, schälte weiße Streifen heraus und legte so das Weiße an den Ruten bloß. Die geschälten Ruten legte er in die Tröge, in die Wasserrinnen, zu denen die Tiere zur Tränke kamen. Hatten sich die Tiere vor den Ruten begattet, so warfen sie gestreifte, gesprenkelte und scheckige Junge.« Auf diese Weise wurde Jakob ein reicher Mann. Über die schwarzen Lämmer wird weiter nichts berichtet.

An dieser Geschichte wird deutlich, daß alles, was wir sehen, fühlen und denken, unseren bioplasmatischen Körper beeinflussen kann. Dies gilt besonders für den des ungeborenen Kindes.

Äußere und innere Faktoren von Erkrankungen

Bei unserer Vorstellung von Krankheit sollten wir auch die äußeren und inneren Faktoren oder die sichtbaren und unsichtbaren Ursachen berücksichtigen. Mit äußeren Faktoren sind jene physischen Komponenten gemeint, die zur Erkrankung beitragen, also Krankheitskeime, Fehlernährung, Verunreinigungen, Gifte, mangelnde körperliche Betätigung, schlechte Angewohnheiten, ungenügende Flüssigkeitszufuhr und anderes. Als innere Faktoren gelten emotionale und bioplasmatische Elemente, etwa negative Emotionen, blockierte Meridiane, Pranamangel und Pranakongestion oder Fehlfunktionen der Chakras.

So kann beispielsweise ein emotionaler Faktor zur Schwächung des Solarplexuschakras und der Leber führen, und wenn dann noch der Befall durch den Hepatitisvirus oder Gifte wie etwa Tetrachlorkohlenstoff oder Phosphor hinzukommen, ist eine schwere Leberentzündung so gut wie sicher. Sind Solarplexus und Leber des Betreffenden in guter Verfassung, und handelt es sich um einen Menschen von eher starker Vitalität, dann ist die Wahrscheinlichkeit geringer, daß es zur Erkrankung kommt. Der Abwehrmechanismus des Körpers oder das Entgiftungs- und Ausscheidungssystem würde wahrscheinlich mit dem Virus und dem Toxin fertig werden.

Durch die Pranaheilmethode ist es möglich, Solarplexuschakra und Leber zu reinigen, zu kräftigen und allmählich den Normalzustand wiederherzustellen. Bei Bedarf können zusätzlich Medikamente eingenommen werden.

Krankheiten manifestieren sich unter folgenden Bedingungen:

Als Folge äußerer und innerer Faktoren.

Als Folge eines einzigen überwältigenden inneren Faktors. Erlebt jemand beispielsweise einen heftigen Zornausbruch oder eine tiefe Enttäuschung, dann kann dadurch eine schwere Pranakongestion um das Solarplexuschakra verursacht und im weiteren Verlauf auch das Herzchakra in Mitleidenschaft gezogen werden. Selbst wenn der Betreffende Diät hält, würde es schließlich zu einer Schädigung des Herzens kommen, etwa zu einer Herzerweiterung. Ständige Anspannung oder Streß kann eine Pranakongestion im Bereich der Augen zur Folge haben und zu einem Glaukom (Grüner Star) führen. Umgekehrt hat nicht jedes Glaukom einen emotionalen Ursprung.

Eine Krankheit kann auch infolge eines überwältigenden äußeren Faktors entstehen. So ist beispielsweise die Einnahme einer großen

Dosis Gift mit Sicherheit tödlich, selbst wenn der bioplasmatische Körper sich in ausgezeichnetem Zustand befindet.

Welche Funktionen hat der bioplasmatische Körper?

Er absorbiert Prana, verteilt es und energetisiert damit den gesamten physischen Körper. Prana ist jene lebensnotwendige Energie oder Lebenskraft, die den Körper und seine Organe unterhält und funktionieren läßt. Ohne Prana würde der Körper absterben.

Er wirkt als Form oder Modell des sichtbaren physischen Körpers. Dadurch kann der physische Körper seine Gestalt, seine Form und sein Aussehen trotz des sich über die Jahre hinweg unaufhörlich vollziehenden Stoffwechsels aufrechterhalten. Durch die Chakras oder wirbelnden Energiezentren kontrolliert und steuert der bioplasmatische Körper das richtige Funktionieren des gesamten physischen Körpers mit seinen verschiedenen Teilen und Organen. Dazu gehören auch die endokrinen Drüsen. Diese Drüsen sind die sichtbare Manifestation einiger Hauptchakras. Durch Fehlfunktion eines oder mehrerer Chakras werden viele Krankheiten zumindest teilweise verursacht.

Der bioplasmatische Körper dient durch seine Gesundheitsstrahlen und die Gesundheitsaura als Schutzschild gegen Krankheitskeime und kranke bioplasmatische Materie. Gifte, Abfallstoffe und Krankheitskeime werden infolge der Wirkung der Gesundheitsstrahlen vorwiegend durch die Poren ausgeschieden. Dadurch wird der ganze physische Körper gereinigt.

Grundprobleme und Verfahren der Pranaheilung

Zur Pranaheilung gehört die Anwendung von Prana und die Manipulation der körpereigenen bioplasmatischen Materie des Patienten. Im folgenden sind die Hauptprobleme und die Behandlungsweisen zusammengestellt, mit denen wir es bei der Pranaheilung zu tun haben.

In Bereichen, in denen es zum Pranamangel kommt, wird eine Reinigung und eine Energetisierung mit Prana vorgenommen. Das Hauptgewicht liegt auf der Versorgung mit Energie.

In Bereichen, in denen eine Pranakongestion vorliegt, wird die gestaute, kranke bioplasmatische Materie entfernt oder abgeleitet. Darauf folgt die Übertragung von frischem Prana in den betroffenen Bereich. Das Wesentliche ist die Reinigung oder Auflösung der Stauung.

Ein schlecht arbeitendes Chakra wird durch Reinigung und Übertragung frischer Pranaenergie wiederhergestellt.

Erschlaffte und in Verwirrung geratene Gesundheitsstrahlen werden entwirrt und gekräftigt.

Blockierte Meridiane oder Bioplasmakanäle werden gereinigt und energetisiert.

Entweicht Prana durch Öffnungen in der äußeren Aura, werden diese Lecks wieder dicht gemacht.

Will man spezielle Wirkungen erzielen, werden besondere Arten des Prana eingesetzt. Bestimmte Erkrankungen erfordern eine bestimmte Art oder bestimmte Arten von Prana, soll die Behandlung schnell zum Erfolg führen.

Kurzer Überblick über die vier Stufen der Pranaheilung

Es gibt vier Stufen der Pranaheilung, fortschreitend von leichten bis zu schwierigen Techniken.

Erste Stufe: Grundstufe der Pranaheilung

Die Grundlagen und Techniken dieser Stufe sind leicht zu erlernen. Man konzentriert sich dabei auf den Tastsinn. Drei bis fünf Sitzungen sind erforderlich, bis man in der Lage ist, leichtere Erkrankungen zu heilen. Eine gewisse Routine erlangt man jedoch erst nach etwa ein bis zwei Monaten regelmäßigen Übens.

Zweite Stufe: Mittelstufe der Pranaheilung

Auch diese Stufe ist noch leicht zu erlernen. Hier wirkt die Pranaatmung auf die Hauptchakras. Visuelle Konzentration ist noch nicht erforderlich. Wie bei der ersten Stufe braucht man etwa drei bis fünf Sitzungen, um die Grundlagen und Techniken zur Heilung schwieriger Fälle zu erlernen. Regelmäßiges Einüben der erworbenen Fertigkeiten während etwa zwei Monaten ist unbedingt erforderlich.

Dritte Stufe: Pranafernheilung

Zu dieser Stufe gehört die allmähliche Entwicklung der eigenen medialen Fähigkeiten. Erst nach Monaten oder mehreren Jahren wird man auf dieser Stufe genaue Diagnosen stellen und die gewünschten Ergebnisse erzielen können.

Vierte Stufe: Fortgeschrittene Pranaheilung

Hier tritt die Methode der Visualisierung hinzu. Eine genauere Kenntnis der Natur der Krankheiten und der Eigenschaften verschiedener Pranaarten wird vorausgesetzt.

Die verschiedenen Zertifikate

Eingetragener Pranaheiler

Ausgebildet in der Grundstufe und Mittelstufe der Pranaheilung. Kenntnisse in Fernheilung, fortgeschrittener Pranaheilung und in Prana-Psychotherapie.

Pranaheiler mit Zertifikat

Ausgebildet in fortgeschrittener Pranaheilung, Prana-Psychotherapie und Pranaheilen mit Kristallen.

Pranaheiler mit Zertifikat für Prana-Psychotherapie

Pranaheiler mit einer Spezialausbildung in Prana-Psychotherapie.

Senior-Pranaheiler mit Zertifikat

Sehr erfahrener und fähiger Pranaheiler, der alle Stufen der Pranaheilung einschließlich Prana-Psychotherapie und Pranaheilen mit Kristallen beherrscht. Zur Zeit relativ selten.

Meisterschüler im Pranaheilen

Er besitzt ein großes Können in der Anwendung fortgeschrittener, gegenwärtig noch geheimer Pranaheilungstechniken und wird durch einen Meister oder Großmeister in Pranaheilung weiter ausgebildet. Er sollte viele an Wunder grenzende Heilungen vorzuweisen haben, die andere Pranaheiler gewöhnlich kaum wiederholen können. Zur Zeit selten.

Pranameisterheiler (mit Zertifikat)

Noch weit fähiger und stärker als ein Meisterschüler. Er hat verschiedene Meisterschüler ausgebildet. Zur Zeit sehr selten.

Großmeister im Pranaheilen

Er ist fähig, in ein bis zwei Sitzungen sehr schwierige Fälle zu heilen, wenn das karmisch zulässig und der Patient aufnahmefähig ist. Sehr selten erreichtes hohes Niveau der Heilkunst.

Der Standard liegt beim Pranaheilen relativ hoch. So ist ein Pranaheiler mit Zertifikat gewöhnlich besonders kompetent und fähig. Auch viele Meister anderer Schulen benutzen Techniken des Pranaheilens. Das ist gut, es sollte aber auch anerkannt und darauf hingewiesen werden.

Kapitel 3
Grundstufe der Pranaheilung

Wenn der Körper erschöpft und das Blut verbraucht ist, kann man dann immer noch Erfolge erzielen?
Nein, denn dann ist keine Energie mehr vorhanden ... Vitalität und Energie gelten als die Grundlage des Lebens ... und wie kann eine Krankheit geheilt werden, wenn im Körper keine Lebensenergie mehr vorhanden ist? *Des Gelben Kaisers Buch der inneren Medizin* (Huang Ti Nei Ching Su Wen)

Und Jesus sprach: »... Es hat mich jemand angerührt; denn ich merkte, daß eine Kraft von mir ausginge ... die Frau ... fiel vor ihm nieder und bekannte vor allem Volke, weshalb sie ihn angerührt habe und wie sie sofort geheilt worden sei.« Lukas 8, 45–47

Grundprinzipien

In der Pranaheilung gibt es zwei Grundprinzipien: die Reinigung und die Energetisierung oder Übertragung von Prana oder Lebensenergie auf den bioplasmatischen Körper des Patienten. Durch die Reinigung oder Entfernung kranker bioplasmatischer Materie aus dem betroffenen Chakra und dem erkrankten Organ und deren Energetisierung durch eine ausreichende Menge Prana wird die Heilung bewirkt.

Die Reinigung ist notwendig, um die erkrankte, aller Lebenskraft beraubte bioplasmatische Materie aus dem gesamten Körper oder dem betroffenen Bereich oder Körperteil zu entfernen und die blockierten Bioplasmakanäle freizumachen. Auch die Gesundheitsstrahlen werden gereinigt, geglättet und gekräftigt.

Es ist wichtig, daß der betroffene Körperteil vor und/oder nach der Energetisierung gründlich gereinigt wird. In schweren Fällen muß der gesamte bioplasmatische Körper einer Reinigung unterzogen werden. Häufig ist es besser, den Patienten zuerst teilweise zu energetisieren; das erleichtert die weitere Reinigung. Man kann dieses Vorgehen damit vergleichen, daß man einen sehr schmutzigen Boden erst einmal mit dem

Besen ausfegt, bevor man zu Wasser und Seife oder zu einem chemischen Reinigungsmittel greift, um auch den hartnäckigen Schmutz zu entfernen. Der ganze Vorgang muß vielleicht ein paarmal wiederholt werden, bis der bioplasmatische Körper wieder seinen Normalzustand erreicht. Ohne eine solche Reinigung könnte es beim Patienten bei der Energetisierung zu einer heftigen Reaktion kommen. Damit ist das drastische Verhalten des Körpers gemeint, durch das er seinen Zustand korrigieren und normalisieren möchte. Der Vorgang ist gewöhnlich schmerzhaft und unangenehm und kann wie eine anfängliche Verschlechterung des Befindens erscheinen. Der Körper erholt sich aber nach einer solchen heftigen Reaktion allmählich wieder. Reaktionen dieser Art sind jedoch ganz unnötig und können vermieden werden.

Die beschriebene heftige Reaktion trat im Fall einer Patientin auf, die infolge emotionaler Einflüsse unter chronischen Bauchschmerzen, Durchfall und Erbrechen litt. Im Bauchbereich war eine Pranastauung festzustellen. Ohne den betroffenen Bereich vorher zu reinigen, wurde eine Energetisierung mit Prana vorgenommen. Die Patientin spürte unmittelbar nach der Behandlung eine Linderung der Beschwerden, doch innerhalb der nächsten zwanzig bis dreißig Minuten traten Schmerzen, Durchfall und Erbrechen wieder auf, und zwar sogar noch stärker als zuvor. Es handelte sich dabei um eine heftige Reaktion auf die Energetisierung, um eine Maßnahme des Körpers, die gestaute bioplasmatische Materie von sich aus loszuwerden und den Zustand zu normalisieren. Drei Stunden später wurde bei der Patientin zuerst eine Reinigung des Bauchbereiches und danach noch einmal eine Energetisierung vorgenommen. Nach dieser Behandlung waren ihre Beschwerden verschwunden, und sie war vollständig geheilt.

Es gab Fälle, bei denen derselbe Patient wegen immer wieder auftretender Beschwerden mehrmals behandelt werden mußte. Im Gegensatz dazu kam es aber auch vor, daß ein Patient innerhalb weniger Minuten allein durch Reinigung oder Entfernung der kranken bioplasmatischen Materie aus dem betroffenen Bereich geheilt werden konnte. Da der Patient augenblicklich beschwerdefrei war, wurde keine Energetisierung vorgenommen, und so gab es auch keine drastischen Reaktionen.

Die Reinigung ist notwendig, um dem betroffenen Körperteil die Absorption von Prana zu erleichtern. Würde sie nicht vorgenommen, wäre es so, als gösse man frischen Kaffee in eine Tasse, in der sich noch ein Rest kalter Kaffee befindet, oder als versuche man, einen Schwamm, der sich mit Schmutzwasser vollgesaugt hat, dadurch zu reinigen, daß man sauberes Wasser darübergießt. Diese Methode ist zeitraubend und

Pranaheilung geschieht durch Beseitigung der kranken Energie und durch Energetisierung des betroffenen Bereichs mit Prana oder Lebensenergie

außerordentlich unrentabel. Wenn der betroffene Körperteil noch von kranker bioplasmatischer Materie erfüllt ist, die bioplasmatischen Kanäle verstopft sind, kann das frische Prana nicht so leicht in diesen Bereich eindringen. Das übertragene Prana wird nicht vollständig aufgenommen, und deshalb ist die Wahrscheinlichkeit groß, daß das Leiden sofort oder schon nach kurzer Zeit wieder auftritt.

Zusammenfassend noch einmal die verschiedenen Gründe, weshalb vor jeder Energetisierung eine Reinigung vorgenommen werden sollte:

Die Reinigung ist erforderlich, um die Absorption von Prana zu erleichtern. Ohne vorherige Reinigung dauert der Heilungsprozeß länger. Außerdem ist eine größere Menge Prana erforderlich, um den Patienten gesund zu machen. Möglicherweise kann es zu einer heftigen Reaktion kommen, wenn vor oder nach der Energetisierung keine Reinigung vorgenommen wird.

Die Reinigung ist notwendig, um das Risiko gering zu halten, daß die feinen Bioplasmakanäle oder Meridiane geschädigt werden.

In einfachen Fällen reicht gewöhnlich schon die Reinigung des bioplasmatischen Körpers und/oder des betreffenden Körperteils aus, um den Patienten zu heilen. In anderen Fällen leidet der erkrankte bioplasmatische Bereich so stark unter Pranamangel, daß der Heiler durch Energetisierung mit Prana den Heilungsprozeß fördern muß.

Erhöhung des Energieniveaus

Durch die Verbindung von Zungenspitze und Gaumen kann man das Energieniveau vorübergehend auf einfache Weise erhöhen. Die hinteren und vorderen Energiekanäle werden so unmittelbar miteinander verbunden, die Zirkulation der Pranaenergie wird verstärkt. Hierdurch dehnt sich die innere Aura beträchtlich aus. Wie beispielsweise das Licht erst angeht, wenn der Lichtschalter betätigt und die Verbindung hergestellt wurde, so erhöht sich der Fluß der Pranaenergie, wenn Zungenspitze und Gaumen miteinander verbunden sind, und wird schwächer, wenn diese Verbindung unterbrochen ist.

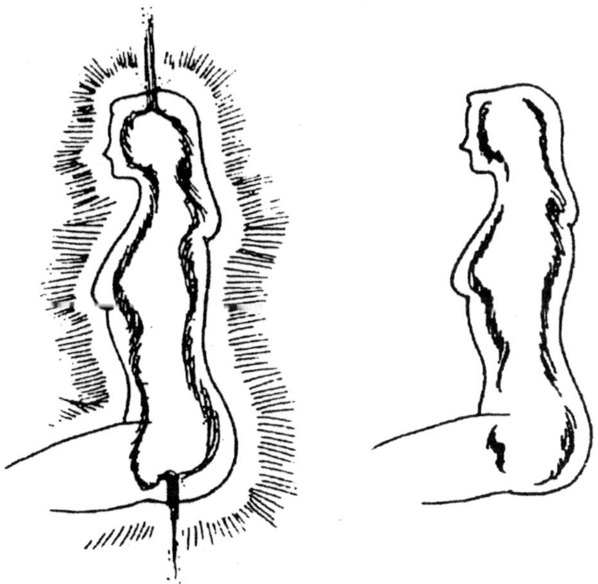

verbunden unverbunden

Das Verbinden von Zunge und Gaumen

Die Verbindung von Zungenspitze und Gaumen ermöglicht es dem Heiler, mit mehr Energie und damit auch wirkungsvoller zu heilen. *Daher sollte beim Sensibilisieren, Scanning, Reinigen und Energetisieren die Zungenspitze stets mit dem Gaumen verbunden sein.* Auch beim Lesen, Studieren, Meditieren oder bei anderen Aktivitäten, die beträchtliche Energie erfordern, kann diese Technik angewandt werden.

Hand- und Fingerchakras

In der Mitte der beiden Handflächen liegen zwei sehr wichtige Chakras. Wir bezeichnen sie als das Chakra der linken und das der rechten Hand. Sie haben gewöhnlich einen Durchmesser von etwa zweieinhalb Zentimetern. Manche Pranaheiler besitzen Handchakras mit einem Durchmesser von fünf Zentimetern und mehr. Obwohl die Handchakras zu den kleineren oder Nebenchakras gehören, haben sie bei der Pranaheilung eine sehr wichtige Funktion. Durch sie wird nämlich Prana aus der Umgebung aufgenommen und auf den Patienten übertragen. Sowohl das Chakra der rechten als auch das der linken Hand ist imstande, Prana oder Ch'i zu absorbieren und zu übermitteln. Für einen Rechtshänder ist es im allgemeinen leichter, durch das Chakra der linken Hand

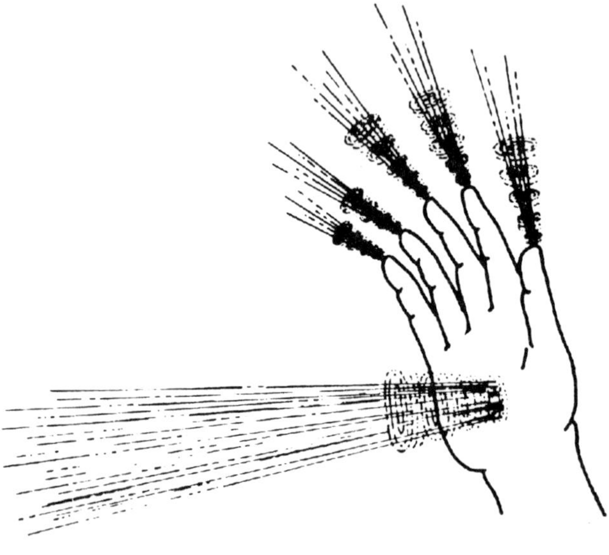

Hand- und Fingerchakras

Prana aufzunehmen und durch das Chakra der rechten Hand Prana auszusenden. Beim Linkshänder ist es genau umgekehrt.

An jedem einzelnen Finger befindet sich ein Minichakra. Auch diese kleinen Chakras können Prana aufnehmen und abgeben. Die Handchakras strahlen ein weniger konzentriertes, milderes Prana aus, während die Fingerchakras intensiveres, konzentrierteres Prana übertragen. Bei Kindern, alten Menschen und schwachen Patienten ist es ratsam, die Energetisierung durch die Handchakras langsam und sanft vorzunehmen.

Mit der Stimulierung oder Aktivierung der Handchakras gewinnen die Hände an Sensibilität. Sie entwickeln dabei die Fähigkeit, feinstoffliche Materie zu spüren und die verschiedenen Auren zu ertasten. Durch Abtasten oder Scanning kann der Heiler die erkrankten Stellen im bioplasmatischen Körper lokalisieren.

Die sieben Grundtechniken der Pranaheilung sind:

1. Sensibilisierung der Hände
2. Scanning (Abtasten) der inneren Aura
3. Sweeping (Reinigung): allgemein und örtlich
4. Erhöhung der Empfänglichkeit des Patienten
5. Energetisierung mit Prana: Handchakra-Technik,
   Einziehen von Prana,
   Übertragung von Prana
6. Stabilisierung des übertragenen Pranas
7. Freisetzung der Pranaenergie

Alle in diesem Kapitel beschriebenen Techniken sind erprobt und überprüft worden. Die meisten Leser werden bei einer strikten Befolgung der Anweisungen schon nach wenigen Sitzungen gute Ergebnisse erzielen. Es ist sehr wichtig, immer aufgeschlossen zu bleiben und ausdauernd und beharrlich zu sein. Versuchen Sie, jede der folgenden vorgeschlagenen Übungen in mindestens vier Sitzungen durchzuführen.

Sensibilisierung der Hände

Da es sehr viel Zeit erfordert, bis man in der Lage ist, die Aura zu sehen, sollte zumindest versucht werden, die Hände für das bioplasmatische Energiefeld oder die innere Aura zu sensibilisieren. So können Sie feststellen, in welchem Bereich des bioplasmatischen Körpers Ihres Patienten Prana entweicht oder wo eine Pranastauung besteht.

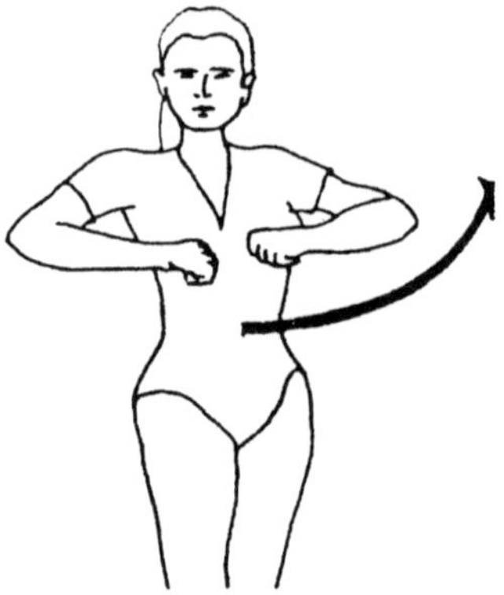

1. Übung für die Wirbelsäule

2. Übung für die Hüften

3. Übung für den Nacken

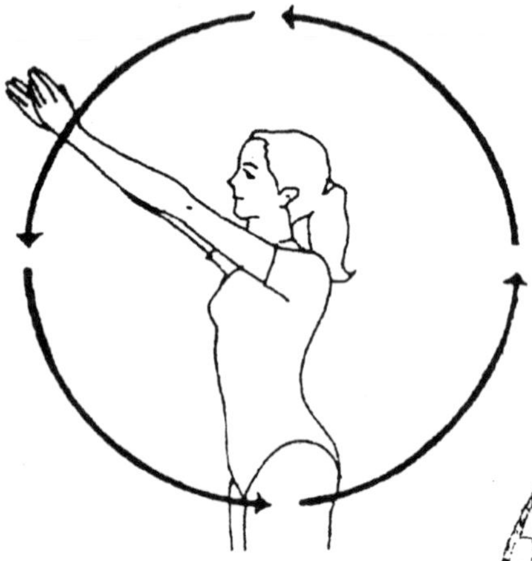

4. Übung für die Schultern

5. Übung für Ellbogen und Fäuste

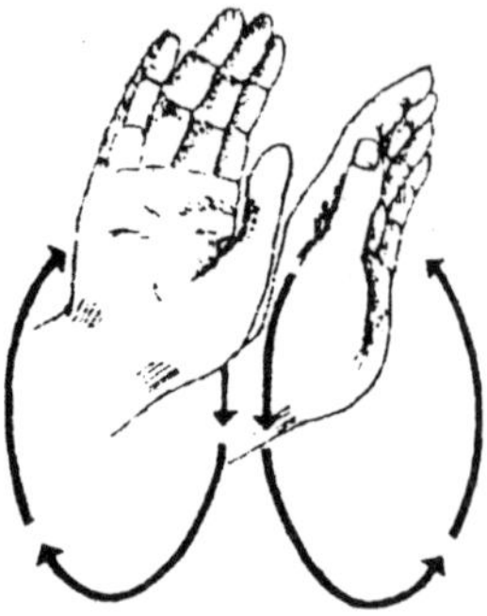

6. Übung für die Handgelenke

Körperübungen zur Erleichterung der Sensibilisierung der Hände

Körperübungen zur Erleichterung der Sensibilisierung der Hände

Führen Sie bitte diese Körperübungen aus, die die Meridiane der Wirbelsäule, der Schultern, der Hände und Finger reinigen und öffnen und das Sensibilisieren der Hände erleichtern.

1. *Wirbelsäulenübung:* Winkeln Sie Ihre Arme in Schulterhöhe nach vorn an. Drehen Sie Ihre Wirbelsäule zehnmal zur rechten und zur linken Seite.

2. *Hüftübung*: Lassen Sie Ihre Hüften zehnmal im Uhrzeigersinn kreisen und zehnmal in entgegengesetzter Richtung.

3. *Hals- und Nackenübung*: Kreisen Sie mit dem Hals im Uhrzeigersinn zehnmal nach rechts, dann zehnmal nach links in entgegengesetzter Richtung. Diese Übung darf nicht von Personen ausgeführt werden, die unter verengter Halsschlagader leiden.

4. *Schulterübung*: Kreisen Sie mit ausgestreckten Armen zehnmal nach vorn und zehnmal nach hinten.

5. *Ellbogen- und Faustübung*: Drücken Sie Ihre Ellbogen dicht an den Körper, und ballen Sie die Fäuste. Dann bewegen Sie die Arme nach vorn und öffnen die Fäuste. Wiederholen Sie das zehnmal.

6. *Handgelenkübung*: Lassen Sie die Handgelenke zehnmal im Uhrzeigersinn nach rechts kreisen. Dann zehnmal entgegengesetzt nach links.

Übung zur Sensibilisierung der Hände

Halten Sie Ihre Hände im Abstand von etwa sieben bis acht Zentimetern gegeneinander. Verkrampfen Sie sich nicht, bleiben Sie ganz entspannt.

Konzentrieren Sie sich fünf bis zehn Minuten lang darauf, die Mitte Ihrer Handflächen zu fühlen, aber bleiben Sie sich gleichzeitig Ihrer ganzen Hände bewußt. Atmen Sie während dieser Zeit langsam und rhythmisch ein und aus. Die Konzentrationsfähigkeit erhöht sich, wenn Sie die Daumen der jeweils anderen Hand fest in die Mitte der Handflächen drücken, bevor Sie mit der Übung beginnen. Durch die Konzentration auf die Mitte der Handflächen werden die Handchakras aktiviert. Dadurch wiederum werden die Hände sensibilisiert und in die Lage versetzt, feinstoffliche Energie oder Materie zu fühlen.

Achtzig bis neunzig Prozent der Leser werden schon beim ersten Versuch ein Prickeln oder Kribbeln, Wärme, Druck oder ein rhythmisches Pulsieren zwischen den Handflächen empfinden. Es ist wichtig, diesen Druck oder das rhythmische Pulsieren tatsächlich zu spüren.

Üben Sie die Sensibilisierung der Hände mindestens zwei Wochen lang immer wieder. Verlieren Sie nicht den Mut, wenn Sie beim ersten Versuch überhaupt nichts spüren. Setzen Sie die Übungen fort, bis es vielleicht nach der dritten oder vierten Sitzung gelingt. Es ist sehr wichtig, geistig offen zu bleiben und sich richtig zu konzentrieren. Haben Sie eine Sensibilisierung der Hände erreicht, gehen Sie zum Scanning über.

Sensibilisierung der Hände

Das Scanning

Für das Scanning ist es hilfreich, aber nicht unbedingt erforderlich, wenn man zuerst lernt, Umfang und Form der äußeren und der Gesundheitsaura zu testen, bevor man sich mit der inneren Aura beschäftigt. Dadurch werden die Hände sensibler, denn sowohl die äußere Aura als auch die Gesundheitsaura ist von feinerer Beschaffenheit als die innere Aura. Ein anderer Grund dafür besteht darin, daß man sich auf diese Weise selbst die Existenz der äußeren Aura und der Gesundheitsaura beweisen kann. Bei der Pranaheilung kommt es vor allem auf das Scanning der inneren Aura an, die ja die gestörten oder defekten Stellen signalisiert.

Beim Scanning konzentrieren Sie sich stets auf die Mitte der Handflächen, damit die Handchakras aktiviert bleiben oder weiter aktiviert werden. Das fördert die Sensibilität der Hände gegenüber feinstofflicher Energie und Materie. Gelingt Ihnen das nicht, werden Sie Schwierigkeiten beim Scanning haben.

Vorgehen beim Scanning der äußeren Aura:

Sie stehen etwa vier Meter vor dem Patienten. Strecken Sie die Arme leicht nach vorn, die Handflächen zeigen in Richtung des Patienten.

Gehen Sie langsam auf den Patienten zu und versuchen Sie dabei, mit den sensibilisierten Händen seine äußere Aura zu ertasten. Konzentrieren Sie sich beim Scanning auf die Mitte der Handflächen.

Bleiben Sie stehen, sobald Sie ein Kribbeln, Wärme oder einen leichten Druck wahrnehmen. Sie spüren jetzt die äußere Aura. Versuchen Sie, Ausmaß und Form der äußeren Aura zu erkennen, ihre Ausdehnung vom Kopf zur Taille, von der Taille zu den Füßen, von vorn nach hinten. In den meisten Fällen wird die Form der Aura die eines auf der Spitze stehenden Eies sein.

Es ist sehr wichtig, daß Sie allmählich lernen, die Aura als eine gewisse Spannung oder als Druck wahrzunehmen, damit Sie den Umfang der äußeren, der Gesundheits- und der inneren Aura genauer bestimmen können.

Die äußere Aura hat gewöhnlich einen Radius von etwa einem Meter, in manchen Fällen beträgt der Durchmesser aber auch mehr als zwei Meter. Überaktive Kinder besitzen manchmal eine äußere Aura von mehr als drei Metern.

Vorgehen beim Scanning der Gesundheitsaura:

Nach der Bestimmung von Größe und Form der äußeren Aura bewegen Sie sich langsam ein wenig nach vorn, behalten jedoch immer noch die bisherige Position bei.

Halten Sie an, wenn Sie wieder das leichte Druckgefühl spüren. Diese Wahrnehmung kann jetzt ein wenig intensiver als zuvor sein. Sie nehmen jetzt die Gesundheitsaura wahr. Ertasten Sie Größe und Form der Gesundheitsaura.

Die Gesundheitsaura ist gewöhnlich etwa sechzig Zentimeter breit. Ist der Mensch krank, hängen die Gesundheitsstrahlen schlaff herab und verschlingen sich ineinander. Dadurch wird die Gesundheitsaura kleiner. Ihre Größe kann manchmal auf weniger als dreißig Zentimeter schrumpfen. Die Gesundheitsaura eines besonders gesunden und energiegeladenen Menschen kann einen Umfang von bis zu über einem Meter haben. Sie ist wie ein sich verjüngender Zylinder geformt, oben breiter und am Fuß schmaler.

Vorgehen beim Scanning der inneren Aura:

Als nächstes ertasten Sie die innere Aura mit einer Hand oder mit beiden Händen. Bewegen Sie die Hände langsam ein wenig vor und zurück, bis Sie die innere Aura fühlen. Die innere Aura ist gewöhnlich etwa zwölf Zentimeter dick. Konzentrieren Sie sich beim Scanning auf die Mitte der Handflächen. Dadurch bleiben oder werden die Handchakras weiter aktiviert, und die Hände werden sensibler für feinstoffliche Energie oder Materie.

Tasten Sie den ganzen Körper ab, vom Kopf bis zu den Füßen und von vorn nach hinten. Tasten Sie die linke Seite und die rechte Seite ab. Überprüfen Sie beispielsweise das linke und das rechte Ohr oder den rechten und den linken Lungenflügel. Beim Scanning der inneren Aura der rechten und der linken Körperseite sollte man jeweils etwa den gleichen Umfang wahrnehmen. Ist die eine Hälfte größer oder kleiner als die andere, stimmt etwas nicht. Beim Scanning der Ohren eines Patienten fand man beispielsweise, daß die innere Aura des linken Ohres eine Stärke von etwa zwölf Zentimetern hatte, während die innere Aura des rechten Ohres nur etwa fünf Zentimeter maß. Der Patient gab auf Befragen an, daß sein rechtes Ohr schon seit siebzehn Jahren teilweise taub sei.

Besondere Aufmerksamkeit sollte der Wirbelsäule, den lebenswichtigen Organen und den Hauptchakras gewidmet werden. In vielen Fällen weist ein Teil der Wirbelsäule eine Pranastauung oder einen Prana-

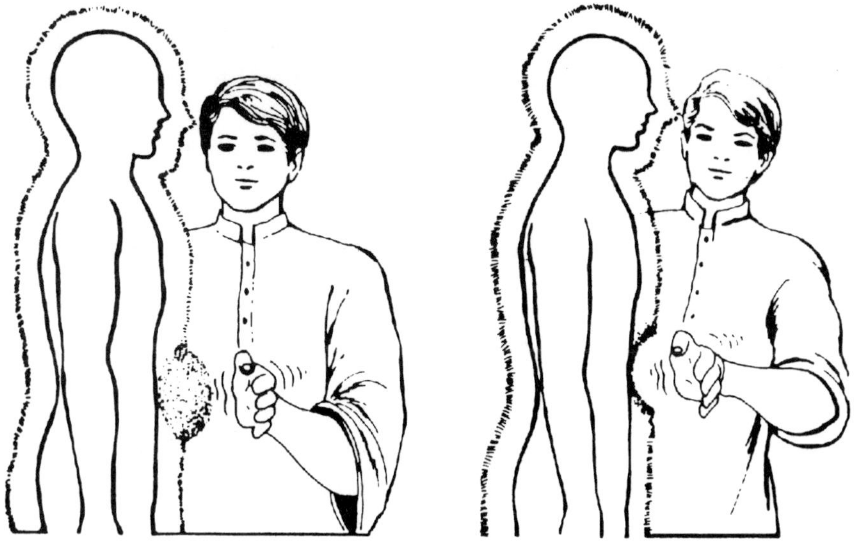

Pranastau Pranamangel

Scanning der inneren Aura

mangel auf, selbst wenn der Patient noch nicht über Rückenbeschwerden klagt.

Beim Scanning des Halsbereichs muß das Kinn etwas angehoben werden, damit man ein genaues Ergebnis bekommt. Es besteht sonst die Gefahr, daß die innere Aura des Kinns den tatsächlichen Zustand des Halsbereichs verschleiert.

Das Scanning der Lunge sollte vom Rücken und von den Seiten aus geschehen und nicht von vorn. Auf diese Weise erhält man ein genaueres Ergebnis. An den Brustwarzen befinden sich zwei Minichakras. Es besteht daher die Möglichkeit, daß sie das Scanning der Lunge beeinträchtigen. Bei einer fortgeschrittenen Pranaheiltechnik wird die Lunge anstatt mit der ganzen Hand mit nur zwei Fingern von vorn, von den Seiten und von hinten abgetastet.

Besondere Aufmerksamkeit erfordert der Solarplexus, da viele Erkrankungen emotionalen Ursprungs das Solarplexuschakra negativ beeinflussen.

Auswertung der Ergebnisse des Scanning der inneren Aura:

Sie werden beim Scanning bemerken, daß es in manchen Bereichen der inneren Aura des Patienten Vertiefungen oder Vorwölbungen gibt.

Eine solche Einbuchtung wird durch Pranamangel verursacht. In diesem Fall scheint Prana zu entweichen oder von vornherein in unzureichendem Maße vorhanden zu sein. Die feinen Meridiane dieses Bereichs sind teilweise stark blockiert und verhindern den ungehinderten Zustrom von frischem Prana aus anderen Teilen des Körpers, so daß der betreffende Teil nicht mehr mit der nötigen Lebenskraft versorgt werden kann. Bei Pranamangel ist das entsprechende Chakra erschöpft und mit schmutziger, kranker bioplasmatischer Materie angefüllt; seine Aktivität ist eingeschränkt.

Weist eine Stelle eine Vorwölbung auf, ist die Ursache eine Pranakongestion oder Stauung bioplasmatischer Materie. Das bedeutet, daß im betreffenden Bereich zu viel Prana vorhanden ist und die entsprechenden feinstofflichen Meridiane wie im ersten Fall teilweise oder stark blokkiert sind. Da der Pranaüberschuß nicht frei abfließen und kein oder kaum frisches Prana zufließen kann, verlieren das gestaute Prana und die angesammelte bioplasmatische Materie an Vitalität und erkranken nach einer gewissen Zeit. Bei Pranakongestion ist auch das jeweilige Chakra verstopft und mit kranker bioplasmatischer Materie angefüllt. Gewöhnlich liegt gleichzeitig eine teilweise Überaktivierung vor.

In einem erkrankten Bereich können gleichzeitig Pranastauung und Pranamangel bestehen: Ein Teil der betroffenen Aura weist eine Höhlung auf, ein anderer eine Ausbuchtung. So kann beispielsweise die Leber in ihrem linken Teil gestaut und daher gewölbt sein, in der rechten Hälfte aber eine Höhlung zeigen. Oder: Der linke Teil des Herzens ist gestaut und weist eine Vorwölbung auf, während die rechte Herzhälfte unter ernsten Mangelerscheinungen leidet.

Je kleiner die innere Aura, um so höher ist der Pranamangel. Je größer die Vorwölbung der inneren Aura, um so schwerwiegender ist die Stauung im betroffenen Körperbereich. Je kleiner oder größer die innere Aura eines erkrankten Körperteils ist, um so schwerer ist auch die Erkrankung.

Es kann in einem Bereich zeitweise zu Pranaüberschuß kommen, ohne daß hier etwas nicht in Ordnung wäre. So kann man beispielsweise beim Scanning eine starke Ausbuchtung der inneren Aura im Gesäßbereich wahrnehmen, wenn der Betreffende lange Zeit sitzend zugebracht hat. Da in diesem Fall die Meridiane jedoch nicht blockiert sind, normalisiert sich der Zustand nach kurzer Zeit.

Es kann in einem Bereich aber auch zeitweise zu einem Pranamangel kommen, ohne daß dem Betreffenden etwas fehlt. Hatte er zum Beispiel kurz vor dem Scanning eine heftige Auseinandersetzung, so zeigt sich das als zeitweiliger Pranamangel im Bereich des Solarplexus. Nach einigen Stunden Ruhe wird sich der Zustand wieder normalisieren. Ständiger Streit und Ärger kann jedoch anhaltenden Pranamangel im Bereich des Solarplexus hervorrufen, wodurch Bauchbeschwerden und möglicherweise auch Herzerkrankungen ausgelöst werden können.

Man sollte den körperlichen Zustand des Patienten sorgfältig beobachten. Auch der Patient selbst muß eingehend befragt werden, bevor ein voreiliger Schluß gezogen wird.

Das Sweeping

Das Sweeping ist eine wischende Bewegung mit der Hand, eine Art Hinwegstreichen. Das Sweeping wird im allgemeinen zur Reinigung angewandt. Es kann aber auch zur Energetisierung und zur Verteilung überschüssigen Pranas gebraucht werden. Streicht man über den ganzen bioplasmatischen Körper, bezeichnet man den Vorgang als *allgemeines Sweeping*. Die Reinigung einzelner Teile des Körpers nennt man *örtliches oder lokales Sweeping*.

Zum Sweeping werden die Hände benutzt. Es gibt dabei zwei Handstellungen. Bei der einen Position werden die Hände zur Schale geformt, bei der zweiten Position werden die Finger gespreizt. Man gebraucht abwechselnd beide Handstellungen. Die schalenförmig ineinandergelegten Hände sind besser zur Entfernung der kranken bioplasmatischen Materie geeignet, die auseinandergespreizten Finger sind wirksamer beim Glätten und Entwirren der Gesundheitsstrahlen. Das Streichen bezeichnen manche Esoteriker als »Reinigung der Aura« oder als »Kämmen«.

Die Wirkung des Sweeping:

Es entfernt gestaute und kranke bioplasmatische Materie. Blockierte Meridiane oder bioplasmatische Kanäle werden gereinigt und durchgängig gemacht. Dadurch kann Prana aus anderen Bereichen zu dem betroffenen Körperteil fließen und den Heilungsprozeß fördern.

Durch die Entwirrung und teilweise Kräftigung der Gesundheitsstrahlen wird die Ausscheidung von Giften, Abfallprodukten, Krankheitskeimen und verschmutzter Bioplasmamaterie bedeutend erleichtert. Eine weitere Kräftigung der Gesundheitsstrahlen erfolgt durch die Energetisierung des ganzen Körpers mit Prana.

Durch die Entwirrung und Kräftigung der Gesundheitsstrahlen wird die Gesundheitsaura wieder normalisiert. Sie wirkt wie ein Schutzschild und fördert die Widerstandsfähigkeit gegen Infektionen.

Beim Sweeping werden automatisch die undichten Stellen oder Höhlungen in der äußeren Aura geschlossen, durch die sonst Prana abfließt. Werden solche Lecks in der äußeren Aura nicht abgedichtet, verläuft der Heilungsprozeß sehr langsam – selbst wenn man Pranaenergie auf den Patienten überträgt –, weil das Prana einfach wieder heraussickert. Dieser Faktor trägt oft dazu bei, daß bei einem geheilten Patienten schon nach Minuten oder auch nach Stunden die Krankheitssymptome wieder auftreten.

Nach einer Reinigung durch Sweeping absorbiert der Patient das Prana sehr viel leichter. Das Sweeping wird auch eingesetzt, damit ein bei der Energetisierung entstehender Pranaüberschuß in einem Bereich auf andere Teile des Körpers verteilt und eine mögliche Stauung vermieden wird. Das Sweeping wird zur Energetisierung eingesetzt, indem mit Hilfe dieser Methode überschüssiges Prana aus den Bereichen um den Körper herum oder aus einem oder mehreren Chakras zu dem betroffenen Körperteil geleitet wird, in dem Pranamangel herrscht. So kann unter Umständen eine leichte Form der Arthritis in den Fingern allein durch die Reinigung der Finger und durch das Verstreichen überschüssigen Pranas vom Handchakra zu den betroffenen Fingern innerhalb von Minuten geheilt werden.

Heftige Reaktionen werden gemildert oder ganz vermieden, indem die Patienten einer gründlichen Sweepingreinigung unterzogen werden. Das Sweeping ist eine sehr wichtige Technik der Pranaheilmethode und dabei sehr leicht zu erlernen. Es reinigt, kräftigt und fördert den Heilungsprozeß. Viele leichte Erkrankungen können schon allein durch das Sweeping geheilt werden.

Das allgemeine Sweeping

Beim allgemeinen Sweeping werden fast ausschließlich streichende Abwärtsbewegungen ausgeführt – man streicht beim Kopf beginnend zu den Füßen hin. Aufwärtsbewegungen werden bei dieser Reinigung nur angewandt, um einen Patienten aufzuwecken, der vielleicht während der Behandlung eingeschlafen oder ein wenig müde geworden ist. Beim Aufwärtsstreichen beginnt man bei den Füßen und streicht zum Kopf hin.

Vorgehen beim allgemeinen Sweeping:

Halten Sie die leicht schalenartig gebogenen Hände etwa fünfzehn Zentimeter über den Kopf des Patienten. Berühren Sie den Patienten

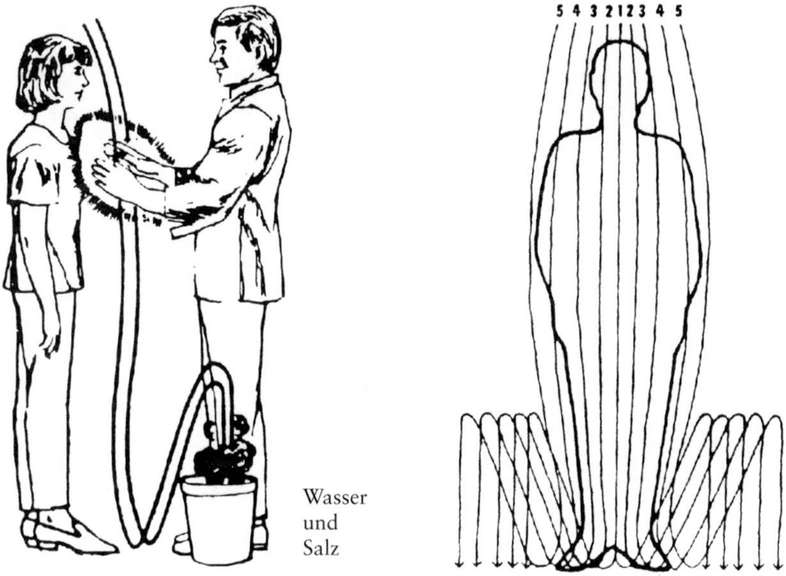

Allgemeines Sweeping: Durch Reinigung oder Entfernung der kranken Energie wird die Zirkulation der Lebensenergie gefördert; dadurch wird die Heilung beschleunigt

nicht unnötigerweise, sondern versuchen Sie, stets einen Abstand von etwa fünf Zentimetern zu seinem Körper einzuhalten.

Die Hände streichen in dieser Position jetzt langsam vom Kopf bis zu den Füßen. (Folgen Sie der Linie 1 der rechten Abbildung auf dieser Seite.) Heben Sie die Hände nun wieder etwas an, und schlagen Sie sie kräftig nach unten aus, um die schmutzige, kranke bioplasmatische Materie loszuwerden. Das ist sehr wichtig, denn so vermeidet man, daß der Patient erneut verunreinigt wird. Außerdem verhindert man dadurch, sich selbst zu infizieren, was sich beim Heiler als Schmerz in den Fingern, Händen und Handflächen, als allgemeine Schwächung seines Körpers und/oder dadurch äußern kann, daß er sich eine ähnliche Erkrankung wie der Patient zuzieht.

Streichen Sie nun erneut, diesmal jedoch mit gespreizten Fingern über den Körper des Patienten. Dieses »Kämmen« dient der Entwirrung und Kräftigung der Gesundheitsstrahlen.

Wiederholen Sie beide Vorgänge gemäß der auf der obigen Abbildung eingezeichneten Linien 2, 3, 4 und 5. – Gehen Sie zum Abwärtsstreichen der Rückenpartie über, und befolgen Sie dabei die beschriebenen Anweisungen.

Es ist sehr wichtig, daß Sie sich beim Sweeping auf die Absicht und das Ziel konzentrieren, die kranke bioplasmatische Materie zu entfernen. Ohne einen solchen bewußten Vorsatz ist die Sweepingmethode weniger wirksam, und eine rasche Heilung wird verzögert. Bei regelmaßiger Übung können Sie das Sweeping leicht und fast ohne Anstrengung durchführen.

Sollte der Patient nach dem Abwärtsstreichen etwas schläfrig geworden sein, könnte er durch einige Aufwärtsbewegungen wieder aufgemuntert werden. Es ist nicht notwendig, daß Sie nach dem Aufwärtsstreichen die Hände ausschütteln, denn es ist keine Reinigungstechnik. Beachten Sie: Die Anwendung des Aufwärtsstreichens vor dem Abwärtsstreichen kann zur Folge haben, daß die kranke Bioplasmamaterie in den Kopfbereich gelangt oder sich dort festsetzt, und das könnte sich negativ auswirken.

Das örtliche Sweeping

Halten Sie eine oder beide Hände über den betroffenen Bereich, und streichen Sie die kranke bioplasmatische Materie langsam weg, als wollten Sie einen schmutzigen Gegenstand mit der Hand säubern.

Schütteln Sie die Hand kräftig aus, um die schmutzige Bioplasmamaterie loszuwerden.

Die Streichbewegung kann in jede beliebige Richtung ausgeführt werden: senkrecht, waagrecht, diagonal oder L-förmig.

Das Sweeping ist recht einfach und wird auch meistens fast sofort erlernt. Es kann jedoch geschehen, daß beim örtlichen Sweeping kranke bioplasmatische Materie von einem Teil des Körpers auf einen anderen übertragen wird. So ist es beispielsweise vorgekommen, daß ein Heiler die gestaute bioplasmatische Materie vom Hinterkopf eines Patienten entfernte, doch ein Teil davon wurde in den Schulter-Nackenbereich verschleppt, wo nun Schmerzen auftraten. Sollten Sie einmal vor einem ähnlichen Problem stehen, wenden Sie die Technik des örtlichen Sweeping an der neu betroffenen Stelle einfach erneut an.

Wie oft soll nun das allgemeine und lokale Sweeping bei einem Patienten vorgenommen werden? Die Antwort ist einfach: So oft wie nötig. Es gibt hierfür keine allgemeingültigen Angaben. Choa Kok Sui selbst wendet das allgemeine Sweeping normalerweise ein- bis zwei-

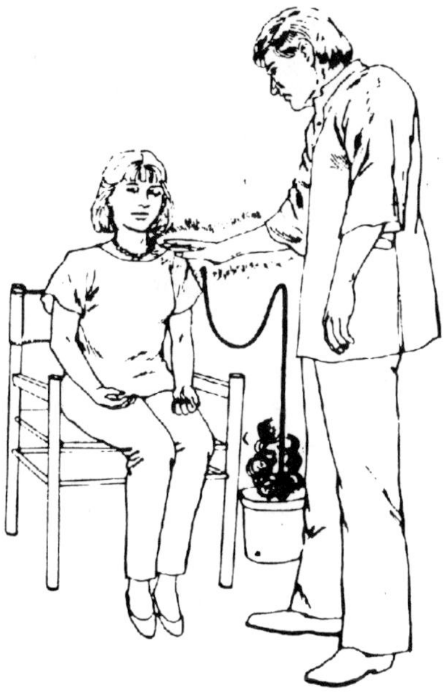

Örtliches Sweeping:
Durch Reinigung oder Entfernung der kranken Energie
aus dem erkrankten Bereich wird die Heilung beschleunigt

mal, das örtliche Sweeping vier- bis fünfmal pro Sitzung an. Im Falle eines kranken Hundes, der unglücklicherweise ein langsam wirkendes Gift gefressen hatte und zu verenden drohte, war jedoch zwanzig- bis dreißigmaliges Sweeping erforderlich, um die dunkelgraue bioplasmatische Materie, die zuerst jeweils nach einigen Sekunden und später nach einigen Minuten wieder erschien, nachhaltig zu entfernen. Bei dieser Behandlung wurde abwechselnd die Sweepingtechnik und die Energetisierung angewandt. Der ganze Vorgang wurde einmal im Abstand von nur zwei Stunden und am ersten Tag insgesamt dreimal wiederholt. An den folgenden Tagen wurde die Heilbehandlung fortgesetzt. Nach etwa zwei Wochen war der Hund wieder einigermaßen munter und gesund.

Im Falle einer Vergiftung sollten Sie sich nicht ausschließlich auf die Pranaheilung beschränken. Sorgen Sie für eine angemessene ärztliche Behandlung, und setzen Sie die Pranaheilung ein, um den Patienten zu kräftigen und den Heilprozeß zu beschleunigen. Wie bereits erwähnt, kann ein Leiden oder eine Krankheit durch innere und/oder äußere

Faktoren ausgelöst werden. Ist die Ursache einer Erkrankung beispielsweise Mangelernährung, sollte der Patient selbstverständlich genügend nährstoffreiche Kost oder zusätzliche Nährstoffe zu sich nehmen. Ist es ein chemisches Gift, das ja einen physischen oder äußeren Faktor darstellt, sollte man unbedingt auch für eine physische oder chemische Behandlung sorgen. Die Pranaheilung kann dann zusätzlich eingesetzt werden, um den entstandenen körperlichen Schaden so gering wie möglich zu halten und den Heilungsprozeß zu erleichtern. Es kann jedoch auch sein, daß, wie im Fall des kranken Hundes, dessen Organismus ein bestimmtes Gift schon vollständig assimiliert hatte und für den kein Gegengift zur Verfügung stand, die Pranaheilung die einzige Hoffnung auf Besserung bietet.

Wahrscheinlich gibt es irgendeinen großen Yogi, Schamanen oder Heiler, der Gift im eigenen Körper oder im Körper eines anderen neutralisieren kann. Doch wer von uns hat schon dieses Format? Man sollte sich bei der Pranaheilung wie in allen anderen Wirkungsbereichen stets der eigenen Fähigkeiten und Grenzen bewußt sein und bei allen Entscheidungen das eigene Urteilsvermögen und den gesunden Menschenverstand gebrauchen.

Erhöhung der Empfänglichkeit des Patienten

Das Heilen ist um vieles leichter, wenn der Patient dafür empfänglich ist oder der Behandlung zumindest keinen großen Widerstand entgegensetzt. Ist der Patient entspannt, kann sein Körper mehr Pranaenergie aufnehmen. Das ausgestrahlte Prana kann vom Patienten zurückgewiesen werden, wenn er der Heilmethode gegenüber stark voreingenommen ist, wenn er den Heiler persönlich ablehnt oder überhaupt nicht gesund werden möchte.

Es ist deshalb ratsam, zuerst eine gewisse Verbindung, den sogenannten »Rapport«, zum Patienten herzustellen, um seinen Widerstand zu verringern. Diesen Rapport kann man herstellen durch ein Lächeln und indem man den Patienten begrüßt und auf eine nette Art und Weise behandelt. Wenn der Patient nichts über Pranaheilung weiß, sollte der Heiler ihm kurz und möglichst einfach erklären, was Pranaheilung ist.

Wenn von seiten des Patienten ein starker Widerstand zu spüren ist, sollten Sie ihn bitten, während der Behandlung eine aufnahmebereite Haltung einzunehmen. Geben Sie ihm die Anweisung, die Handflächen nach oben zu heben und den Kopf ein wenig zu beugen. Bitten Sie den

Patienten, die Augen zu schließen. Dadurch wird sein Widerstand geringer und das Heilen wesentlich erleichtert.

Um die Aufnahmebereitschaft des Patienten noch weiter zu fördern, bitten Sie ihn, sich während der Behandlung mehrmals zu sagen: »Ich nehme bereitwillig, dankbar und vollständig all die heilende Energie in mich auf. Ich habe volles Vertrauen. So sei es.« Sie können den Patienten außerdem auffordern, durch sein geistiges Auge zu visualisieren, daß sein Körper und der erkrankte Bereich ganz von Licht erfüllt werden.

Energetisierung mit Prana: Handchakra-Technik

Bei der Übertragung von Prana auf den bioplasmatischen Körper des Patienten sollte man gleichzeitig aus der Umgebung Luftprana oder Luft-Vitalitätskügelchen aufnehmen. Dadurch verhindert man einen Pranamangel bei sich selbst, der zur Erschöpfung oder Anfälligkeit für Infekte und Erkrankungen führen kann.

Unter den vielen Möglichkeiten, Prana zu übertragen, ist der Weg über die Handchakras die sicherste und einfachste Methode: Eines nimmt Prana auf, das andere gibt es ab. Beide Handchakras können diese Funktionen abwechselnd übernehmen. Welches Chakra vorwiegend Prana aufnimmt oder abgibt, ist eine Sache des Willens oder der persönlichen Empfindung. Bei Rechtshändern ist eine Pranaaufnahme durch die linke Hand im allgemeinen leichter, bei Linkshändern umgekehrt.

Konzentrieren sollte man sich besonders auf beide Handchakras – auf die Mitte der Handflächen – und auch auf den zu behandelnden Körperteil. Die zu stark auf den zu behandelnden Körperteil gerichtete Konzentration ist ein Fehler, der Anfängern im allgemeinen häufig unterläuft. Ist die Aufmerksamkeit auf die beiden Handchakras aber zu gering, ist auch der Strom des ein- und ausfließenden Pranas unzureichend.

Vorgehen:

Drücken Sie die Daumen gegen die Mitte der Handflächen, das erleichtert die Konzentration.

Aktivieren Sie das aufnehmende Handchakra, indem Sie Ihre Aufmerksamkeit für etwa zehn bis fünfzehn Sekunden auf die Mitte dieser Handfläche richten.

Halten Sie die andere Hand nahe an den betroffenen Körperteil, und konzentrieren Sie sich gleichzeitig auf die Mitte beider Handflächen. Wollen Sie die Ausstrahlung beispielsweise mit dem rechten Handchakra vornehmen, halten Sie die rechte Hand an den betroffenen Körperteil. Der Abstand zum Körper des Patienten soll etwa acht bis zehn Zentimeter betragen. Konzentrieren Sie sich weiter auf die Mitte der Innenflächen ihrer Hände. Der Anfänger wird im Normalfall vielleicht fünf bis fünfzehn Minuten brauchen, bis der Patient genügend energetisiert ist.

Bei dem ganzen Vorgang müssen Sie sich darüber im klaren sein, daß es eine schnelle Wirkung nur geben kann, wenn Sie Ihre Willenskraft einsetzen, den Fluß der Energie verfolgen und von Anfang an die Aufmerksamkeit darauf richten, daß das ausgestrahlte Prana in das betroffene Chakra und von dort zu dem betroffenen Körperteil fließt.

Die rechte und die linke Achselhöhle sollen ein wenig geöffnet sein, damit das Prana leichter von einem zum anderen Handchakra fließen kann.

Der Erfolg hängt auch davon ab, ob Sie sich auf das linke und das rechte Handchakra wirklich gleichzeitig und gleichwertig konzentrieren. Wird nämlich dem ausstrahlenden Handchakra mehr Aufmerksamkeit geschenkt als dem aufnehmenden, kann das zur Entkräftung und Erschöpfung des Heilers selbst führen.

Wenn Sie bei der Energieübertragung einen leichten Schmerz oder ein Gefühl des Unbehagens spüren, schlagen Sie kräftig Ihre Hand aus, um die aufgenommene verschmutzte bioplasmatische Materie abzuschütteln. Bei der Energetisierung müssen Sie die Hand regelmäßig ausschütteln, um die schmutzige Bioplasmamasse loszuwerden.

Die Energetisierung muß solange fortgesetzt werden, bis Sie spüren, daß von der behandelten Stelle ein leichter Rückstoß ausgeht, oder bis Sie bemerken, daß der Pranastrom von Ihrer Handfläche zum behandelten Körperteil allmählich nachläßt. Dieser Pranastrom fühlt sich wie eine warme, fast unmerkliche Welle an. In diesem Moment findet auch ein Ausgleich des Pranaenergiepegels zwischen Ihrer Hand und dem behandelten Körperteil statt. Bei Anfängern ist für die Energetisierung mit Prana in leichten Fällen mit fünf bis fünfzehn Minuten zu rechnen, in schwereren Fällen dauert es etwa dreißig Minuten.

Führen Sie eine Gegenkontrolle durch, um festzustellen, ob der behandelte Bereich genügend energetisiert ist, indem Sie die innere Aura des behandelten Körperteils noch einmal durch Scanning überprüfen. Ist noch nicht genügend Energie vorhanden, setzen Sie die Energetisierung solange fort, bis der behandelte Bereich genügend Prana besitzt.

Liegt im betroffenen Körperteil ein starker Energieüberschuß vor, dann wenden Sie das Sweeping an, um die Pranastauung zu verteilen. Das geschieht, indem Sie das überschüssige Prana mit der Hand verstreichen und auf die umliegenden Bereiche verteilen. Überprüfen Sie

Energetisierung mit Prana: Handchakra-Technik

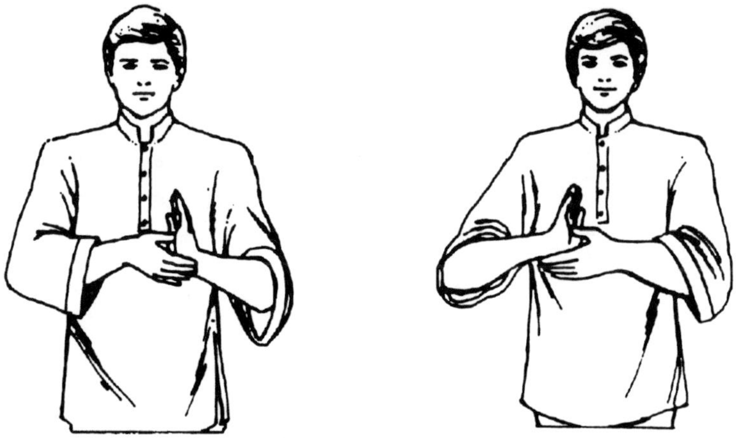

(a/b) Zur Förderung der Konzentration drücken Sie den Daumen in die Mitte der Handfläche

(c) Konzentrieren Sie sich etwa fünfzehn Sekunden auf die Mitte der zur Pranaaufnahme benutzten Hand

(d) Bei der Energetisierung halten Sie die andere Hand nahe an den betroffenen Bereich. Konzentrieren Sie sich gleichzeitig auf die Mitte der Handflächen

Energetisierung:
»Nach den Sternen greifen«

Energetisierung:
»Ägyptische« Position (im Stehen)

das Ergebnis durch Scanning. Weist der behandelte Körperteil nur einen geringen Energieüberschuß bis zu einem Umfang von etwa acht Zentimetern auf, dann lassen Sie ihn, wie er ist.

Prana oder Ch'i kann auch durch die Finger oder die Fingerchakras übertragen werden, und zwar noch besser als durch die Handchakras. Das Prana der Fingerchakras ist intensiver. Wird das übertragene Prana jedoch zu intensiv, kann der Patient Schmerzen und ein bohrendes, durchdringendes Gefühl spüren. Doch das ist überhaupt nicht nötig. Es wäre besser, die Pranaübertragung durch die Handchakras zu beherrschen, bevor man versucht, eine Energetisierung durch die Fingerchakras vorzunehmen.

Bei der Übertragung von Pranaenergie ist die Technik des Visualisierens zwar hilfreich, aber nicht unbedingt notwendig. Entspannen Sie sich,

Energetisierung:
»Ägyptische« Position (im Sitzen)

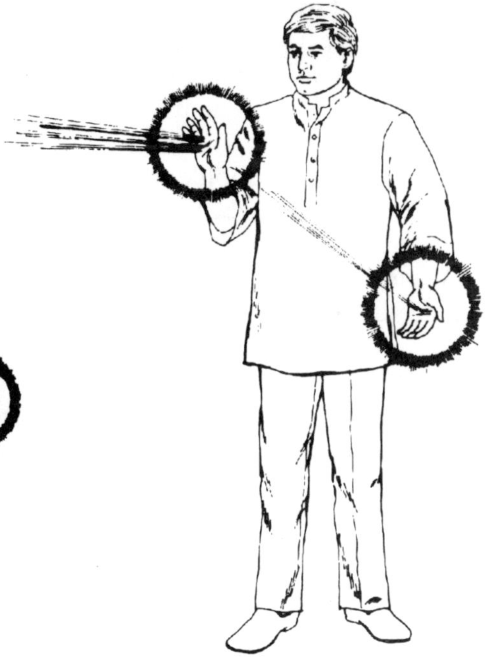

Energetisierung:
»Zwanglose« Position

konzentrieren Sie sich ganz gelassen auf die Handchakras. Der Erfolg wird sich wie von selbst einstellen. Die Technik ist einfach, leicht auszuführen und sehr wirksam. Versuchen Sie es und urteilen Sie dann selbst.

Beim Einziehen von Prana sind verschiedene Stellungen moglich: die Position »Nach den Sternen greifen«, die »ägyptische« Stellung und die »zwanglose« Haltung. Wenn Sie in der Position »Nach den Sternen greifen« Pranaenergie durch das Chakra der linken Hand einholen wollen, erheben Sie den linken Arm und richten die Handflächen nach oben. Dieser Vorgang ist dem Auslegen eines Wasserschlauchs vergleichbar. Im Bereich der Achselhöhle verläuft ein Meridian oder Bioplasmakanal, der mit den Chakras der linken und rechten Hand in Verbindung steht. Durch die Lockerung oder Freilegung dieses Meridians beim Armheben kann das Prana bei einem Minimum an Widerstand frei fließen. Die Konzentration auf das linke Handchakra wirkt nun wie das Aufdrehen des Wasserhahns: Prana fließt in entsprechender Menge durch das aktivierte linke Handchakra.

Wollen Sie in der »ägyptischen« Position Prana durch das rechte Handchakra aufnehmen, so heben Sie den rechten Ellbogen, bis er sich in einer fast parallel zum Boden ausgerichteten Stellung befindet. Bewegen Sie den Arm ein wenig vom Körper weg, damit eine kleine Öffnung in der Achselhöhle entsteht und die Meridiane im Bereich der Achselhöhle freigegeben werden. Die Handfläche ist nach oben gerichtet: Der Geist ist bereit, Prana aufzunehmen.

Wenn Sie in der »zwanglosen« Position Pranaenergie durch das Chakra der linken Hand aufnehmen wollen, lassen Sie den linken Arm locker und entspannt hängen. Der Arm soll auch hier wieder ein wenig vom Körper entfernt sein, damit eine kleine Öffnung im Bereich der Achselhöhle entstehen kann. Die Handfläche befindet sich ebenfalls in ganz zwangloser Position und ist nicht nach oben gerichtet. Bei Anfängern erfordert diese Stellung ein höheres Maß an Konzentration, da die Handfläche nicht nach oben zeigt. Die nach oben gerichteten Handflächen erleichtern die Aufnahme von Prana.

Der Autor selbst wendet gewöhnlich die »ägyptische« Stellung an, weil sie bequemer ist und nicht allzu ungewohnt oder sonderbar aussieht. Dadurch ist der Widerstand von seiten des Patienten geringer. Es ist möglich, daß der Patient unabsichtlich den größten Teil des vom Heiler auf ihn gerichteten Pranas blockiert, wenn ihm der Heiler absonderlich vorkommt oder wenn er eine Heilmethode stark ablehnt und nicht daran glaubt. Aus diesem Grund ist es besser, vor der Behandlung eine Verbindung mit dem Patienten herzustellen. Die Heilung geht dann schneller und leichter vor sich.

Stabilisierung des übertragenen Pranas

Ein potentielles Problem bei der Pranaheilung ist die Instabilität des übertragenen Pranas. Prana besitzt die Neigung, allmählich wieder herauszusickern; dadurch kommt es möglicherweise zu einem Rückfall, und die Krankheit flackert wieder auf. Man kann dieses Problem in den Griff bekommen, indem man den betroffenen Körperteil vor der Energetisierung einer gründlichen Sweepingbehandlung unterzieht und das übertragene Prana stabilisiert.

Es gibt zwei Möglichkeiten zur Stabilisierung des übertragenen Prana:

Schließen Sie jede Energetisierung mit der Übertragung von blauem Prana ab. Das kann durch Visualisierung und Übertragung von hellblauem Prana auf den behandelten Körperteil geschehen. (Näheres zu farbigem Prana im 2. Band *Die hohe Kunst des Pranaheilens.*)

Oder Sie setzen Ihre Willenskraft so ein, daß Sie dem übertragenen Prana innerlich die Anweisung geben, an Ort und Stelle zu bleiben und sich zu stabilisieren.

Überzeugen Sie sich durch das folgende Experiment selbst von der Gültigkeit dieser Grundsätze und Techniken.

Vorgehen:

Wenn Sie die Energetisierung mit Prana durchführen, übertragen Sie eine Minute lang weißes Prana auf die Oberfläche einer Tischplatte, und formen Sie durch die Kraft der Visualisierung eine Kugel, allerdings ohne die Willenskraft darauf zu richten, daß sie bestehen bleibt. Dies ist die erste Pranakugel.

Projizieren, visualisieren und formen Sie in gleicher Weise etwa eine Minute lang eine zweite blaue Pranakugel.

Sie projizieren und formen jetzt etwa eine Minute lang eine weiße Pranakugel, richten Ihre Willenskraft darauf und geben mental die Anweisung, daß sie eine Stunde lang bestehen bleibt. Dies ist die dritte Pranakugel. Überzeugen Sie sich davon, daß die Lage der drei Pranakugeln genau markiert ist und daß kein starker Luftzug herrscht, der sie wegwehen könnte.

Überprüfen Sie durch Scanning, daß die Kugeln richtig geformt sind.

Warten Sie etwa zwanzig Minuten, dann tasten Sie die drei Pranakugeln noch einmal ab. Beim Scanning werden Sie vielleicht bemerken, daß die erste Pranakugel bereits verschwunden ist oder doch stark an Größe verloren hat, während die zweite und dritte noch immer unversehrt sind.

Führen Sie bitte dieses Experiment sofort aus. Es ist ganz einfach und bereitet keine Schwierigkeiten.

Die Freisetzung der Pranaenergie

Der Heiler wird bemerken, daß es wesentlich einfacher ist, bei einem Fremden inneren Abstand zu bewahren als bei der Behandlung des eigenen Kindes, eines Verwandten oder engen Freundes. Das liegt daran, daß der Heiler aufgrund der engen emotionalen Bindung zu ihm nahestehenden Patienten allzu ängstlich besorgt auf die Ergebnisse seiner

Heilbehandlung wartet. Hellsichtigen ist solch eine Verbindung zwischen Heiler und Patient als »Äther-« oder »Energieschnur« wahrnehmbar. Da das übertragene Prana in diesem Fall auch wieder zum Heiler zurückfließen kann, würde die Genesung des Patienten nur langsame Fortschritte machen. Um dies zu vermeiden, sollte der Heiler nach der Behandlung visualisieren, daß er dieses ätherische Band mit einer Schere oder einem Messer durchtrennt.

Weiterhin ist es besser, unmittelbar nach der Behandlung nicht an den Patienten zu denken, da dadurch die ätherische Verbindung womöglich wieder hergestellt werden würde. Bei starkem Pranamangel eines Patienten besteht außerdem die Gefahr, daß der Heiler auch noch lange nach der Behandlung unwissentlich Prana überträgt. Dies führt auf lange Sicht dazu, daß es beim Heiler selbst zum Pranamangel kommt. Sollte dies passieren, muß der Heiler ganz in Ruhe visualisieren, wie er das ätherische Band noch einmal durchtrennt.

Unter normalen Umständen, wenn der Heiler ruhig und distanziert (aber nicht gleichgültig) gegenüber dem Patienten ist, wird das übertragene Prana freigesetzt und die ätherische Verbindung automatisch gelöst.

Der »bioplasmatische Müllschlucker«

Die verschmutzte bioplasmatische Materie muß richtig »entsorgt« werden, wenn man einen Raum bioplasmatisch sauberhalten will und vermeiden möchte, sich selbst und andere Patienten zu infizieren. Entfernt man kranke bioplasmatische Materie aus dem Körper eines Patienten, so bleibt sie durch bioplasmatische Fäden noch immer mit ihm verbunden. Die Schamanen (Heiler) oder *kahunas* in Hawaii bezeichnen diesen bioplasmatischen Faden als den unsichtbaren *aka*-Faden. Man nennt ihn auch das »ätherische Band«. Solange die kranke Bioplasmamaterie nicht richtig beseitigt ist, besteht die Möglichkeit, daß sie zum Patienten zurückkommt.

Um einen »Müllschlucker« zur Beseitigung bioplasmatischen Abfalls herzustellen, nehmen Sie einfach einen Eimer mit Wasser und geben etwas Salz dazu. Wasser ist imstande, schmutzige bioplasmatische Materie zu absorbieren, und Salz vernichtet sie.

Nach dem Sweeping sollten Sie stets die Hände in Richtung dieses Eimers ausschütteln. Führen Sie einmal das folgende einfache Experiment durch: Nehmen Sie zwei Eimer mit Wasser, geben Sie in einen Salz, in den anderen nicht. Überprüfen Sie durch Scanning beide Eimer, bevor und nachdem Sie in jeden schmutzigen Bioplasmamasse geschüttelt haben. Das verschmutzte Bioplasma sammelt sich beim Sweeping an. Lassen Sie danach beide Behälter etwa zwei Stunden lang stehen. Achten Sie danach auf den Unterschied. Sie werden bemerken, daß die kranke bioplasmatische Materie in dem Eimer mit Salz kaum mehr wahrzunehmen ist, in dem Gefäß ohne Salz können Sie sie jedoch noch deutlich fühlen.

Manche Heiler verwenden Wasser, Sand, Wasser mit Tabak, Fleisch oder andere organische Stoffe als »Müllschlucker«. Die Schamanen mancher Indianerstämme in Amerika benutzen dünne Zweige zur Beseitigung des bioplasmatischen Abfalls. Der Schamane hält eine Rute oder einen dünnen Zweig im Mund und saugt oder zieht damit die kranke bioplasmatische Materie aus dem Körper des Patienten. Die Zweige haben die Aufgabe, die kranke bioplasmatische Materie aufzunehmen. Im Zustand der Hellsichtigkeit wird die kranke Bioplasmamaterie symbolisch in Form von Spinnen, Insekten oder in anderen abstoßenden Gestalten gesehen. Manche Schamanen saugen die kranke Materie auch einfach aus und geben sie dann wieder von sich. Bei Anfängern besteht in diesem Fall die Gefahr, daß sie die kranke bioplasmatische Materie buchstäblich hinunterschlucken. Die Sweepingmethode bewahrt davor und ist deshalb wesentlich sicherer.

Empfehlung für einen täglichen Übungsplan:

1. Sensibilisierung der Hände – fünf bis zehn Minuten täglich
2. Scanning – fünf bis zehn Minuten täglich
3. Allgemeines und örtliches Sweeping – zehn Minuten täglich
4. Energetisierung mit Prana – zehn Minuten täglich

Dieser Übungsplan sollte mindestens zwölf Tage lang eingehalten werden, damit Sie vorbereitet sind und helfen können, falls Sie plötzlich jemanden (etwa Ihr eigenes Kind) behandeln müssen. Der vorstehende Übungsplan sollte Sie in die Lage versetzen, leichte Fälle wie Fieber, Durchfall, Blähungen, Muskelkater oder Insektenstiche zu heilen. Die Übungen sollten nach Möglichkeit an »echten« Patienten durchgeführt werden. Haben Sie dazu keine Gelegenheit, dann bitten Sie einen Freund oder Verwandten, sich für die Übungen zur Verfügung zu stellen.

Wenn Sie zu den wenigen Menschen gehören, denen es nicht gelingt, ihre Hände schon in der ersten Sitzung zu sensibilisieren, gehen Sie einfach zum Sweeping und zur Energetisierung mit Prana über. Versuchen Sie die Sensibilisierung der Hände aber jedesmal aufs neue. Nach drei oder vier Sitzungen sollte es Ihnen gelingen, das Ziel zu erreichen.

Es ist ratsam, zuerst die Heilung einfacher Fälle zu erlernen, bevor man sich an schwierigere Aufgaben wagt. Das ist auch notwendig, damit Sie Erfahrung und Selbstvertrauen gewinnen. Man sollte mindestens dreißig einfache Fälle heilen, bevor man selbständig schwierige oder ernste Fälle übernimmt.

Fünf Dinge, die bei der Pranaheilung zu vermeiden sind

Nehmen Sie nie eine direkte Energetisierung der Augen vor. Die Augen sind sehr empfindlich, und es kommt leicht zu einer Überdosierung, wodurch auf lange Sicht leicht Schaden entstehen kann. Besser sind sie durch den Hinterkopf oder über den Bereich zwischen den Augenbrauen zu energetisieren, dem Sitz des Ajnachakras: Sobald die Augen versorgt sind, fließt das überschüssige Prana einfach in andere Teile des Körpers.

Nehmen Sie nie über längere Zeit eine direkte und intensive Energetisierung des Herzens vor. Das Herz ist ebenfalls sehr empfindlich und zart. Ein Zuviel an Prana und eine intensive Energetisierung können zu einer gefährlichen Pranastauung in diesem Bereich führen. Eine bessere Zuleitung und Verteilung der Energie ist von der Rückseite der Wirbelsäule aus zu erzielen.

Bei Säuglingen, Kleinkindern unter zwei Jahren und sehr schwachen und alten Patienten dürfen Sie Prana nicht zu intensiv und in zu großer Menge übertragen. Bei kleinen Kindern sind die Chakras noch klein und nicht sehr kräftig. Bei sehr schwachen und sehr alten Patienten sind auch die Chakras geschwächt. Zu viel Prana oder eine intensive Energieübertragung würde ihre Chakras ersticken. Die Reaktion ist ähnlich wie die eines von großem Durst geplagten Menschen, der viel zu schnell zu viel Wasser trinkt. Schwache und alte Patienten können Prana nur noch langsam assimilieren. Die Energetisierung solcher Patienten muß ganz vorsichtig und langsam geschehen. Sie sollten die Möglichkeit haben, etwa fünfzehn bis zwanzig Minuten zu ruhen und das Prana zu assimilieren, bevor sie wieder energetisiert werden.

Wird dem Solarplexuschakra plötzlich ein Übermaß an Energie zugeführt und in diesem Chakra eine Erstickungsreaktion ausgelöst, dann wird der Patient plötzlich blaß, und es treten Atembeschwerden auf. Wenn das geschieht, wenden Sie sofort örtliches Sweeping im Solarplexusbereich an. Die Beschwerden des Patienten werden sofort verschwinden. Eine solche Reaktion kommt aber selten vor. Sie wird hier nur erwähnt, um aufzuzeigen, was in solchen Fällen zu tun ist.

Energetisieren Sie nicht das Meng-Mein-Chakra, vor allem nicht bei Säuglingen, Kindern und älteren Menschen. Dadurch könnte das Meng-Mein-Chakra aktiviert werden, was zu einem Ansteigen des Blutdrucks führen kann. Dieses wiederum kann eine Schädigung des Gehirns hervorrufen. Bei schwangeren Frauen darf dieses Chakra auch nicht behandelt werden, da dies eine Schädigung des ungeborenen Kindes zur Folge haben kann. Das Meng-Mein-Chakra sollte nur von fortgeschrittenen und erfahrenen Pranaheilern behandelt werden.

Energetisieren Sie nie das Milzchakra von Säuglingen oder Kindern, da diese aufgrund einer Pranastauung ohnmächtig werden können. Sollte das geschehen, wenden Sie mehrmals das allgemeine Sweeping an, um den Pranaüberschuß zu beseitigen. Ebensowenig sollte das Milzchakra bei Patienten mit akutem Bluthochdruck oder einer entsprechenden Krankengeschichte energetisiert werden, weil sich ihr Zustand dadurch verschlimmern könnte.

Andererseits werden Patienten, die sehr schwach sind und unter Energiemangel leiden, gewöhnlich über das Milzchakra behandelt. Wichtig ist aber, daß das Milzchakra nur von einem fortgeschrittenen und erfahrenen Pranaheiler behandelt wird.

Pranaheilen kann ohne Risiko angewandt werden, solange die hier gegebenen Richtlinien und Anweisungen genau befolgt werden.

Wann ein Heiler nicht heilen sollte

Ist der Heiler selbst erkrankt, oder leidet er unter allgemeiner Schwäche, so sollte er nicht heilen, damit eine Übertragung der verschmutzten Energie auf den Patienten vermieden wird.

Ein Heiler sollte ebenfalls nicht heilen, wenn er sehr verärgert oder gereizt ist, weil dann die übertragene Pranaenergie mit Ärger und anderen negativen Emotionen verunreinigt ist. Das könnte beim Patienten eine Verschlechterung seines Zustandes hervorrufen.

Stufen der Heilung

1. Beobachten und befragen Sie den Patienten.
2. Überprüfen Sie durch Scanning die Wirbelsäule, die lebenswichtigen Organe, die Hauptchakras und die erkrankten Teile des Körpers.
3. Wenden Sie das allgemeine Sweeping an.
4. Wenden Sie das örtliche Sweeping im betreffenden Bereich an.

5. Überprüfen Sie durch Scanning noch einmal die erkrankten Teile des Körpers. Im Falle einer Pranakongestion stellen Sie fest, ob sich die Stauung aufgelöst hat. Bei Pranamangel überprüfen Sie durch Scanning, ob die innere Aura des betroffenen Körperteils ein wenig größer geworden ist oder sich zumindest teilweise normalisiert hat.
6. In einfachen Fällen reicht manchmal schon die Sweepingreinigung aus, um den Patienten zu heilen.
7. Energetisieren Sie die betroffenen Teile des Körpers mit Prana.
8. Feedback: Befragen Sie den Patienten über seine Reaktionen. Hat er noch Schmerzen, dann lassen Sie sich genau die Stelle zeigen und überprüfen diesen Bereich noch einmal. Wenden Sie weiter Sweeping und Energetisierung an.
9. Ist der Energiespiegel in diesem Bereich stark erhöht, wenden Sie das verteilende Streichen (Sweeping) an, damit keine Pranastauung entsteht.
10. Stellen Sie durch Scanning fest, ob im betroffenen Bereich die Stauung ausreichend aufgelöst beziehungsweise ob der Bereich genügend energetisiert ist. Gründliches Vorgehen ist der Schlüssel zu erstaunlichen und sehr rasch eintretenden Heilungen.
11. Bei einer Pranastauung steht die Reinigung im Vordergrund. Bei Pranamangel liegt der Schwerpunkt der Behandlung auf der Energetisierung.
12. Stabilisieren Sie das übertragene Prana.
13. Geben Sie dem Patienten die Anweisung, den behandelten Teil des Körpers etwa zwölf Stunden lang nicht zu waschen, da sonst die Symptome wieder auftreten könnten. Wasser absorbiert einen Teil der übertragenen Pranaenergie. Patienten, die unter einer schweren Erkrankung oder unter allgemeiner Schwäche leiden, dürfen nach der Behandlung etwa vierundzwanzig Stunden lang kein Bad nehmen, damit der Körper die übertragene Pranaenergie allmählich absorbieren und assimilieren kann.

Für Anfänger gilt: Es ist besser, das Scanning vor der Befragung des Patienten durchzuführen. Sie verbessern dadurch ihre Scanningtechnik und kommen zu genaueren Ergebnissen. Das Scanning kann, wie alle Entscheidungen oder andere Fähigkeiten des Menschen, durch Suggestion beeinflußt werden. Wendet man bei einem Patienten die Scanningtechnik an, sollte man auf diese mögliche Fehlerquelle achten und versuchen, die Ergebnisse stets nochmals zu überprüfen.

Bei einfachen, örtlich begrenzten Erkrankungen kann das allgemeine Sweeping übersprungen werden. Bei Infektionskrankheiten sollte es aber immer angewandt werden, selbst wenn es sich nur um einen einfachen Fall, etwa um eine Augeninfektion oder eine Erkältung handelt, denn bei jedem Infekt wird der ganze Organismus mehr oder weniger in Mitleidenschaft gezogen. Bei Infektionskrankheiten weist gewöhnlich die äußere Aura undichte Stellen auf. Die Heilung erfolgt wesentlich schneller, wenn man in solchen Fällen das allgemeine Sweeping nicht einfach überspringt.

Kann man ohne Scanning heilen?

Wenn Ihre Fähigkeiten für die Scanningtechnik nicht ausreichen, können Sie auch ohne Scanning heilen. In einfachen Fällen fragen Sie den Patienten, welcher Körperteil schmerzt oder Unbehagen bereitet. Dann führen Sie das örtliche Sweeping und die Energetisierung durch. Bei manchen schweren Erkrankungen gibt es gewisse Gesetzmäßigkeiten, an die man sich halten kann. Patienten mit Herzerkrankungen beispielsweise leiden gewöhnlich unter einer Unausgewogenheit oder Fehlfunktion des Herzchakras und des Solarplexuschakras. Wenn man also diese beiden Chakras reinigt und energetisiert, wirkt sich das sehr vorteilhaft auf den Zustand des Patienten aus. Das Herz sollte über das rückwärtige Herzchakra energetisiert werden.

Obwohl es möglich ist, auch ohne Scanning zu heilen, können Sie doch gezielter und wirksamer helfen, wenn Sie diese Methode beherrschen. Manchmal befinden sich nämlich die nicht richtig arbeitenden Chakras weit entfernt von dem Teil des Körpers, in dem Schmerzen und Beschwerden auftreten.

Es ist sehr wichtig, vor dem Heilen, nach dem Sweeping und nach der Energetisierung beide Hände bis zu den Ellbogen gründlich mit Wasser oder mit Wasser und Salz, möglichst auch mit einer keimtötenden Seife zu waschen, damit die haftengebliebene bioplasmatische Materie nicht verschleppt und die Gefahr einer Infizierung vermieden wird.

Kritische Faktoren beim Heilen

Der Patient muß wiederholt gründlich durch Scanning überprüft werden. Nur eine genaue bioplasmatische Diagnose führt zur richtigen Behandlung. Das wiederholte Abtasten der Auren gibt Auskunft über die Wirksamkeit der vorangegangenen Behandlung.

Der bioplasmatische Körper des Patienten muß gründlich gereinigt werden. Das fördert die Heilung und vermeidet heftige Reaktionen.

Der Patient muß ausreichend energetisiert werden. Eine ungenügende Energetisierung mit Prana bedeutet nur eine geringe Besserung des Zustandes oder eine verzögerte Heilung. Die Überenergetisierung empfindlicher Organe muß vermieden werden, damit keine Pranakongestion entsteht.

Die Stabilisierung des ausgestrahlten Prana ist erforderlich, damit es nicht durch eine undichte Stelle wieder entweicht. Viele Neulinge trauen sich zu viel zu und begehen den schweren Fehler, das übertragene Prana nicht zu stabilisieren, wenn der Patient sagt, daß sich sein Zustand bereits gebessert hätte. Die Folge ist, daß es bei manchen Patienten schon nach etwa dreißig Minuten, bei anderen nach einigen Stunden zu einem Rückfall kommt und die früheren Symptome oder Beschwerden wieder auftreten. Deshalb gilt: Nach der Energetisierung muß das übertragene Prana immer stabilisiert werden!

Es ist zu beachten, daß isolierende Kleidung, Materialien wie Seide, Gummi und Leder teilweise als Isolatoren für das Prana wirken. Die Patienten müssen daher angewiesen werden, unter anderem keine Seide zu tragen, da dadurch die Pranaübertragung erschwert wird. Auch Leder- oder Gummischuhe und Ledergürtel sollen abgelegt werden, damit das allgemeine Sweeping besser wirkt. Manche Heiler ziehen vor dem Heilen die Schuhe aus, um mehr Erdenprana zu absorbieren.

Die elf Hauptchakras

Das Scheitel- oder Kronenchakra

Dieses Chakra am Scheitel des Kopfes energetisiert und kontrolliert das Gehirn, die Zirbeldrüse (Epiphyse), im Grunde den gesamten Körper. Die Energetisierung dieses Chakras bewirkt, daß das übermittelte Prana in andere Teile des Körpers fließt, als würde man Wasser in einen Trichter gießen. Manche Heiler behandeln einen Kranken, indem sie Prana in das Scheitelchakra übertragen, damit es von hier aus den betreffenden Teil des Körpers erreicht. Eine Fehlfunktion des Scheitelchakras kann sich in Form von physischen oder psychischen Leiden äußern.

Das Stirnchakra

Dieses Chakra liegt in der Mitte der Stirn. Es kontrolliert und energetisiert die Zirbeldrüse (Epiphyse) und das Nervensystem. Eine Fehlfunktion des Stirnchakras kann sich als Wahnsinn, Gedächtnisverlust, Lähmung oder Epilepsie zeigen. Die Energetisierung dieses Chakras hat einen ähnlichen Trichtereffekt wie die des Scheitelchakras und bewirkt, daß sich Prana in den ganzen Körper ergießt.

Das Ajnachakra

Es liegt zwischen den Augenbrauen, beeinflußt die Hypophyse energetisch und versorgt bis zu einem gewissen Grad auch das Gehirn mit Energie. Man bezeichnet es auch als »Meisterchakra«, weil es die anderen Chakras und die ihnen zugeordneten endokrinen Drüsen und damit die lebenswichtigen Organe steuert und kontrolliert. Die Energetisierung dieses Chakras bewirkt, daß die anderen Chakras in einer bestimmten Reihenfolge zu leuchten beginnen. Dadurch wird der ganze Körper energetisiert. Einige Heiler übertragen Prana in das Ajnachakra, um auf eine schmerzende Stelle einzuwirken, die in einem ganz anderen Körperbereich liegt. Beim charismatischen oder invokativen Heilen wird das Scheitel-, Stirn- oder das Ajnachakra berührt. Durch den plötzlichen Zustrom von Prana verlieren manche Patienten das Bewußtsein. Das Ajnachakra wirkt auf Augen, Nase, Gehirn und andere Organe in diesem Bereich. Bei der Diabetestherapie beispielsweise spielt das Ajnachakra ebenfalls eine wichtige Rolle.

Das Halschakra

Das Halschakra in der Mitte des Halses oder der Kehle energetisiert und konrolliert die Schilddrüse, die Nebenschilddrüsen, das Lymphsystem und den Halsbereich und beeinflußt zu einem gewissen Grad das Sexualchakra. Eine Fehlfunktion des Halschakras macht sich durch Erkrankungen bemerkbar, die mit dem Hals in Verbindung stehen, etwa Kropfbildung, rauher Hals, Stimmverlust oder Asthma.

Das Herzchakra

Das »vordere« Herzchakra liegt in der Mitte des Brustkorbs vor dem Herzen. Es kontrolliert und energetisiert das physische Herz und die

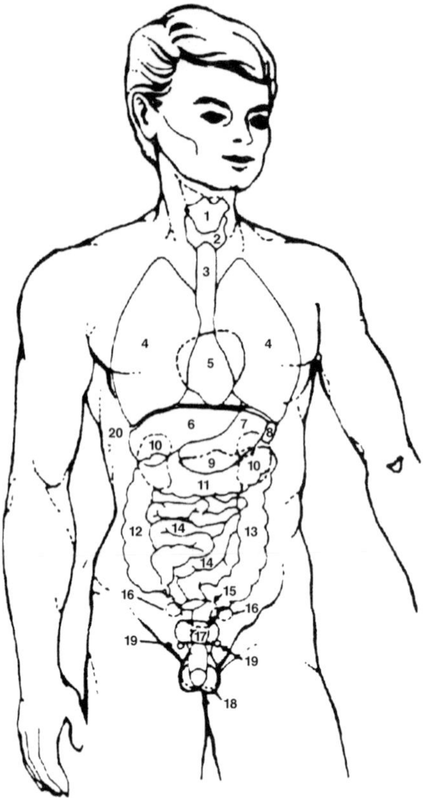

1. Kehlkopf
2. Schilddrüse
3. Speiseröhre
4. Lunge
5. Herz
6. Leber
7. Magen
8. Milz
9. Bauchspeicheldrüse
10. Nieren
11. Querdarm
12. aufsteigender Dickdarm
13. absteigender Dickdarm
14. Dünndarm
15. Gebärmutter
16. Eierstock
17. Blase
18. Hoden
19. Prostata
20. Zwerchfell

Die inneren Organe

Thymusdrüse. Das »rückwärtige« Herzchakra in Herzhöhe auf dem Rücken beeinflußt in erster Linie die Lunge, in geringerem Maß auch Herz und Thymusdrüse. Funktioniert dieser Teil des Herzchakras nicht richtig, so treten Lungenerkrankungen auf. Eine Energetisierung des Herzens erfolgt vorsichtshalber stets durch das rückwärtige Herzchakra, um eine Pranastauung von vornherein auszuschließen.

Das Solarplexuschakra

Wir besitzen ein doppeltes Solarplexuschakra: ein »vorderes« direkt am Solarplexus, in der Vertiefung zwischen den Rippen, und ein »hinteres« oder »rückwärtiges« auf dem Rücken, das geringfügig kleiner ist. Zu den Aufgaben des Solarplexuschakras gehört die Regulierung des Wärmehaushalts, insbesondere Energetisierung und Kontrolle der Bauchspeicheldrüse, der Leber, des Magens und Dickdarms, des Blinddarms und Zwerchfells, bis zu einem gewissen Grad auch des Dünndarms, der Nebennierendrüsen, der Lunge und anderer Teile des Körpers. Das Herz und das vordere Herzchakra stehen ebenfalls stark unter seinem Einfluß. Ein großer Teil des durch niedere Chakras aufgenommenen Pranas fließt zuerst durch die zentrale Energieverteilungsstelle des vorderen Solarplexuschakras, bevor es in die höheren Chakras strömt und umgekehrt. Der ganze Körper kann durch die Stimulierung des Solarplexuschakras gekräftigt werden. Eine Energetisierung mancher Organe – zum Beispiel der Bauchspeicheldrüse – durch das rückwärtige Chakra ist angebracht. In seltenen Fällen kann es durch Überenergetisierung zu Atembeschwerden kommen. Überschüssiges Prana sollte sofort beseitigt werden. Diabetes, Magengeschwüre, Hepatitis und Herzbeschwerden sind unter anderem typische Anzeichen für eine Fehlfunktion dieses Chakras. Es reagiert sehr empfindlich auf Emotionen, Spannung und Streß.

Das Milzchakra

Das »vordere« Milzchakra befindet sich auf der linken Bauchseite zwischen dem vorderen Solarplexuschakra und dem Nabelchakra, genau im mittleren Teil der linken untersten Rippe. Es ist der Haupteintrittspunkt für Luftprana oder Luftvitalitätskügelchen; deshalb spielt es eine lebenswichtige Rolle für das menschliche Wohlbefinden. Es energetisiert die anderen Hauptchakras und den gesamten Körper, indem es verdichtetes Prana an sie weiterleitet. Das »rückwärtige« Milzchakra erfüllt die gleichen Funktionen wie das vordere.

Es ist nicht ratsam, bei Babys oder Kindern das Milzchakra zu energetisieren, weil sie durch eine eventuell entstehende Pranastauung ohnmächtig werden könnten. Geschieht dies dennoch einmal, wenden Sie einfach das allgemeine Sweeping an. Es ist auch nicht zu empfehlen, das Milzchakra bei Patienten zu energetisieren, die unter Bluthochdruck leiden oder schon einmal in dieser Hinsicht Beschwerden hatten, weil durch die Energetisierung des Milzchakras der Blutdruck ansteigen kann. Man nutzt dieses Chakra jedoch bei der Behandlung von Patienten, die sehr schwach sind oder unter starkem Pranamangel leiden. Es ist wichtig, daß das Milzchakra nur von erfahrenen oder fortgeschrittenen Pranaheilern behandelt wird.

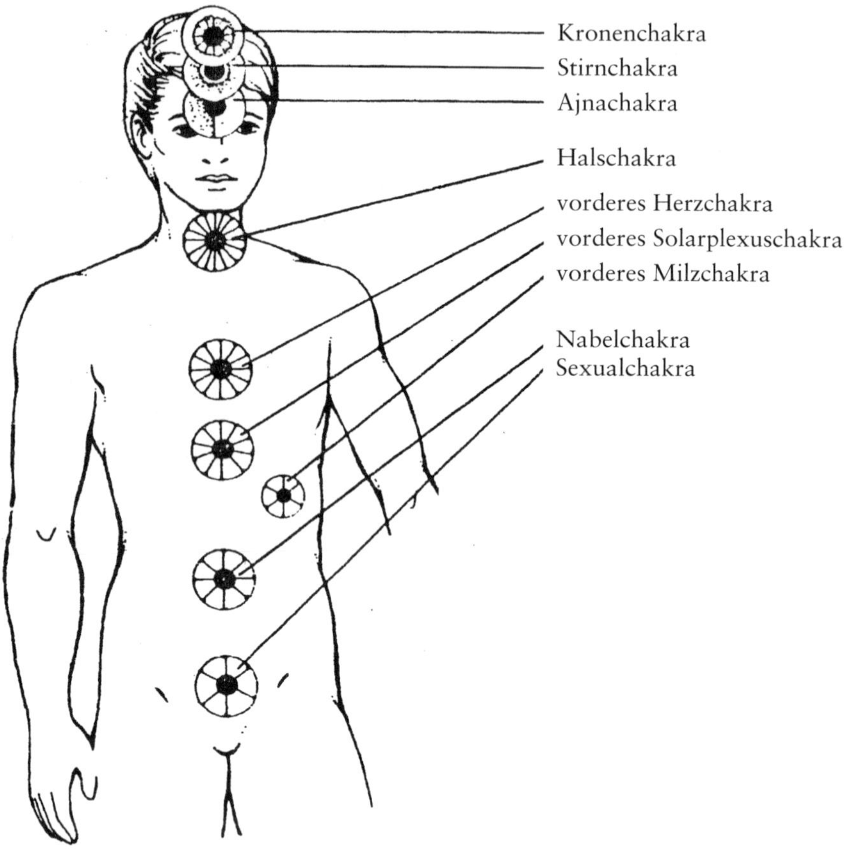

Die elf Hauptchakras (a)

Das Nabelchakra

Dieses Chakra sitzt direkt am Nabel. Es kontrolliert und energetisiert den Dünndarm, den unteren Dickdarm, die Nebennierendrüsen und den Blinddarm. Es beeinflußt auch die allgemeine Vitalität des Menschen. Ein schlecht funktionierendes Nabelchakra macht sich durch Verstopfung, Blinddarmentzündung, verschiedene andere Darmleiden, Schwierigkeiten bei der Entbindung und geringe Vitalität bemerkbar. Das Nabelchakra produziert eine Art feinstoffliche Energie, das sogenannte »synthetische Ch'i«. Dieses synthetische Ch'i unterscheidet sich grundlegend von Prana oder der Lebensenergie. Es beeinflußt die Fähigkeit des Menschen, Prana aufzunehmen, zu verteilen und zu assi-

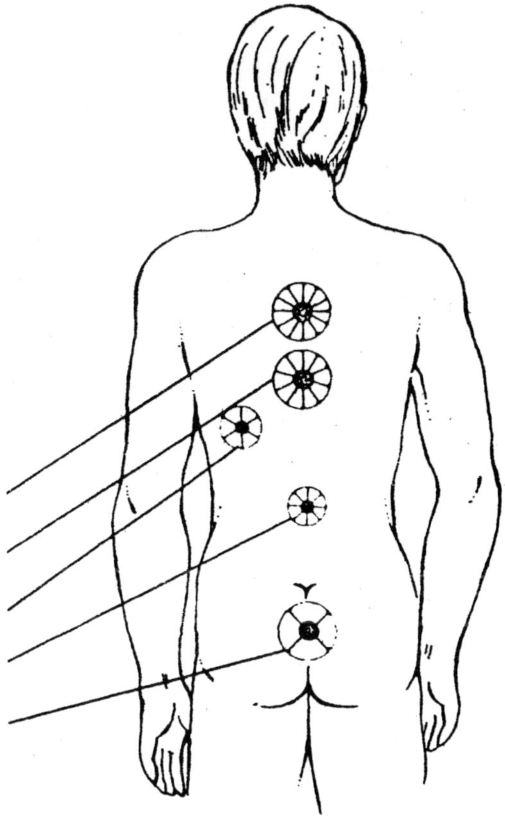

Die elf Hauptchakras (b)

milieren, denn es erleichtert seine Aufnahme durch den Ätherkörper. Bei ungünstigen Wetterbedingungen ist die Menge vorhandenen Luftpranas geringer als gewöhnlich. Menschen mit einem kleinen Vorrat an synthetischem Ch'i haben dann Schwierigkeiten, genügend Luftprana zu bekommen, leiden unter Müdigkeit und fühlen sich schlecht.

Das Meng-Mein-Chakra

Dieses Chakra sitzt an der Rückseite des Nabels. Es stellt eine Art »Pumpenanlage« in der Wirbelsäule dar und ist für den Aufwärtsfluß der feinstofflichen Pranaenergien aus dem Wurzelchakra verantwortlich. Das Meng-Mein-Chakra kontrolliert und energetisiert die Nieren, die

Nebennierendrüsen, zum Teil auch andere innere Organe und den Blutdruck. Eine Fehlfunktion dieses Chakras macht sich durch Nierenstörungen, geringe Vitalität, Bluthochdruck und Rückenbeschwerden bemerkbar. Das Meng-Mein-Chakra von Babys, Kindern, Schwangeren und sehr alten Menschen sollte wegen der möglicherweise entstehenden schweren schädlichen Auswirkungen nicht energetisiert werden. Bitte lesen Sie zur weiteren Erklärung die Angaben über die Heiltechnik der Meister. Dieses Chakra darf nur von erfahrenen oder fortgeschrittenen Pranaheilern behandelt werden.

Das Sexualchakra

Dieses Chakra liegt im Bereich des Schambeins. Es kontrolliert und energetisiert die Geschlechtsorgane, die Blase und zu einem gewissen Grad auch die Beine. Eine Fehlfunktion hat sexuelle Schwierigkeiten zur Folge. Bei Störungen des Ajna-, Hals- oder Wurzelchakras kann es auch zu einer Fehlfunktion des Sexualchakras kommen.

Das Grund- oder Wurzelchakra

Dieses Chakra hat seinen Sitz an der Basis der Wirbelsäule, im Bereich des Steißbeines. Es energetisiert und kräftigt den ganzen Körper und ist für unser körperliches Wohlbefinden verantwortlich. Es beeinflußt Knochen, Muskeln, Gewebe und ganz besonders die in der Nähe befindlichen Organe und die Nebennierendrüsen, allgemein auch alle anderen inneren Organe, Vitalität, Körpertemperatur, die Wachstumsgeschwindigkeit bei Babys und Kindern sowie die Qualität des Blutes. Eine Fehlfunktion macht sich eventuell durch geringe Vitalität, Geschlechtskrankheiten, Wachstumsstörungen, Entwicklungsschwierigkeiten oder psychische Störungen bemerkbar und kann unter Umständen Krebs, Knochenkrebs, Leukämie oder Allergien nach sich ziehen.

Jedes der elf Hauptchakras ist für eine bestimmte endokrine Drüse oder mehrere dieser Drüsen zuständig. Durch das Kronen-, das Ajna-, das rückwärtige Herz-, das Solarplexus-, das Nabel-, das Milz- und das Wurzelchakra sowie durch die Hand- und Fußchakras läßt sich der gesamte Körper energetisieren. Ein erkrankter Körperteil kann direkt oder durch das nächstliegende Chakra energetisiert werden. So halten es manche Heiler für angebracht, bei Herzleiden oder Bauchbeschwerden beispielsweise das Ajna- oder das Kronenchakra anzuregen. Hier mag es für die Behandlung bestimmter Beschwerden verschiedene Heilmethoden geben. Wird die Energetisierung durch das nächstliegende Chakra vorgenommen, so findet das ausgestrahlte Prana leicht und direkt Zugang zum betroffenen Körperbereich. Wird dagegen eine unmittelbare Energetisierung des betroffenen Körperteiles vorgenommen und nicht der Weg über ein Chakra oder mehrere Chakras eingehalten, dann findet beim übertragenen Prana ein Filtervorgang statt.

Zur Energetisierung des ganzen Körpers wird meist das Solarplexuschakra benutzt, und zwar wegen seiner Nähe zu vielen lebenswichtigen Körperorganen in der Mitte des Rumpfes. Seine Energetisierung muß langsam und vorsichtig geschehen. Zu viel Energie und eine zu intensive Energetisierung könnten zu Atembeschwerden führen.

Chakra	Lage	Funktionen und zugeordnete Organe	Erkrankungen
1. Scheitel- oder Kronenchakra	am Scheitel des Kopfes	Gehirn und Zirbeldrüse (Epiphyse)	Erkrankungen im Zusammenhang mit der Zirbeldrüse und dem Gehirn (physische und psychische Leiden)
2. Stirnchakra	Mitte der Stirn	Nervensystem und Zirbeldrüse	Wahnsinn, Gedächtnisverlust, Lähmungen und Epilepsie
3. Ajnachakra	zwischen den Augenbrauen	Hypophyse und endokrine Drüsen, kontrolliert die anderen Hauptchakras	Krebs, Allergien, Asthma und Erkrankungen im Zusammenhang mit den endokrinen Drüsen und den Augen
4. Halschakra	Mitte des Halses	Hals, Schilddrüse und Nebenschilddrüsen	Erkrankungen im Zusammenhang mit dem Hals: Kropf, rauher Hals, Stimmverlust, Asthma usw.
5. Herzchakra			
vorderes Herzchakra	Mitte des Brustkorbs	Herz, Thymusdrüse und Kreislaufsystem	Herz- und Kreislauferkrankungen
rückwärtiges Herzchakra	Rückseite in Herzhöhe	Lunge, bis zu einem gewissen Grad auch Herz	Lungenerkrankungen
6. Solarplexuschakra		wirkt als Energiezentrale, kontrolliert den Wärmehaushalt des Körpers	
vorderes Solarplexuschakra	Sonnengeflecht, die Vertiefung zwischen den Rippen	Bauchspeicheldrüse, Dickdarm, Leber, Zwerchfell, Blinddarm, Magen, Dünndarm, bis zu einem gewissen Grad auch andere innere Organe und Körperteile	Diabetes, Magengeschwüre, Hepatitis, Herzerkrankungen und andere Leiden, die mit den genannten Organen in Verbindung stehen
rückwärtiges Solarplexuschakra	Gegenseite des vorderen Solarplexuschakras	hat die gleiche Funktion wie das vordere Solarplexuschakra	

7. Milzchakra		Milz	
vorderes Milzchakra	linke Bauchseite, zwischen dem vorderen Solarplexuschakra und dem Nabelchakra im mittleren Teil der linken untersten Rippe	Haupteintrittspunkt für Luftprana oder Luftvitalitätskügelchen, enegetisiert die anderen Hauptchakras und den ganzen Körper	
rückwärtiges Milzchakra	an der Rückseite des vorderen Milzchakras	wie das vordere Milzchakra	geringe Vitalität und Körperschwäche
8. Nabelchakra	Nabel	Dünndarm und Dickdarm	Verstopfung, Schwierigkeiten bei der Entbindung, Blinddarmentzündung, geringe Vitalität, andere Erkrankungen, die mit dem Darm in Verbindung stehen
9. Meng-Mein-Chakra	Rückseite des Nabels	Nieren, Nebennierendrüsen, energetisiert bis zu einem gewissen Grad andere Organe, kontrolliert den Blutdruck	Nierenleiden, geringe Vitalität, Bluthochdruck, Rückenbeschwerden
10. Sexualchakra	Schambeinbereich	Geschlechtsorgane, Blase und Beine; es ist das niedere oder physische kreative Zentrum	mit der Sexualität zusammenhängende Probleme, Blasenerkrankungen
11. Grund- oder Wurzelchakra	Basis der Wirbelsäule	Nebennierendrüsen und Geschlechtsorgane, energetisiert den ganzen physischen Körper: Knochen, Muskeln, Blut und innere Organe; beeinflußt allgemein Vitalität, Körpertemperatur sowie Wachstum bei Säuglingen und Kindern; Zentrum des Überlebenswillens oder Selbsterhaltungstriebs	Krebs, Leukämie, geringe Vitalität, Allergien, Asthma, Geschlechtskrankheiten, Wachstumsschwierigkeiten, psychische Störungen

Behandlung einfacher Fälle

Kopfschmerzen

Überprüfen Sie durch Scanning das Scheitelchakra, das Ajnachakra, den Hinterkopf, den ganzen Kopf und die Halspartie. Kopfschmerzen können sowohl durch Pranamangel als auch durch eine Pranastauung in diesen Bereichen entstehen. Die Augen, die Schläfen und der Solarplexus sollten ebenfalls überprüft werden.

Wenden Sie das lokale Sweeping und eine Energetisierung durch das Scheitelchakra, das Ajnachakra, am Hinterkopf und an der betroffenen Stelle am Kopf an. Ist die Ursache eine Pranastauung, genügt im allgemeinen schon das örtliche Sweeping, um den Schmerz zu beseitigen. Sie können aber auch den Patienten fragen, wo er den Schmerz spürt, und dann an der entsprechenden Stelle örtliches Sweeping und Energetisierung vornehmen.

Sind die Kopfschmerzen auf eine Belastung der Augen zurückzuführen, dann sollten das Ajnachakra, die Augen und die Schläfen gereinigt und energetisiert werden. Die Energetisierung der Augen erfolgt durch das Ajnachakra.

Ist ein emotionales Problem oder Streß der Anlaß für das Kopfweh, sollte man das vordere Solarplexuschakra reinigen und energetisieren.

Denken Sie immer an das Feedback: Befragen Sie nach der Behandlung den Patienten, und überprüfen Sie den behandelten Bereich noch einmal durch Scanning, um festzustellen, ob die Behandlung richtig ausgeführt wurde.

Überanstrengte oder müde Augen

Überprüfen Sie durch Scanning die Augen, das Ajnachakra und die Schläfen. Meist werden Sie auf einen Pranamangel stoßen.

Wenden Sie in diesen Bereichen lokales Sweeping an. Überprüfen Sie noch einmal durch Scanning, ob der Umfang der inneren Aura des behandelten Bereichs zugenommen hat. Ist das der Fall, so war der Reinigungsprozeß erfolgreich.

Energetisieren Sie die Augen, indem Sie Energie auf das Ajnachakra übertragen und damit die Absicht verbinden, daß das frische Prana in die Augen strömt. Denken Sie daran, daß Energie oder Prana stets dem Gedanken folgt und dahin strömt, worauf sich Ihre Aufmerksamkeit konzentriert. Energetisieren Sie beide Schläfen.

Ohrenerkrankungen

Wenden Sie gründliches örtliches Sweeping und Energetisierung des betroffenen Ohres und der Kiefernebenchakras an. Hat der Patient auch Schnupfen, so nehmen Sie eine örtliche Reinigung und Energetisierung des Ajnachakras vor.

Wenden Sie örtliches Sweeping und Energetisierung des vorderen und rückwärtigen Solarplexuschakras an, um den ganzen physischen Körper zu energetisieren und zu stärken.

Stabilisieren Sie die übertragene Pranaenergie.

Wiederholen Sie die Behandlung zwei- oder dreimal täglich so lange wie notwendig. Falls die Symptome andauern, ziehen Sie einen Arzt hinzu.

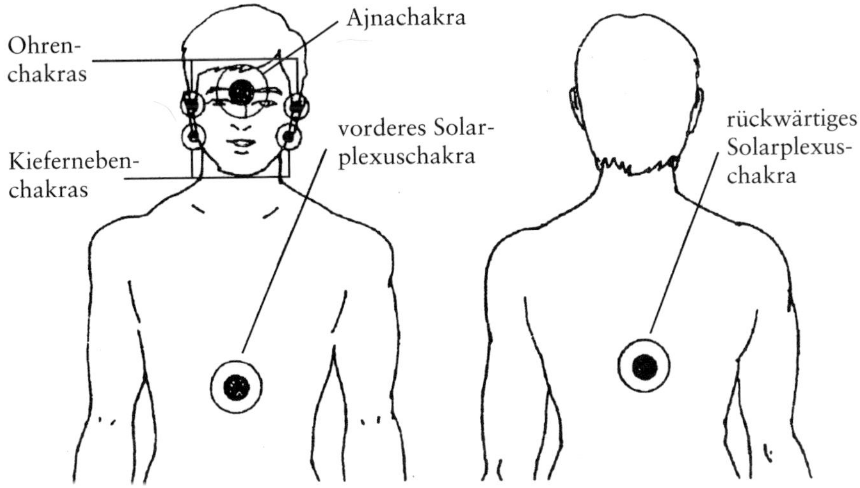

Pranabehandlung bei Ohrenerkrankungen

Zahnschmerzen

Überprüfen Sie durch Scanning die innere Aura des betreffenden Bereichs. An der schmerzhaften Stelle besteht meist Pranamangel.

Reinigen Sie die betroffene Stelle, und wenden Sie dazu das örtliche Sweeping an.

Energetisieren Sie die betreffende Stelle.

Weisen Sie den Patienten an, sobald wie möglich einen Zahnarzt aufzusuchen.

Erkältung mit Husten und Schnupfen

Überprüfen Sie durch Scanning das Ajnachakra, das Halschakra, das vordere Solarplexuschakra, das rückwärtige Herzchakra und die Lunge (von vorn, von der/n Seite/n und von hinten). In diesen Bereichen kann eine Pranastauung und/oder Pranamangel vorliegen.

Da bis zu einem gewissen Grad der gesamte Körper betroffen ist, wenden Sie das allgemeine Sweeping an. Dadurch wird der ganze Körper gereinigt.

Dann führen Sie das örtliche Sweeping und die Energetisierung durch, und zwar in folgenden Bereichen: Ajnachakra, Halschakra, rückwärtiges Herzchakra und Lunge. Das geschieht, um das Atmungssystem von der Lunge bis zum Hals und hinauf bis in die Nase zu reinigen und zu energetisieren.

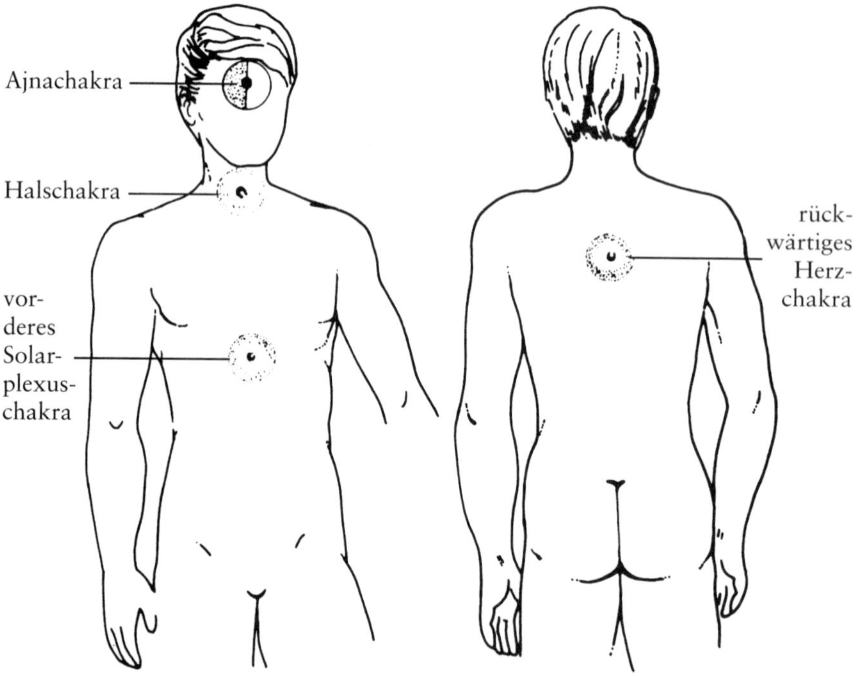

Pranabehandlung bei Erkältungen

Wenden Sie im Bereich des vorderen Solarplexuschakras örtliches Sweeping an, und energetisieren Sie dieses Chakra. Dadurch wird der ganze Körper mit Energie versorgt und gekräftigt.

Überprüfen Sie durch Scanning noch einmal die behandelten Bereiche, und befragen Sie den Patienten nach der Wirkung der Behandlung. Wurde sie richtig ausgeführt, sollte er eine wesentliche Linderung seiner Beschwerden spüren.

Nach vier Stunden muß der Patient noch einmal behandelt werden, damit der Erfolg der ersten Behandlung stabilisiert und eine rasche Heilung gesichert wird.

Weisen Sie den Patienten an, sich Ruhe zu gönnen und nicht zuviel zu essen. Beim Essen wird eine Menge Prana verbraucht, die besser zur raschen Heilung des Körpers eingesetzt werden sollte.

Fieber

Die Behandlung bei Fieber umfaßt drei Teile: Senkung des Fiebers; Erhöhung des Energieniveaus im Körper und Stärkung der Abwehrmechanismen durch Energetisierung der Knochen in den Armen und Beinen; Behandlung der Ursache und der betroffenen Körperteile.

Fieber wird meistens durch Infektionen der Atemwege oder des Magen-Darm-Bereichs verursacht. Mandelentzündung ist gleichfalls ein häufiger Grund für Fieber bei Kindern.

Scannen Sie den gesamten Körper, insbesondere die Chakras und Organe, die mit den Atemwegen und dem Magen-Darm-System in Verbindung stehen. Patienten mit Fieber leiden gewöhnlich unter Pranamangel, ihre innere Aura ist klein (etwa fünf Zentimeter oder weniger), und das Solarplexuschakra ist gestaut.

Reinigen Sie gründlich den gesamten Körper drei- bis fünfmal mit allgemeinem Sweeping.

Wenden Sie etwa fünfzig- bis hundertmal örtliches Sweeping des vorderen und rückwärtigen Solarplexuschakras an, und energetisieren Sie dann das vordere Solarplexuschakra.

Stabilisieren Sie die übertragene Pranaenergie. Falls Sie das Solarplexuschakra energetisieren, ohne es vorher gründlich gereinigt zu haben, kann das Fieber noch steigen. Das ist eine heftige Reaktion.

Die beiden letzten Schritte sind sehr wichtig, um das Fieber schnell zu senken. Der Schwerpunkt liegt auf der Reinigung, die für den ganzen Körper und das Solarplexuschakra von größter Bedeutung ist. Auch wenn der Körper unter Energiemangel leidet, ist er doch mit feuerroter Pranaenergie angefüllt, und das Solarplexuschakra ist gewöhnlich mit

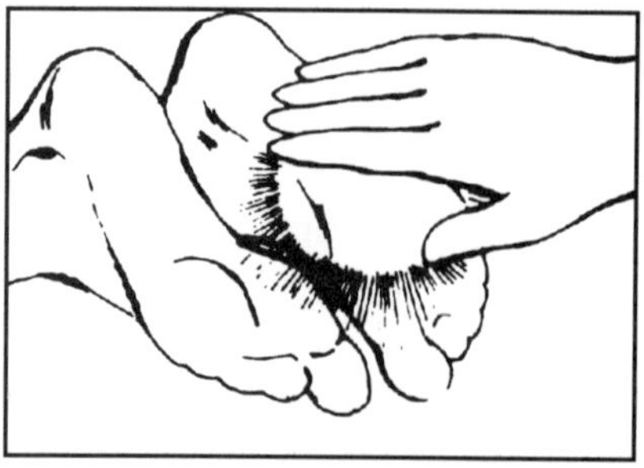

Fußsohlenchakras

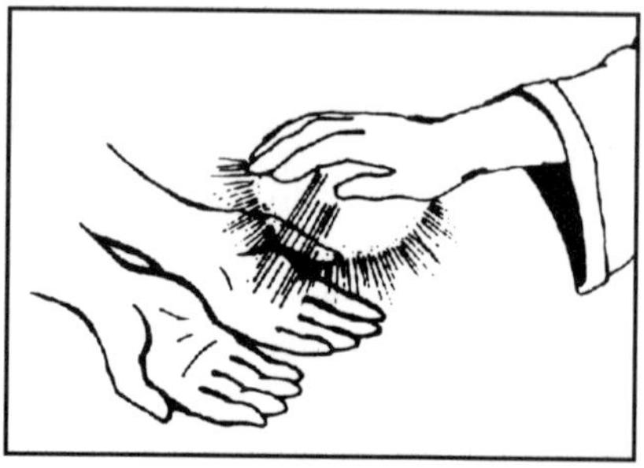

Handchakras

Pranabehandlung bei Fieber

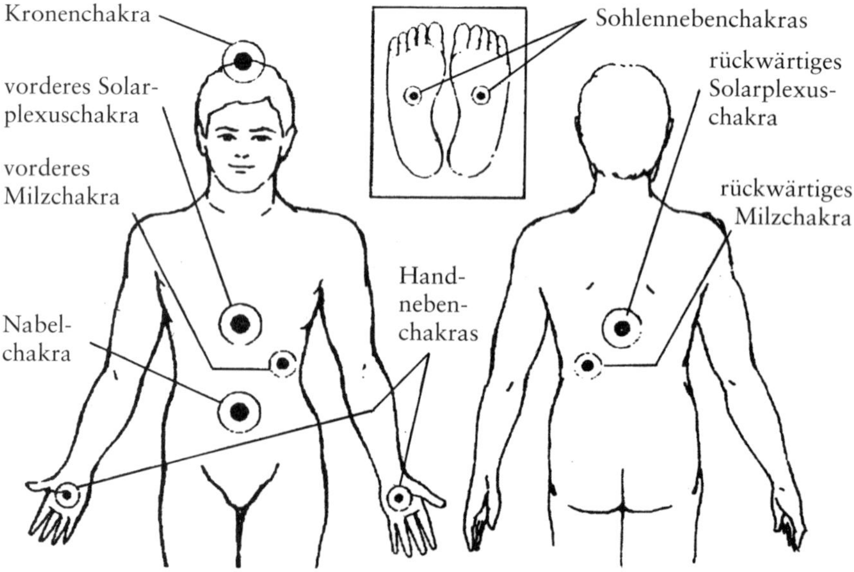

Pranabehandlung bei Fieber

verschmutzter, feuerroter Pranaenergie verstopft. Im allgemeinen gelingt es, das Fieber schnell zu senken, indem man die gestaute schmutzigrote Energie vom Solarplexuschakra entfernt.

Sprechen Sie mit dem Patienten, und fragen Sie ihn nach den Symptomen seiner Erkrankung.

Manchmal genügt es, mehrmals allgemeines Sweeping zusammen mit gründlichem örtlichem Sweeping des vorderen und rückwärtigen Solarplexuschakras anzuwenden, um die Temperatur zu senken.

Reinigen und energetisieren Sie das Nabelchakra sowie die Hand- und Fußsohlennebenchakras. Sie können visualisieren, wie die Pranaenergie oder weißes Licht in die Knochen der Arme und Beine eintritt, um den Abwehrmechanismus des Körpers zu stärken. Sie aktivieren dadurch auch zum Teil die Hand- und Fußsohlennebenchakras des Patienten und fördern so seine Fähigkeit, Prana aus der Luft und aus dem Erdboden aufzunehmen. Auf diese Weise wird der Körper allmählich und stetig energetisiert, so daß er die Infektion besser bekämpfen kann.

Stabilisieren Sie die übertragene Pranaenergie nicht an den Fußsohlen- und Handnebenchakras, da diese dadurch teilweise gehemmt würden.

Energetisieren Sie das Wurzelchakra nicht direkt, weil das Fieber ansteigen könnte, falls es überenergetisiert wird. Das ist insofern nicht notwendig, als das Wurzelchakra, wenn die Fußsohlennebenchakras energetisiert werden, automatisch ebenfalls energetisiert wird, ohne daß jedoch die Gefahr einer Überenergetisierung besteht.

Reinigen Sie örtlich und energetisieren Sie das Kronenchakra gründlich.

Geht das Fieber mit Erbrechen, Durchfall und Unterleibsschmerzen einher, so liegen gewöhnlich Infektionen im Magen-Darm-Bereich vor. Nehmen Sie in diesem Fall ein gründliches örtliches Sweeping des vorderen und rückwärtigen Solarplexuschakras vor, des Magens, des Nabelchakras und des Dünn- und Dickdarms. Energetisieren Sie langsam und vorsichtig das Solarplexus- und Nabelchakra. Sie sollten Ihr Hauptaugenmerk auf die Reinigung richten. Eine Energetisierung ohne vorherige gründliche Reinigung könnte eine heftige Reaktion hervorrufen und zu einer Verschlimmerung der Symptome führen.

Fieber im Zusammenhang mit Schnupfen, Husten und/oder Atembeschwerden beruht gewöhnlich auf einer Infektion der Atemwege. Wenden Sie örtliches Sweeping und Energetisierung des Ajnachakras an, des Hals- und Halsnebenchakras, der Kiefernebenchakras, des rückwärtigen Herzchakras und der Lungen. Dann stabilisieren Sie die übertragene Pranaenergie.

Bei schweren Infektionen reinigen und energetisieren Sie vorsichtig das vordere und rückwärtige Milzchakra, es sei denn, der Patient ist ein Säugling oder Kleinkind, um das Immun- und Abwehrsystem des Körpers zu stärken. Beobachten Sie den Patienten: In seltenen Fällen kann es vorkommen, daß eine Pranastauung eintritt und der Patient ohnmächtig wird. Leidet er unter Bluthochdruck, so sollten Sie das Milzchakra nicht energetisieren.

Wird diese Technik richtig eingesetzt, tritt bei den meisten Patienten schon innerhalb weniger Stunden eine erhebliche Besserung des Zustands ein. In seltenen Fällen kann es in den ersten Stunden zu einem leichten Temperaturanstieg kommen. Das ist zum Teil Anzeichen einer heftigen Reaktion, zum Teil aber auch auf den intensivierten Kampf zwischen des Krankheitskeimen und den weißen Blutkörperchen zurückzuführen. Der leichte Temperaturanstieg kann vermieden oder rückgängig gemacht werden, wenn Sie drei- bis fünfmal allgemeines Sweeping und etwa fünfzigmal oder mehr örtliches Sweeping am vorderen und rückwärtigen Solarplexuschakra anwenden.

Die Behandlung muß zwei- bis dreimal täglich erfolgen, um die Heilung wesentlich zu beschleunigen. Der Patient wird sich wahrscheinlich in weniger als zwei Tagen erholen.

Bei Säuglingen und Kleinkindern wenden Sie gründliches allgemeines Sweeping und örtliches Sweeping nur auf dem vorderen und rückwärtigen Solarplexuschakra an. Das reicht gewöhnlich aus, um die Temperatur in kurzer Zeit zu senken. Die Behandlung kann bei Bedarf mehrmals am Tage wiederholt werden.

Bleiben die Symptome bestehen, weisen Sie den Patienten an, einen Arzt und einen zertifizierten Pranaheiler hinzuzuziehen.

Magenschmerzen und Beschwerden durch Blähungen

Überprüfen Sie mittels Scanning das vordere Solarplexuschakra, den Bauch und den Nabel.

Wenden Sie das örtliche Sweeping im Bereich des vorderen Solarplexuschakras, des Nabels und des Bauches an. Energetisieren Sie das vordere Solarplexuschakra und den Nabel. Ist der Schmerz auf eine Pranastauung zurückzuführen, werden schon allein durch das Sweeping die Beschwerden teilweise, wenn nicht sogar ganz verschwinden.

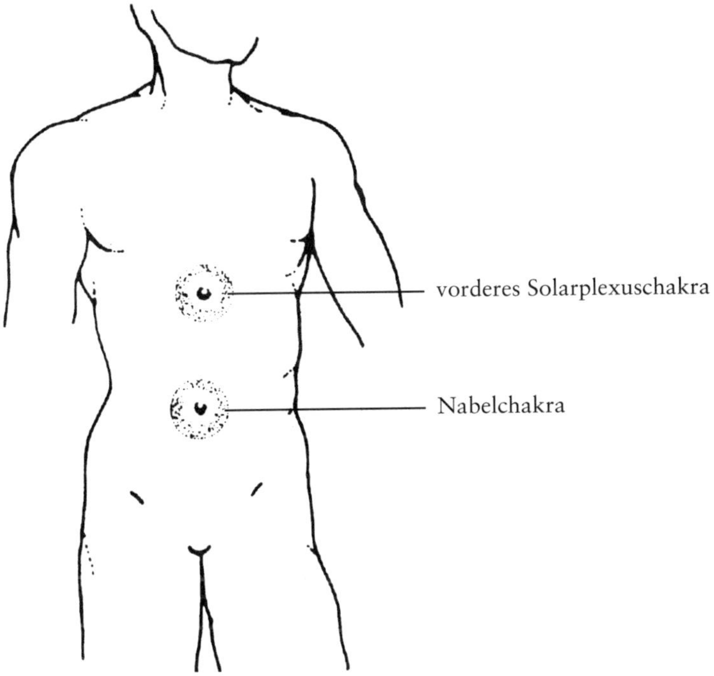

Pranabehandlung bei Magenschmerzen, Blähungen, Durchfall und Verstopfung

Durchfall

Überprüfen Sie durch Scanning das vordere Solarplexuschakra, den Nabel und den Bauchbereich.

Wenden Sie das allgemeine Sweeping an.

Wenden Sie das örtliche Sweeping im Bereich des vorderen Solarplexuschakras, des Nabels und des Bauches an. Energetisieren Sie das vordere Solarplexuschakra und den Nabel. Der Patient sollte schon nach kurzer Zeit eine Linderung der Beschwerden spüren.

Verstopfung

Überprüfen Sie durch Scanning das vordere Solarplexuschakra, den Nabel, den Bauchbereich und das Wurzelchakra.

Wenden Sie örtliches Sweeping an und energetisieren Sie. Dabei liegt das Hauptgewicht auf dem vorderen Solarplexuschakra und dem Nabel.

Im allgemeinen tritt schon nach weniger als dreißig Minuten eine Linderung der Beschwerden ein. Es kann allerdings sowohl bei akuter als auch bei chronischer Verstopfung auch einige Stunden dauern, bis der Patient Erleichterung findet. Wenn man diese Behandlung regelmäßig anwendet, wird das Verdauungssystem gekräftigt.

Dysmenorrhöe (schmerzhafte Menstruation)

Überprüfen Sie durch Scanning das Sexualchakra, den Nabel, den Unterbauchbereich und das Wurzelchakra.

Wenden Sie im Bereich von Sexualchakra, Nabel und Wurzelchakra örtliches Sweeping und Energetisierung an.

Ist die Patientin sehr geschwächt, sollte man auch das vordere Solarplexuschakra behandeln.

Die meisten Patientinnen spüren innerhalb kurzer Zeit eine Linderung der Beschwerden.

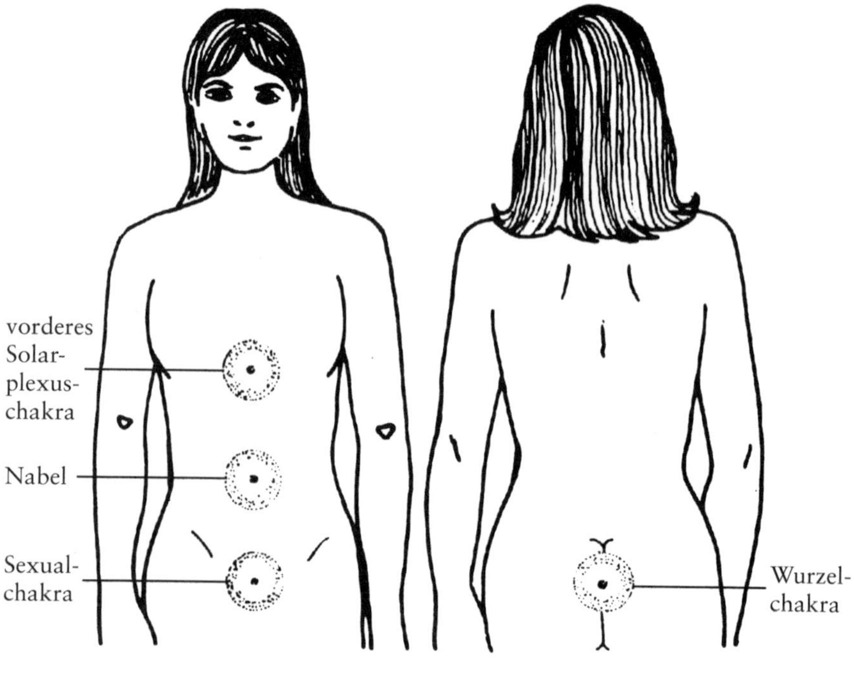

Pranabehandlung bei schmerzhafter Menstruation

Unregelmäßige oder ausbleibende Menstruation

Wenden Sie die gleiche Behandlung wie bei der schmerzhaften Regel an. Überprüfen Sie das Ajnachakra und das Halschakra.

Muskelschmerzen und Verstauchungen

Wenden Sie an der betroffenen Stelle örtliches Sweeping und Energetisierung an. Besonderes Gewicht legen Sie auf die Energetisierung. Die meisten Patienten werden sich innerhalb kurzer Zeit zumindest teilweise, wenn nicht sogar vollkommen erholen.

Bei einer frischen Verstauchung sollte die Energetisierung so lange fortgesetzt werden, bis eine vollständige Linderung der Schmerzen eingetreten ist. Der Patient darf anschließend den behandelten Körperteil nicht überanstrengen, da er noch nicht ganz wiederhergestellt ist.

Rückenschmerzen

Bei Rückenschmerzen findet man meist einen Pranamangel. Überprüfen Sie durch Scanning die Wirbelsäule.

Wenden Sie entlang der gesamten Wirbelsäule örtliches Sweeping an. Legen Sie dabei besonderen Wert auf den schmerzenden Abschnitt. Energetisieren Sie die schmerzhafte Stelle. Eine Linderung ist im allgemeinen sehr rasch spürbar.

Wiederholen Sie diese Behandlung einige Tage lang. Das ist erforderlich, damit die Heilung von Dauer ist.

Schulter-Arm-Syndrom

Diese Beschwerden können sowohl durch einen Pranamangel als auch durch eine Pranakongestion in der Achselhöhle und dem umliegenden Bereich verursacht werden.

Überprüfen Sie durch Scanning die in Frage kommenden Bereiche sehr gründlich.

Wenden Sie örtliches Sweeping an, und führen Sie die Energetisierung der Achselhöhle und des Schulterbereichs durch. Nach der gründlichen Reinigung und Energetisierung der Achselhöhle wird es bei den meisten Patienten schon innerhalb von wenigen Minuten zu einer erheblichen Besserung kommen. (Beschwerden beim Armheben können auch durch ein Herzleiden oder durch Bluthochdruck verursacht werden.)

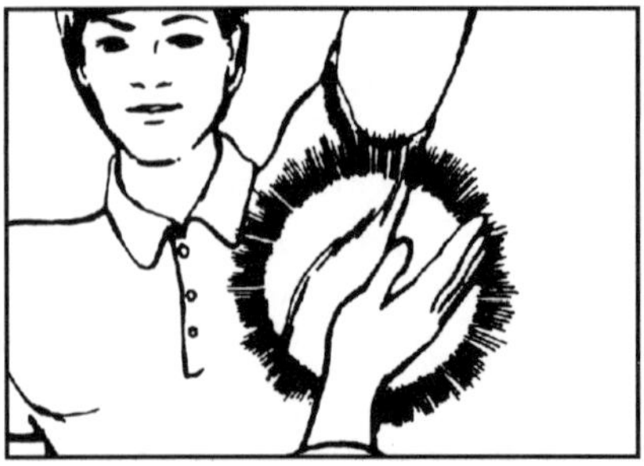

Pranabehandlung bei
Schulter-Arm-Syndrom

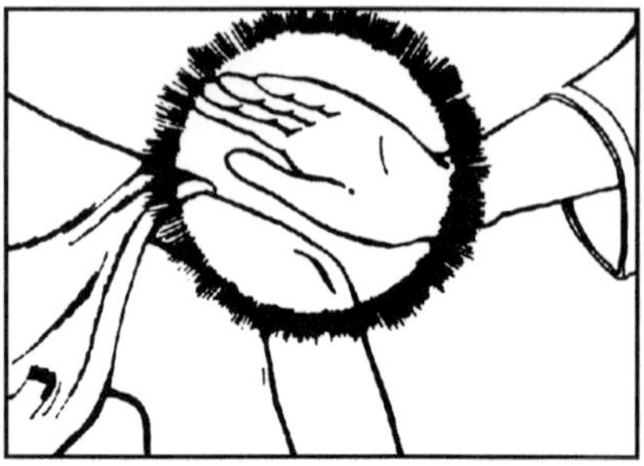

Pranabehandlung bei Schnittwunden,
Verbrennungen und Prellungen

Schnittwunden, Verbrennungen, Verletzungen durch Stoß oder Erschütterung

Wenden Sie sofort örtliches Sweeping an, und nehmen Sie eine gründliche Energetisierung vor. Überprüfen Sie, ob der behandelte Bereich ausreichend mit Energie versorgt ist.

Da das übertragene Prana in diesem Fall sehr rasch verbraucht wird, muß die Behandlung während der nächsten drei Stunden stündlich wiederholt werden. Auch in den folgenden Tagen sollte noch zweimal täglich eine Behandlung erfolgen.

Betrifft die Wunde oder die Erschütterung den Kopfbereich, muß vor und nach jeder Energetisierung die Sweepingtechnik angewandt werden, um hier eine Pranakongestion zu verhüten. Andernfalls könnten Beschwerden und unvorhersehbare Nebenwirkungen ausgelöst werden.

Bei richtiger und gründlicher Behandlung setzt der Heilungsprozeß sofort ein.

Sonnenbrand

Da der Patient unter einer Sonnenenergiestauung leidet, führen Sie fünfmal oder mehr allgemeines Sweeping durch.

Wenden Sie gründliches örtliches Sweeping auf den betroffenen Körperbereichen an, bis der Patient eine merkliche oder völlige Linderung verspürt. Energetisieren Sie den Patienten nicht.

Der Heilungsprozeß setzt bei richtiger Behandlung unmittelbar ein.

Ekzeme und leichtere Hautausschläge

Führen Sie gründliches örtliches Sweeping und Energetisierung des betroffenen Körperteils durch, bis eine wesentliche Besserung eintritt.

Reinigen Sie die Leber von vorn und von der Rückseite.

Wenden Sie örtliches Sweeping und Energetisierung des vorderen und rückwärtigen Solarplexus-, des Nabel- und des Wurzelchakras an. Die Betonung liegt auf der gründlichen Reinigung des Solarplexus- und des Wurzelchakras.

Stabilisieren Sie die übertragene Pranaenergie.

Wiederholen Sie die Behandlung dreimal wöchentlich so lange wie nötig.

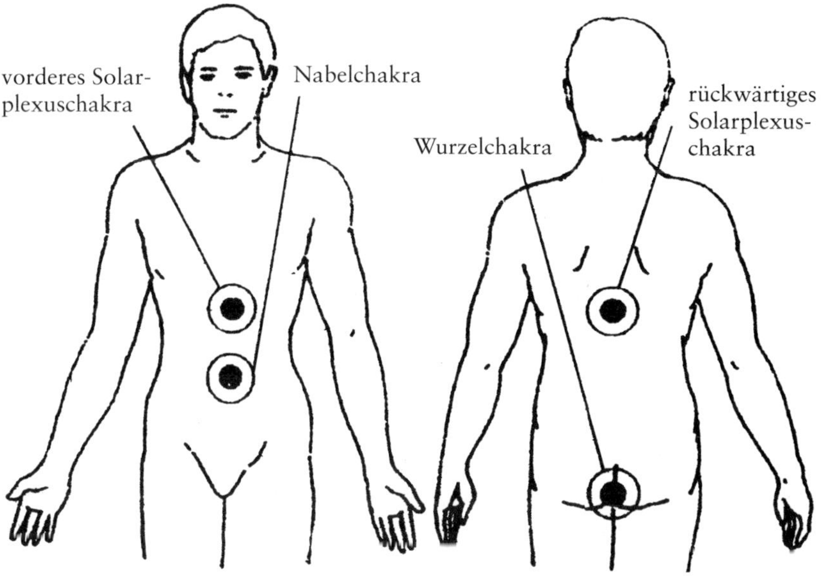

Pranabehandlung bei Ekzemen und leichteren Hautausschlägen

Schlaflosigkeit

Ist der Patient stark erregt und liegt ein Energieüberschuß vor, so wenden Sie, bewußt von oben nach unten streichend, vier- bis siebenmal allgemeines Sweeping an. Das sollte ausreichen, um den Patienten schläfrig zu machen.

Wenn sich der Patient erschöpft fühlt, wenden Sie etwa zweimaliges allgemeines Sweeping an. Reinigen und energetisieren Sie das vordere Solarplexuschakra. Ist auch das Scheitelchakra betroffen, wird es ebenfalls gereinigt und energetisiert.

Allgemeine Schwäche

Wenden Sie zweimal das allgemeine Sweeping an.

Reinigen und energetisieren Sie die Fußsohlen- und die Handchakras, damit mehr Prana aus dem Boden und der Luft aufgenommen werden kann und der ganze Körper allmählich energetisiert wird.

Überprüfen Sie durch Scanning noch einmal die Hand- und Fußsohlenchakras, und stellen Sie fest, ob sie spürbar größer geworden sind.

Reinigen und energetisieren Sie zuerst das vordere Solarplexuschakra und danach den Nabel.

Setzen Sie die Energetisierung solange fort, bis sich der Patient wesentlich besser fühlt.

Insektenstiche

Wenden Sie örtliches Sweeping an.

Energetisieren Sie die betroffene Stelle intensiv und ausreichend. Innerhalb von weniger als dreißig Minuten sollte ein gewisser Rückgang der Rötung und Schwellung erfolgen.

Wiederholen Sie die Behandlung nach einer Stunde.

Furunkel

Wenden Sie örtliches Sweeping an, und energetisieren Sie die betroffene Stelle.

Pickel

Wenden Sie örtliches Sweeping und Energetisierung im Gesicht an. Im Bereich des Gesichts herrscht Pranamangel, und die innere Aura erscheint ziemlich grau.

Überprüfen Sie durch Scanning das Ajnachakra und das Solarplexuschakra. Wenden Sie örtliches Sweeping an, und energetisieren Sie diese Chakras. Es scheint, daß ein Zusammenhang zwischen dem Auftreten von Hautpickeln, Emotionen und der Hypophyse besteht.

Das Gesicht kann ein- bis zweimal täglich behandelt werden, die Hauptchakras jedoch nur alle zwei bis drei Tage einmal.

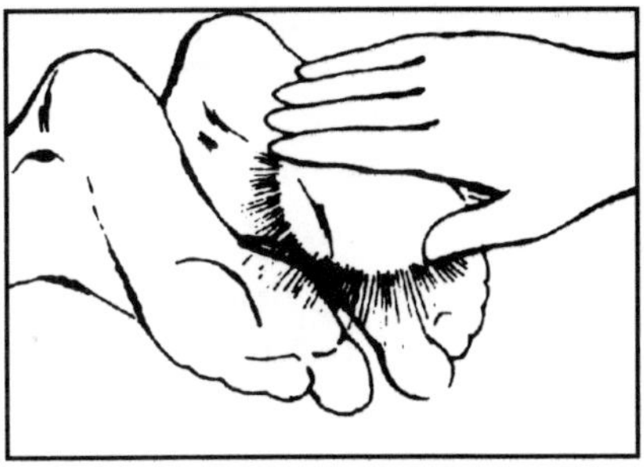

Fußsohlenchakras

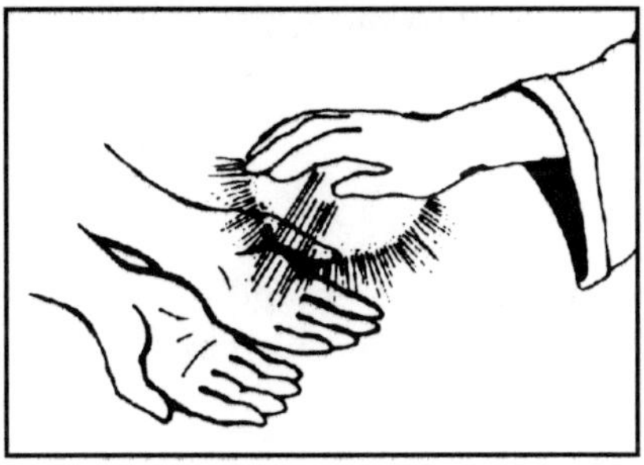

Handchakras

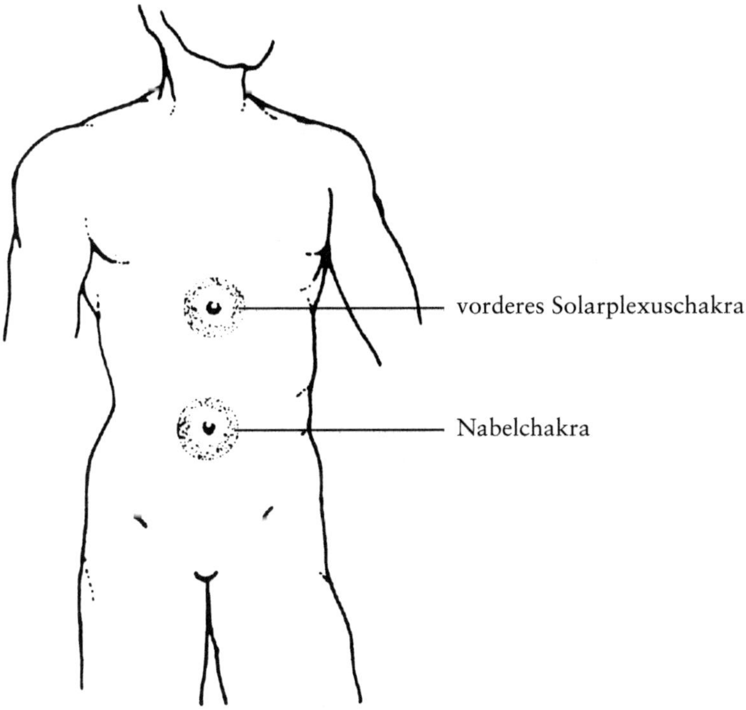

Pranabehandlung bei allgemeiner Schwäche

Der Patient sollte auf seine Ernährung achten und das Gesicht regelmäßig reinigen. Jede Reizung der Pickel muß vermieden werden.

Der Schwerpunkt der Behandlung liegt auf der Reinigung und der Energetisierung des Gesichts. Es kann einige Wochen dauern, bis eine wesentliche Besserung eintritt.

Schluckauf

Reinigen und energetisieren Sie das vordere Solarplexuschakra. Die Energetisierung wird solange fortgesetzt, bis die Beschwerden aufhören.

Nasenbluten

Reinigen und energetisieren Sie das Ajnachakra und die Nasenwurzel. Setzen Sie die Energetisierung fort, bis das Nasenbluten aufhört.

Steifer Hals

Überprüfen Sie durch Scanning den unteren Teil des Hinterkopfes, den ganzen Hals, Schulter und Achselhöhle.

Wenden Sie örtliches Sweeping an, und energetisieren Sie den betroffenen unteren Teil des Hinterkopfes und des Halses, den Nacken, die entsprechende Schulter und die Achselhöhle. Schmerzt die rechte Seite, wird also der rechte Teil von Hals und Nacken, die rechte Schulter und die rechte Achselhöhle einer gründlichen Reinigung und Energetisierung unterzogen.

Der Schwerpunkt der Behandlung liegt im Bereich des unteren Hinterkopfes, des Halses und des Nackens. Wird die Behandlung richtig ausgeführt, ist die Wirkung oft verblüffend. (Ein steifer Hals kann auch durch ein Herzleiden oder durch Bluthochdruck verursacht worden sein.)

Muskelkrämpfe

Überprüfen Sie durch Scanning den betreffenden Teil des Körpers.

Wenden Sie gründliches örtliches Sweeping an.

Energetisieren Sie den betroffenen Teil des Körpers.

Im Mittelpunkt der Behandlung steht die Energetisierung. Sie wird solange fortgesetzt, bis eine wesentliche oder vollständige Linderung der Beschwerden eingetreten ist.

Wichtige Faktoren bei der Behandlung

Wie oft soll Pranabehandlung am Patienten durchgeführt werden? Die Beantwortung der Frage ist davon abhängig, wie schwer und wie gefährlich die Erkrankung ist. Bei schweren Fällen kann es sehr rasch zu einer Verschlechterung kommen; dem wird man durch wiederholte Behandlung zuvorzukommen versuchen. Bei einem Krebspatienten beispielsweise muß die Behandlung einmal täglich, zumindest aber jeden zweiten Tag stattfinden. Behandelt man etwa nur einmal in zwei Wochen, so wird sich der Zustand des Patienten wahrscheinlich nicht bessern, denn das Leiden kann bei einer zu geringen Anzahl von Behandlungen nicht aufgehalten werden.

In kritischen oder Notfällen verschlechtert sich der Zustand so rasch, daß man die Behandlung sogar einmal stündlich oder im Rhythmus von vier Stunden vornehmen sollte, je nachdem, wie schwer der Fall ist. Bei einer akuten Blinddarmentzündung muß die Behandlung zumindest in den ersten vier Stunden einmal stündlich erfolgen. Dieser Rhythmus wird beibehalten, bis sich der Zustand wesentlich gebessert hat. In den folgenden Tagen braucht nur noch zwei- bis dreimal behandelt zu werden. Nicht alle Fälle akuter Appendizitis können durch Pranaheilung kuriert werden. Manchmal wird eine Operation erforderlich sein.

Bei einer akuten Erkrankung oder Verletzung ist der Pranaverbrauch besonders hoch. Bei Gewebeschäden, also etwa Verbrennungen, Schnittwunden, Prellungen und akuten Infektionen wird innerhalb kürzester Zeit eine so große Menge Prana verbraucht, daß der Patient in den ersten Stunden einmal stündlich energetisiert werden sollte, da das übertragene Prana ungeheuer schnell aufgebraucht ist. Bei einer akuten Pankreatitis (Entzündung der Bauchspeicheldrüse) wird der Patient im Vier-Stunden-Rhythmus behandelt, bis sich sein Zustand wesentlich bessert. Ein anderer Faktor ist der, wie schnell der Patient selbst gesund werden will. Leidet er unter einer Quetschung des Armes und möchte innerhalb von ein bis zwei Tagen gesund werden, dann sind innerhalb der ersten Stunden mehrere Pranabehandlungen erforderlich. Wird die Verletzung unmittelbar nach dem Unfall behandelt, so verfärbt sich die Haut nicht einmal blau oder gelb. Es dauert vielleicht weniger als einen Tag, höchstens zwei Tage, und der Patient ist völlig beschwerdefrei.

Eine wichtige Rolle spielt auch, wie empfindlich und wie wichtig der zu behandelnde Teil des Körpers ist. Behandlungen an Kopf, Augen oder Herz sollten vorsichtig und nach Möglichkeit in größeren zeitlichen Abständen vorgenommen werden, um eine Pranakongestion und deren denkbare ernste Folgen zu vermeiden. Ist der zu behandelnde Körperteil nicht so empfindlich, wie etwa Knie oder Arm, dann kann die Behandlung in den ersten vier Stunden einmal stündlich vorgenommen werden, ohne daß ernsthafte Nebenwirkungen oder heftige Reaktionen zu erwarten sind.

Alter und Gesundheitszustand des Patienten sind ebenso erheblich für die Art und Weise der Behandlung. Bei Patienten, die sehr schwach, sehr alt oder sehr jung sind, ist eine größere Anzahl sanfter Behandlungen erforderlich, denn sie können Prana nur sehr langsam absorbieren. Bei der Festsetzung des Behandlungsrhythmus sollte der Heiler sich in jedem Falle von seinem gesunden Menschenverstand und seinem Urteilsvermögen leiten lassen.

Die holistische oder ganzheitliche Sicht beim Heilen

Wie bereits erwähnt, kann eine Krankheit durch innere oder äußere Faktoren oder durch eine Kombination beider verursacht werden. Offensichtlich hängt der Gesundheitszustand des Menschen vom Wohlbefinden des sichtbaren physischen Leibes, des bioplasmatischen Körpers und seiner psychischen Gesundheit ab. Obwohl viele leichtere oder auch schwere Erkrankungen allein durch die Pranamethode geheilt werden können, ist es besser, den Heilungsprozeß durch Kräuter oder Medikamente zu unterstützen. Behandelt man den sichtbaren physischen Körper und den bioplasmatischen Körper gleichzeitig, steht einer raschen Heilung nichts im Wege. Der Akupunkteur beispielsweise benutzt seine Technik, um den Bioplasmakörper zu behandeln; mit Kräutern kräftigt er gleichzeitig die betreffenden Organe. Choa Kok Sui selbst hat allein durch Anwendung der Pranaheilmethode erstaunliche Resultate erzielt; trotzdem rät er seinen Patienten keineswegs davon ab, Medikamente einzunehmen oder sich einer Operation zu unterziehen. Manchmal mag vielleicht auch eine Diät notwendig sein, die Verordnung körperlicher Übungen, psychotherapeutische Behandlung oder eine radikale Veränderung der Lebensweise. Es ist wichtig, sich die eigene Objektivität und den Blick dafür zu bewahren, was mit Hilfe der verschiedenen Heilmethoden jeweils zu erreichen ist. Jedes Extrem und aller Fanatismus müssen vermieden werden.

Wie setzt man gezielt Willenskraft und Absicht ein?

Sie brauchen nicht die Muskeln anzuspannen oder irgendeine besondere Anstrengung zu unternehmen, wenn Sie etwas »wollen« oder eine bestimmte Absicht verfolgen. Sie brauchen keine Visualisierung vorzunehmen und nicht einmal die Augen zu schließen. Wenn Sie etwas mit Verständnis, mit einer erwartungsvollen Haltung und einer gewissen Konzentration tun, dann haben Sie bereits Ihre Willenskraft aktiviert. Es spielt auch keine Rolle, ob Sie an das glauben oder nicht glauben, was Choa Kok Sui geschrieben hat. Von Ihnen wird nichts anderes erwartet als eine offene, fragende und suchende Geisteshaltung und ein starkes Interesse daran, mit den in diesem Buch dargestellten Prinzipien und Techniken zu experimentieren und deren Gültigkeit zu überprüfen.

Es hat sich gezeigt, daß ein Heiler, der über längere Zeit Pranaheilung ausübt, seine Willenskraft stärker entwickelt. Er kann daher dazu neigen, beim Heilen den Zellen des Patienten seinen Willen aufzudrängen und dadurch die Heilung zu verzögern.

Wird hingegen die übertragene Pranaenergie statt vom Willen des Heilers von liebevoller Freundlichkeit geprägt, so beschleunigt sich die Heilung, und die Pranaenergie wird leicht vom Körper des Patienten assimiliert. Der Heiler sollte es also vermeiden, zu stark mit dem Willen zu heilen.

»Die bisherigen Ergebnisse mit der Kirlian-Methode scheinen anzudeuten, daß es sich bei der psychischen Heilung um eine Energieübertragung von dem bioplasmatischen Körper des Heilers auf den des Patienten handelt.«

Sheila Ostrander und Lynn Schroeder,
PSI – Die wissenschaftliche Erforschung und praktische Nutzung übersinnlicher Kräfte des Geistes und der Seele im Ostblock
(S. 202)

»Eine wissenschaftliche Methode besteht darin ... erst die verkrampfte oder kranke Materie zu entfernen und sie dann durch gesünderen Nervenäther zu ersetzen, wobei der träge Fluß allmählich wieder zur Tätigkeit angeregt wird.«

C. W. Leadbeater: *Die Chakras* (S. 50)

Kapitel 4
Mittelstufe der Pranaheilung

Der Mensch lebt nur so lange, wie in seinem Körper Lebensenergie ist. Fehlt ihm diese Lebensenergie, dann stirbt er. Deshalb sollten wir Pranayama betreiben (die Kunst, Lebensenergie oder Prana durch die Atmung zu steuern).

Hatha Yoga Pradipika
(ein altes indisches Yoga-Lehrbuch)

... durch rhythmisches Atmen und durch Kontrolle der Gedanken sind Sie in der Lage, eine beträchtliche Menge Prana zu absorbieren. Sie sind ebenfalls in der Lage, diese Energie in den Körper eines anderen Menschen zu übertragen und dadurch geschwächte Körperteile und Organe anzuregen, Gesundheit zu übermitteln und Krankheiten zu vertreiben.

Yogi Ramacharaka
The Science of Psychic Healing

Einziehen von Prana durch Pranaatmung

Auf der ersten Stufe haben Sie gelernt, Prana durch eines der Handchakras aufzunehmen. Auf der zweiten Stufe werden Sie die Pranaatmung erlernen. Dadurch können Sie mit dem ganzen Körper ungeheure Mengen Prana aus der Umgebung aufnehmen oder absorbieren. Es gibt für die unterschiedlichen Anwendungen viele verschiedene Formen der Yogaatmung. Die Yogaatmung, die es ermöglicht, Prana in großer Menge aufzunehmen und zu übertragen, nennt man *Pranaatmung*.

Bei der Pranaatmung werden Sie in einem solchen Grad energetisiert, daß sich Ihre Aura zeitweise um hundert Prozent oder noch mehr ausdehnt. Die innere Aura erstreckt sich dann über etwa zwanzig Zentimeter; die Gesundheitsaura erreicht einen Umfang von hundertzwanzig Zentimetern, und die äußere Aura mißt etwa zwei Meter oder mehr. Das alles kann durch Scanning überprüft werden.

Sie können auch das folgende einfache Experiment unternehmen:

Bitten Sie einen Freund, etwa fünf Minuten lang Pranaatmung auszuführen. Wenden Sie das Scanning an, bevor er beginnt, und ein zwei-

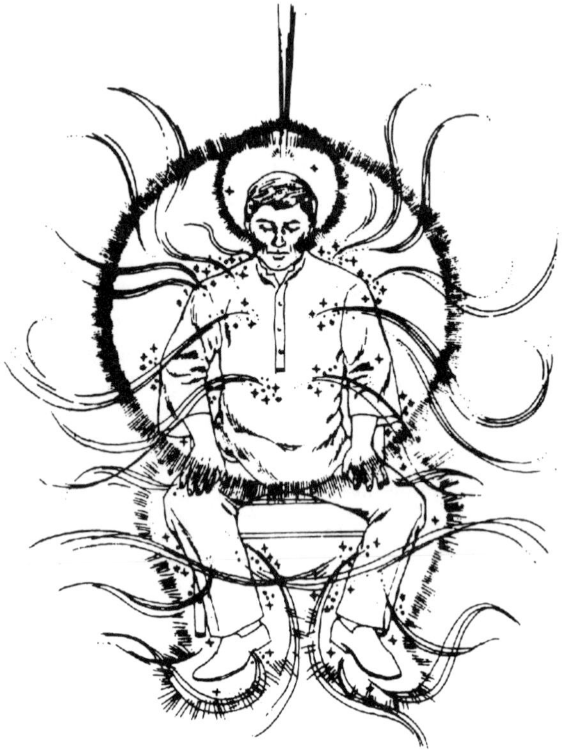

Pranaatmung:
Durch die Pranaatmung können Sie ungeheure Mengen Lebensenergie oder Prana absorbieren und ausstrahlen

tes Mal, nachdem er zwei Minuten lang geatmet hat. Achten Sie auf die Veränderung der Größe seiner Aura. Vielleicht können Sie sogar ein rhythmisches Pulsieren oder eine gewisse Erweiterung spüren. Es ist wichtig, daß Sie dieses und andere Experimente durchführen, damit Ihre Erkenntnisse auf einer soliden Grundlage beruhen.

Erste Methode: Tiefatmung mit »Verharren im leeren Atem«

Wenden Sie Bauchatmung an.

Langsam einatmen, Atem anhalten und dabei bis eins zählen.

Langsam ausatmen. Den Atem wieder anhalten und langsam bis eins zählen, ehe Sie wieder einatmen. Diesen Vorgang bezeichnen wir als »Verharren im leeren Atem« oder als »leere Verhaltung«.

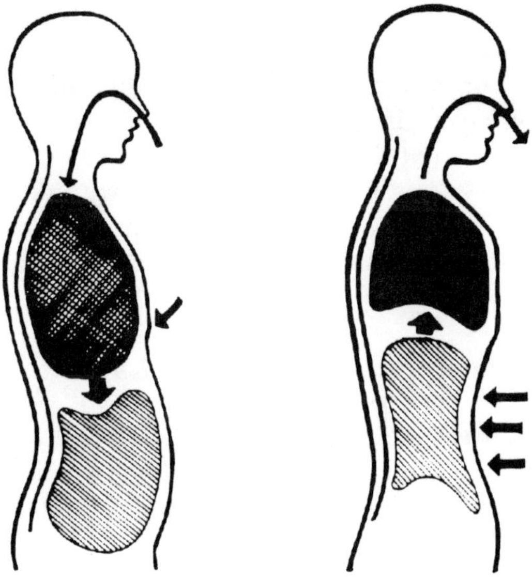

einatmen ausatmen

Bauchatmung

Zweite Methode: 7 – 1 – 7 – 1

Wenden Sie Bauchatmung an.

Einatmen, dabei bis sieben zählen; den Atem anhalten und dabei bis eins zählen.

Ausatmen, dabei bis sieben zählen; den Atem anhalten und dabei bis eins zählen.

Dritte Methode: 6 – 3 – 6 – 3

Wenden Sie Bauchatmung an.

Einatmen, dabei bis sechs zählen; Atem anhalten und dabei bis drei zählen.

Ausatmen, dabei bis sechs zählen; Atem anhalten und bis drei zählen.

Bei der Bauchatmung dehnen Sie den Bauch beim Einatmen leicht aus und ziehen ihn beim Ausatmen wieder etwas ein. Übertreiben Sie weder beim Ausdehnen noch beim Einziehen des Bauches, das erschwert das Atmen nur unnötig.

Die kritischen Faktoren sind der Rhythmus und das »Verhalten« im »leeren Atem«. Das Anhalten des Atems nach der Ausatmung nennt man »Verharren im leeren Atem«, das Anhalten des Atems nach der Einatmung »Verharren im vollen Atem«. Die Beobachtung Hellsichtiger ergab, daß eine ungeheure Menge Prana in alle Teile des Körpers strömt, wenn man zuerst im leeren Atem verharrt und erst danach einatmet. Zur Aufnahme von Prana können Sie entweder die Pranaatmung oder die Handchakra-Technik oder beides gleichzeitig anwenden.

Aufnahme von Prana aus Boden, Luft und Bäumen

In jedem Fuß sitzt ein kleines Chakra, das als »Fußsohlenchakra« bezeichnet wird. Durch Konzentration auf die Sohlenchakras werden diese bis zu einem gewissen Grad aktiviert. Die gleichzeitige Pranaatmung erleichtert die Aufnahme von energetisierendem Bodenprana, das für die Heilung des sichtbaren physischen Körpers, beispielsweise bei Wunden oder Knochenbrüchen, wirksamer zu sein scheint als Luftprana.

Die folgende Übung zur Aufnahme von Bodenprana oder Erden-Ch'i wird beim chinesischen Kampfsport Ch'i-Kung praktiziert:

Ziehen Sie die Schuhe aus. (Leder- und Gummischuhe hemmen die Aufnahme von Prana um etwa dreißig bis fünfzig Prozent.)

Drücken Sie die Daumen in die hohle Wölbung der Füße. Das erleichtert die Konzentration.

Konzentrieren Sie sich auf die Fußsohlen, und führen Sie gleichzeitig Pranaatmung aus, und zwar zehn Atemzyklen lang.

Die gleiche Methode können Sie auch anwenden, um zur eigenen Energetisierung Luft- oder Baumprana durch die Handchakras aufzunehmen. Wenn Sie Luftprana durch die Hände absorbieren wollen, konzentrieren Sie sich einfach auf die Handchakras und führen dabei gleichzeitig Pranaatmung aus. Wollen Sie Baumprana durch die Handchakras aufnehmen, so suchen Sie sich einen großen gesunden Baum, und holen Sie geistig oder indem Sie ihn ansprechen die Zustimmung des Baumes ein, sein überschüssiges Prana abziehen zu dürfen. Halten Sie die Hände nahe an den Stamm. Konzentrieren Sie sich auf die inneren Handflächen, führen Sie gleichzeitig zehn Atemzyklen lang Pranaatmung aus, und danken Sie dem Baum für das Prana. Einige werden vielleicht ein Gefühl der Betäubung oder ein Kribbeln im Körper spüren. Es ist ratsam, nach der Energetisierung das Prana durch den gan-

Aufnahme von Erdenprana

zen Körper zirkulieren zu lassen. Visualisieren Sie, daß Sie von Licht oder Prana erfüllt sind, und lassen Sie es in beständigem Fluß zunächst einige Male von hinten nach vorn und dann von vorn nach hinten kreisen.

Unmittelbar über dem Erdboden ist die Pranakonzentration größer als in der Luft. Die Dichte des Pranas unmittelbar über der Erde liegt etwa vier- bis fünfmal höher als die des Luftpranas.

Bitten Sie den Patienten, sich auf den Boden zu legen, damit er das die Heilung beschleunigende Bodenprana aufnehmen kann. Als Unterlage wird eine Baumwolldecke oder eine Matte aus natürlichem Material benutzt. Vermeiden Sie aber Unterlagen aus Gummi, Leder, Schaumgummi oder Kunststoff. Diese Materialien wirken isolierend und verhindern, daß das Erdenprana frei und ungehindert in den Körper einströmen kann.

Aufnahme von Luftprana

Führen Sie einige Male allgemeines und lokales Sweeping durch. Lassen Sie den Patienten ruhen und das Bodenprana allmählich in sich aufnehmen. Der Vorgang der Reinigung läßt eine Art Vakuum entstehen, und das hat zur Folge, daß das Bodenprana förmlich in den bioplasmatischen Körper des Patienten und besonders in den betroffenen Körperteil einschießt. Energie besitzt die Neigung, aus dem Bereich größerer Intensität oder Konzentration in Richtung geringerer Intensität zu fließen. Sobald der Patient gereinigt ist, setzt daher automatisch ein Zustrom von Erdenprana ein. Der Heiler sollte den Patienten nach Möglichkeit erst nach dem Sweeping energetisieren, denn dann nimmt die Energetisierung des betroffenen Körperteils wesentlich weniger Zeit in Anspruch.

Manche Schamanen graben den Patienten sogar in die Erde ein, damit eine größere Menge Erdenprana absorbiert wird. Wer sich nicht

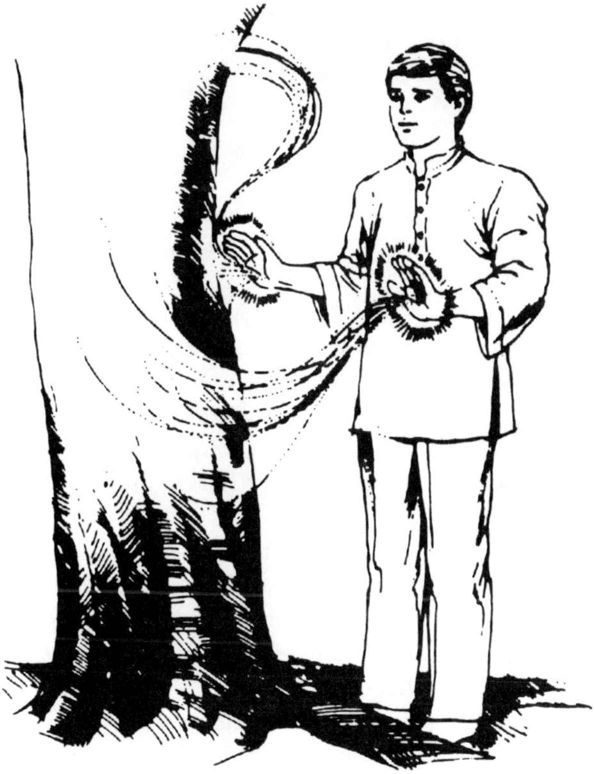

Aufnahme von Baumprana

ganz wohl fühlt, kann auch etwa zehn bis fünfzehn Minuten im Meer schwimmen (das reinigt den bioplasmatischen Körper) und sich danach im Sand eingraben, um nach und nach genügend Bodenprana aufzunehmen.

Sensibilisierung der Hände durch Pranaatmung

Inzwischen sollten bei den meisten von Ihnen die Hände mehr oder weniger dauerhaft sensibilisiert sein. Dennoch wird es manchmal Momente geben, da die Hände anscheinend nicht imstande sind, etwas zu fühlen. Das kann sofort behoben werden, indem Sie sich gleichzeitig auf die Mitte der Handflächen und auf die Fingerspitzen konzentrieren, während Sie drei Atemzyklen Pranaatmung einschalten. Nach dieser Reaktivierung werden Sie beim Scanning mit den Handflächen und den Fingern wieder exakte Ergebnisse bekommen.

Scanning mit den Fingern

Nach der Sensibilisierung der Hände überprüfen Sie durch Scanning mit zwei Fingern Ihre eigene Innenhand. Bewegen Sie die Finger langsam ein wenig hin und her, bis Sie die innere Aura Ihrer Handfläche spüren. Ertasten Sie mit zwei Fingern, wie dick die Aura der Innenhand ist. Versuchen Sie, die verschiedenen Schichten der Aura zu fühlen. Gebrauchen Sie beim Scanning auch einmal nur einen Finger, und überprüfen Sie damit die Innenhand. Konzentrieren Sie sich beim Scanning mit den Fingern immer auf die Fingerspitzen. Dadurch werden die kleinen Fingerchakras noch stärker aktiviert, und die Sensibilität der Finger nimmt zu.

Wenn Sie beim Scanning Handflächen und Finger zu Hilfe nehmen, konzentrieren Sie sich gleichzeitig auf die Mitte der Handflächen und auf die Fingerspitzen. Zur Lokalisierung von punktuell auftretenden Beschwerden sind die Finger unentbehrlich; eine kleine erkrankte Stelle könnte unter der Fläche der ganzen Hand, von gesunden Teilen sozusagen »getarnt«, unentdeckt bleiben. Patienten mit Augenbeschwerden beispielsweise leiden im allgemeinen unter Pranamangel in den Augen, während die inneren Auren der angrenzenden Bereiche völlig normal sein können. Da die innere Aura der Augen einen Durchmesser von nicht mehr als etwa fünf Zentimetern hat, wird man mit den Händen wahrscheinlich vor allem die gesunden Augenbrauen und den gesunden Stirnbereich wahrnehmen, ohne die kleinen Stellen zu entdecken, an denen Unregelmäßigkeiten auftreten. So etwas ist nur zu vermeiden, indem man beim Scanning die Finger benutzt. Auch im Bereich der Wirbelsäule sollte man immer nur mit einem oder zwei Fingern arbeiten, damit auch kleine gestörte Abschnitte lokalisiert werden können.

Wenn Sie einen Patienten mittels Scanning untersuchen, brauchen Sie die äußere Aura und die Gesundheitsaura nicht zu beachten. Sie haben zwar gelernt, wie man sie überprüft, für das Scanning ist aber nur die innere Aura des Patienten von Bedeutung. Ihr allgemeiner Energiepegel dient als Maßstab, wenn der Zustand verschiedener Hauptchakras und lebenswichtiger Organe verglichen werden soll. Wird ein bestimmter Bereich zu lange abgetastet, geht die Genauigkeit des Scanning verloren, weil diese Stelle während der Überprüfung auch gleichzeitig energetisiert wird.

Es ist wichtig, daß Sie beim Scanning einen Druck oder Widerstand fühlen, damit Sie die Stärke der inneren Aura des untersuchten Körperteils feststellen können. Manche werden vielleicht Schmerzen in den Händen oder Fingern spüren, wenn sie mit einem erkrankten Körperteil in Kontakt kommen. Die innere Aura besitzt sieben Schichten. Beim Scanning der inneren Aura können Sie einen Druck in etwa zwölf Zentimetern Entfernung vom Körper fühlen. Eine weitere Schicht, die dichter ist und einen stärkeren Widerstand aufweist, ist ungefähr fünf bis acht Zentimeter von der Haut entfernt. Beim Scanning der inneren Aura eines Körperteils scheint diese zuerst oft ganz normal zu sein. Wenn man aber etwas weiter nach innen tastet, spürt man, daß die nächste Schicht ziemlich dünn ist; dies weist auf Pranamangel hin. Beim Scanning der inneren Aura ist es wichtig, nicht nur die erste Schicht zu überprüfen, sondern auch die inneren Schichten. Ein fortgeschrittener Yogi oder ein erfahrener Meister des Ch'i-Kung besitzt eine verhältnismäßig umfangreiche innere Aura mit vielen Schichten, die manchmal mehr als einen Meter dick ist.

Bei der Behandlung schwieriger Fälle sollten die elf Hauptchakras, die bedeutenderen kleineren Chakras, alle großen lebenswichtigen Organe und die Wirbelsäule gründlich durch Scanning überprüft werden. Nur durch das richtige Scanning und durch das rechte Verständnis der Natur der Erkrankung findet man zur angemessenen Behandlung.

Sweeping in Verbindung mit Pranaatmung

Das allgemeine und das örtliche Sweeping ist am wirksamsten, wenn man es in Verbindung mit Pranaatmung anwendet, da dann eine größere Menge bioplasmatischer Materie zusammen mit Prana zur Entfernung verschmutzter bioplasmatischer Materie nutzbar gemacht werden kann. Der Heiler gewinnt durch die Pranaatmung sehr viel Kraft, und sein Ätherleib wird strahlender und dichter.

Befolgen Sie einfach die für die erste Stufe in diesem Buch gegebenen Anweisungen für das allgemeine und örtliche Sweeping, und führen Sie gleichzeitig Pranaatmung aus. Bei dieser Sweepingbehandlung wird der Patient zugleich gereinigt und ganz beträchtlich energetisiert. Diese Art des Sweeping ist recht wirksam und reicht oft schon aus, um leichtere Erkrankungen zu heilen. Es kann aus einer Entfernung von einem Meter oder mehr und mit einer geringen Anzahl von Streichbewegungen ausgeführt werden. Die Handstellung spielt dabei überhaupt keine Rolle.

Bei der Abwärtsbewegung können Sie visualisieren, daß Sie leuchtendes weißes Prana über den Patienten verteilen und ihn damit vom Scheitel bis zu den Füßen reinigen. Visualisieren Sie auch, daß die Gesundheitsstrahlen geglättet werden. Die Streichbewegungen nach oben brauchen Sie nicht auszuführen, es sei denn, der Patient ist sehr schläfrig oder fühlt sich schwach auf den Beinen. Bei der Aufwärtsbewegung können Sie visualisieren, daß das Erdenprana durch die Fußsohlenchakras nach oben bis zum Scheitelchakra fließt. Diese Aufwärtsbewegung sollten Sie aber erst dann gebrauchen, wenn der Patient durch das Sweeping von oben nach unten ausreichend gereinigt ist. Führt man ein allgemeines Sweeping von unten nach oben durch, bevor der Körper durch Abwärtssweeping gereinigt wurde, kann die verschmutzte bioplasmatische Materie bis zum Kopf und Gehirn verschleppt werden. Dadurch könnte der Patient ernsthaften Schaden erleiden.

Es spielt keine Rolle, ob Sie bei dem Sweeping zusätzlich Visualisierung anwenden oder nicht. Manche Heiler haben die Erfahrung gemacht, daß die Sweepingbehandlung dann wirksamer ist. Das Wichtigste ist jedenfalls der Vorsatz, den bioplasmatischen Körper des Patienten zu reinigen und zu energetisieren.

Beim Sweeping sollte die besondere Aufmerksamkeit dem rückwärtigen Bioplasmakanal oder dem »Gouverneur«-Meridian gelten, der innerhalb der Wirbelsäule verläuft, ebenso dem vorderen Bioplasmakanal oder »funktionellen« Meridian, der sich außerhalb der Wirbelsäule befindet. Mit Ausnahme des Milzchakras liegen fast alle Hauptchakras entlang dieser beiden Kanäle oder Nadis. Die Reinigung oder das örtliche Sweeping der beiden Kanäle bedeutet zugleich die Reinigung der großen Chakras, die hier ihren Sitz haben, und dadurch wird die Heilung sehr beschleunigt. Denken Sie daran, daß alle lebenswichtigen Organe durch die Hauptchakras mit Energie versorgt und kontrolliert werden.

Beim örtlichen Sweeping visualisieren Sie, daß Finger und Hände in den erkrankten Körperteil eindringen und die kranke graue Materie entfernen.

Energetisierung durch Pranaatmung

Prana wird durch die Pranaatmung aufgenommen und durch ein Handchakra oder durch beide Handchakras ausgestrahlt:

Führen Sie etwa drei bis fünf Atemzyklen lang Pranaatmung aus, und lassen Sie gleichzeitig Ihren Geist zur Ruhe kommen und still werden.

Setzen Sie die Pranaatmung fort, und halten Sie dabei eine Hand oder beide Hände nahe an die zu behandelnde Stelle. Konzentrieren Sie sich auf die inneren Handflächen.

Durch Ihre Willenskraft senden Sie das ausgestrahlte Prana in das betroffene Chakra und lassen es von dort in den kranken Körperteil fließen. Das ist ein wichtiger Faktor. In vielen Fällen kommt es rasch zur Linderung der Beschwerden, wenn der kranke Körperteil oder das befallene Organ schnell mit genügend Pranaenergie versorgt wird. Die Aufmerksamkeit sollte in erster Linie auf das eine Handchakra oder beide Handchakras und auf die Steuerung der Pranaenergie konzentriert werden, weniger auf den Atem.

Hören Sie mit der Energetisierung auf, sobald Sie intuitiv spüren, daß der Patient genügend Lebensenergie zur Verfügung hat. Überprüfen Sie noch einmal durch Scanning die Auren des Patienten, und stellen Sie fest, ob er ausreichend energetisiert ist. Auf der Grundstufe der Pranaheilung wurden Sie angewiesen, mit der Energetisierung sofort aufzuhören, wenn Sie einen leichten Widerstand oder ein Nachlassen des Energiestroms fühlen. Für die fortgeschrittene Pranaheilung gilt diese Anweisung nicht mehr, denn Ihr Pranaenergiespiegel ist im Verhältnis zu dem des Patienten sehr viel höher. Würden Sie den Energiespiegel im betroffenen Teil des Körpers des Patienten Ihrem eigenen angleichen, könnte das zu einer Pranastauung im behandelten Bereich führen.

Leidet der Patient unter einer schweren Infektion, einer Verbrennung oder Verletzung, dann muß die Behandlung nach dreißig Minuten oder nach einer Stunde wiederholt werden. Bei solchen Fällen werden innerhalb kurzer Zeit große Mengen Prana verbraucht, deshalb muß häufiger behandelt werden.

Bei Pranaheilern mit einer gewissen Fertigkeit sind zur Linderung einfacher Beschwerden fünf bis sieben Atemzyklen nötig. Ernsthaftere Erkrankungen erfordern etwa zwölf Atemzyklen und mehr. Das soll dem Leser nur eine ungefähre Vorstellung geben. Man kann zur Energetisierung die Handflächenchakras, die Fingerchakras oder beides gleichzeitig gebrauchen.

Die Energetisierung sollte mit der Pranaatmung verbunden werden. Man gibt nach Möglichkeit drei bis fünf Atemzyklen vor, bevor man mit der Energetisierung beginnt, und setzt auch nach Beendigung der Energieübertragung die Pranaatmung noch zwei Atemzyklen lang fort. Das ist notwendig, um einen möglichen Pranamangel beim Heiler zu verhüten.

Es gibt zwei Arten der Doppelenergetisierung oder Energieübertragung mit beiden Händen: die »parallele Doppelenergetisierung« und

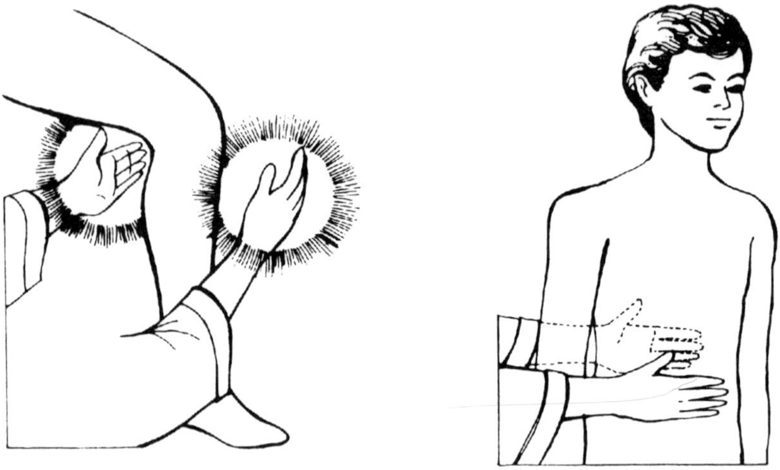

Parallele Doppelenergetisierung

Nichtparallele Doppelenergetisierung

die »nicht-parallele Doppelenergetisierung«. Im ersten Fall halten Sie einfach die Hände parallel mit den Handflächen gegeneinander gerichtet, wobei der betroffene Körperteil sich zwischen Ihren Händen befindet. Die nicht-parallele Doppelenergetisierung verlangt ebenfalls, daß die Hände auf den betroffenen Bereich gerichtet werden, jedoch nicht parallel zueinander. Bei der parallelen Doppelenergetisierung wird ein starkes Energiefeld erzeugt, das die Hände dazu bringt, sich rhythmisch auszudehnen und wieder zusammenzuziehen. Dadurch ist nicht nur im betroffenen Körperteil, sondern auch in anderen Bereichen des Körpers ein Kribbeln zu spüren. Manchmal nimmt der Patient sogar einen leichten elektrischen Schlag wahr. Die Technik der Doppelenergetisierung wird gewöhnlich in Fällen angewandt, bei denen der Pranaverbrauch besonders hoch ist. Vor der Doppelenergetisierung muß eine Reinigung erfolgen. Man kann die Doppelenergetisierung auch dazu nutzen, leichtere Beschwerden und Erkrankungen, wie sie im Kapitel »Grundstufe der Pranaheilung« erwähnt werden, rasch zu lindern.

Energetisierung durch verteilendes Sweeping

Eine Energetisierung durch die verteilende Sweepingtechnik bedeutet nichts anderes, als durch Sweeping überschüssiges Prana aus anderen Bereichen des Körpers zum schmerzenden Teil hin zu verteilen:

Reinigen Sie den schmerzenden Körperteil durch örtliches Sweeping.

Streichen Sie das überschüssige Prana mit der Hand aus der Umgebung und von den Chakras zu dem Bereich hin, der behandelt werden soll.

Diese Art der Energetisierung ist außerordentlich wirksam bei der Heilung einfacher Beschwerden. Sie ist aber nicht zur Behandlung ernsterer Fälle geeignet, da bei solchen Erkrankungen und Leiden sehr viel größere Mengen Prana verbraucht werden.

Die Beseitigung kranker bioplasmatischer Materie

Vergessen Sie nicht, kranke bioplasmatische Materie zu beseitigen. Manchmal ist es unbequem oder nicht möglich, sie in einen »bioplasmatischen Müllschlucker« zu geben. In diesem Fall visualisieren Sie einfach ein Feuer neben sich, und werfen Sie sie hinein. Nach der Behandlung des Patienten löschen Sie das visualisierte Feuer wieder. Eine andere Methode besteht darin, daß Sie durch Ihre Willenskraft beim Ausschütteln Ihrer Hände die kranke bioplasmatische Materie auflösen. Diese beiden Techniken sind allerdings nur für erfahrene Heiler geeignet.

Anfänger können auch versuchen, im Freien zu heilen, wo sie die kranke bioplasmatische Materie auf den Boden schütteln. Bei den Schamanen ist es allgemein Brauch, sich mit kranker bioplasmatischer Materie verunreinigter Gegenstände zu entledigen, indem man sie entweder verbrennt, sie über längere Zeit der Luft aussetzt oder sie im Boden vergräbt.

Empfehlung für den praktischen Ablauf einer Behandlung

1. Scanning mit zwei Fingern – fünf Minuten
2. Pranaatmung und gleichzeitige Aufnahme von Luftprana durch die Handchakras – fünf Minuten
3. Allgemeines Sweeping aus einer Entfernung von etwa einem Meter zum Patienten – fünf Minuten
4. Energetisierung durch Pranaatmung – fünf Minuten

Richten Sie sich etwa zwei Wochen lang nach diesem Plan. Sie sollten innerhalb dieser Zeit versuchen, möglichst viele schwierige Fälle zu behandeln. Wenn Sie beharrlich den Anweisungen dieses Buches folgen, wird sich Ihre Heilfähigkeit sehr rasch entwickeln, und Sie werden viele Dinge tun, die andere für »unmöglich« oder »wunderbar« halten.

Die Rotation der Chakras

Nach welcher Richtung dreht sich ein Chakra? Manche glauben, daß es sich entgegen dem Uhrzeigersinn drehe, andere sind der Meinung, es drehe sich im Uhrzeigersinn. Beide haben zum Teil recht und zum Teil unrecht. Ein Chakra dreht sich sehr rasch, und zwar abwechselnd nach rechts und nach links. Die Bewegung im Uhrzeigersinn zieht Pranaenergie in das Chakra hinein, während bei der gegenläufigen Bewegung Prana ausgestrahlt oder Pranaenergie aus dem Chakra herausgezogen wird. Die Drehung des Chakras im Uhrzeigersinn hat eine absorbierende Wirkung, während die Bewegung des Chakras entgegen dem Uhrzeigersinn eine ausstrahlende oder austreibende Wirkung hat. Wenn ein Heiler Pranaenergie durch ein Chakra aufnimmt, dann dreht sich dieses Chakra vorwiegend nach rechts und nur in wesentlich geringerem Maße nach links. Strahlt ein Heiler dagegen Pranaenergie durch ein Chakra aus, dann dreht es sich vorwiegend nach links und nur in geringerem Maße nach rechts. Unter normalen Bedingungen dreht sich jedes Chakra jeweils zu gleichen Teilen nach rechts und nach links. Auf diese Weise bleibt die Menge der aufgenommenen und der abgegebenen Pranaenergie in etwa gleich.

Bei der Energetisierung dreht sich das Handchakra vorwiegend entgegen dem Uhrzeigersinn und geringfügig auch im Uhrzeigersinn (absorbierend). Aus diesem Grund nimmt die energetisierende Hand etwas verunreinigte Energie auf und muß regelmäßig ausgeschlagen werden, um diese wieder abzuschütteln.

Unter normalen Bedingungen erfolgen Aufnahme und Ausstrahlung der Pranaenergie durch das Chakra in raschem Wechsel. Die Menge des absorbierten und des ausgestrahlten Pranas bleibt in etwa gleich. Das Chakra dreht sich in schneller Folge einhundertachtzig Grad im Uhrzeigersinn und danach ebenfalls einhundertachtzig Grad entgegen dem Uhrzeigersinn. Strahlt das Handchakra vorwiegend Prana aus, so umfaßt die Bewegung nach links dreihundertsechzig Grad und die Bewegung nach rechts (im Uhrzeigersinn) nur einhundertachtzig Grad. Solange sich das Handchakra entgegen dem Uhrzeigersinn dreht, gibt es Pranaenergie ab, hält dann für den Bruchteil einer Sekunde an, dreht sich daraufhin im Uhrzeigersinn und nimmt dabei wieder Pranaenergie auf. Darauf hält es wieder für den Bruchteil einer Sekunde an, und der ganze Prozeß wiederholt sich. Es besteht also kein kontinuierlicher Strom des ausgestrahlten Pranas, ebensowenig wird ununterbrochen Pranaenergie aufgenommen. Der Vorgang erscheint nur kontinuierlich, weil sich das Chakra sehr schnell einmal im Uhrzeigersinn und einmal gegenläufig bewegt. Dadurch entsteht der Eindruck einer ununterbrochenen Pranaausstrahlung oder -absorption. Der Unterschied in der Intensität der Pranaenergieausstrahlung hängt von der Rotationsgeschwindigkeit der Chakras ab. Je schneller sich ein Chakra dreht, um so intensiver ist die ausgestrahlte Pranaenergie, und je langsamer es rotiert, um so weniger intensiv ist die ausgestrahlte Pranaenergie. Wenn ein Handchakra vorwiegend Prana absorbiert, macht es eine Drehbewegung von dreihundertsechzig Grad nach rechts und eine Drehbewegung von einhundertachtzig Grad nach links. Wird das Handchakra vorwiegend zur Übertragung von Prana benutzt, ist das Verhältnis genau umgekehrt. Die Intensität der ausgestrahlten oder absorbierten Pranaenergie bewirkt keine Veränderung im Rotationsschema des Chakras, sondern hängt nur vom Tempo der Rotation des Chakras ab. Je schneller sich das Chakra dreht, um so intensiver ist das ausgestrahlte oder absorbierte Prana.

In Indien gibt es Yogis, die Heilung bewirken, indem sie eine Hand auf den betroffenen Körperteil legen und sie dann kreisend bewegen. Will der Yogi einen Körperbereich reinigen oder eine Blockierung beseitigen, wendet er eine Technik des örtlichen Sweeping an. Er bewegt seine Hand mehrmals entgegen dem Uhrzeigersinn und verbindet damit die Absicht, die Linksdrehung des Chakras zu fördern und dadurch die Ausscheidung unreiner Energie zu erleichtern. Dann schlägt er seine Hände aus, um die verunreinigte Energie abzuschütteln. Dieser Prozeß wird solange fortgesetzt, bis das betroffene Chakra im wesentlichen sauber ist. Will der Yogi ein Chakra energetisieren, überträgt er Pranaenergie und bewegt dabei seine Hand im Uhrzeigersinn. Das geschieht mit der Absicht, daß das betroffene Chakra mehr Prana aufnimmt, indem die Rechtsdrehung dieses Chakras gefördert wird. Bewegung im Uhrzeigersinn bedeutet Aufnahme von Prana, während die gegenläufige Bewegung eine herausziehende Wirkung hat und Stauungen löst. Die Technik ist einfach und ohne Schwierigkeiten anzuwenden.

Das Erscheinungsbild eines Chakras hängt von seiner Umdrehungsgeschwindigkeit ab. Unter normalen Bedingungen rufen die raschen Drehbewegungen nach rechts und links einen optischen Effekt hervor, der das Chakra wie eine Lotosblüte mit vielen spitz zulaufenden Blumenblättern aussehen läßt. Diese spitz zulaufenden Blütenblätter werden durch die Drehbewegung der Pranaenergie nach rechts und nach links optisch hervorgerufen. Das ist auch der Grund, weshalb in alten tibetanischen, chinesischen und Sanskrit-Büchern über Yoga die Chakras gewöhnlich als Lotosblumen mit vielen spitz zulaufenden Blütenblättern dargestellt sind. Wenn man die Drehbewegung eines Chakras absichtlich verlangsamt, ist die tatsächliche Form und Anzahl der Blütenblätter deutlich zu erkennen. Die Form der Blütenblätter der Chakras ist rund. (Vergleiche hierzu Leadbeater.) Wenn sich das Chakra jedoch sehr rasch dreht, kommt es zu einer Ausbauchung, und das Chakra erscheint ganz dick. Geschieht die Rotation in sehr schnellem Tempo, wird das Chakra zu einem blendendhellen Lichtpunkt. Bei der Meditation werden spirituelle und Pranaenergien in den Kopfbereich gezogen. Aus diesem Grund erscheinen fortgeschrittene Yogis oder Heilige dem Auge des Hellsichtigen mit einem strahlenden oder blendenden Licht um den Kopfbereich. Es ist der sogenannte »Glorienschein« oder »Heiligenschein«.

Andere Heiltechniken

Bei den bisher beschriebenen Heiltechniken handelt es sich um die vom Autor und seinen Freunden häufig angewandten Methoden. Es gibt aber noch viele andere Techniken, die von Heilern benutzt werden. Die Grundprinzipien bleiben jedoch immer gleich, und zwar sind das Reinigung und Energetisierung der betreffenden Körperteile.

Die Extraktionstechnik – Methode bei Naturvölkern

Es gibt verschiedene Arten der Extraktionstechnik. Die einfachste Form wird oft, wenn nicht sogar immer, von eingeborenen Heilern ohne besondere Ausbildung angewandt. Diese Heiler berühren einfach die betroffene Stelle. Dadurch absorbieren oder ziehen sie unwillkürlich die kranke bioplasmatische Materie aus dem Körper des Patienten in den eigenen Körper, ohne sie jedoch wieder auszuscheiden. Sie wissen nämlich gar nicht, wie man die kranke bioplasmatische Masse wieder los wird. Im Grunde verstehen sie überhaupt nicht, was geschieht. Sie erkranken selbst durch die verschmutzte bioplasmatische Materie, aber schon durch den gesunden Schlaf einer Nacht erholen sie sich wieder. Diese Technik ist ganz sicher nicht zu empfehlen.

Die Extraktionstechnik – Grundstufe

Bei einer anderen Art der Extraktionstechnik wird die kranke Materie durch eines der Handchakras absorbiert und durch das andere Handchakra wieder ausgeschieden. Dabei ist es gleich, welches der Chakras zur Extraktion oder zur Ausscheidung benutzt wird. Obwohl diese Technik der Methode der Eingeborenen gegenüber schon eine Verbesserung darstellt, ist sie dennoch nicht zu empfehlen, weil immer die Gefahr besteht, daß etwas von der kranken bioplasmatischen Materie im Körper des Heilers zurückbleibt. Stellen Sie sich nur einmal vor, was geschehen kann, wenn der Heiler täglich die verschmutzte bioplasmatische Materie von zwanzig bis fünfzig Patienten in sich aufnimmt, und das über zweihundertfünfzig Tage im Jahr! Es ist äußerst unwahrscheinlich, daß der Heiler dabei sehr lange gesund bleibt. Möglicherweise wird er schließlich unter einer ganzen Reihe ihm fremder Beschwerden leiden. Die Vorstellung ist einfach abstoßend, schmutzige, klebrige, kranke bioplasmatische Materie von gräulicher Farbe zu absorbieren.

Die Extraktionstechnik – Stufe für Fortgeschrittene

Bei dieser Extraktionstechnik wird die kranke bioplasmatische Materie durch einen Willensakt aus dem Körper des Patienten gezogen. Die kranke Materie wird mit der Hand aufgenommen und in den »bioplasmatischen Müllschlucker« geschüttelt. Man macht in diesem Fall nicht die beschriebene Sweepingbewegung, sondern hält die Hand mindestens fünf Zentimeter vom Körper des Patienten entfernt und fängt die allein durch die Wirkung der Willenskraft herausgezogene bioplasmatische Materie auf.

Der kurzgeschlossene Kreislauf – Reinigung und Energetisierung

Diese Technik wird angewandt, um entweder einen von Krankheit befallenen Körperteil gleichzeitig zu reinigen und zu energetisieren oder Prana von einem Bereich auf einen anderen Teil des Körpers zu verteilen. Diese Reinigungs- und Energetisierungstechnik wird ausgeführt, indem man einfach die energetisierende Hand an die Rückseite des zu behandelnden Chakras hält und die Hand, die das schmutzige Prana aus dem Körper herausziehen soll, gegen die Vorderseite des Chakras richtet.

Vorgehen:

Führen Sie Pranaatmung durch.

Halten Sie die energetisierende Hand an die Rückseite des zu behandelnden Chakras.

Halten Sie die Hand, die die kranke Materie aus dem Körper des Patienten zieht, an die Vorderseite des Chakras. Visualisieren Sie, daß diese Hand von einer Schicht aus hellem Licht umgeben ist.

Energetisieren Sie die Rückseite des Chakras. Setzen Sie die Kraft der Visualisierung ein, und veranlassen Sie durch einen Willensakt, daß die schmutzige Energie den Körper verläßt. Diese kranke Energie sollte die Schicht aus strahlendem Licht um Ihre Hand nicht durchdringen. Nehmen Sie die schmutzige Energie nicht in Ihren Körper auf.

Schlagen Sie Ihre Hände kräftig aus, und schütteln Sie die schmutzige Energie in den »bioplasmatischen Müllschlucker«. Dieses Abschütteln verschmutzter Energie wird in unregelmäßigen Abständen wiederholt.

Innere und äußere Aura eines Liebespaares

Äußere Aura eines spirituellen Schülers
während der »Meditation über zwei Herzen«

Die elf Hauptchakras

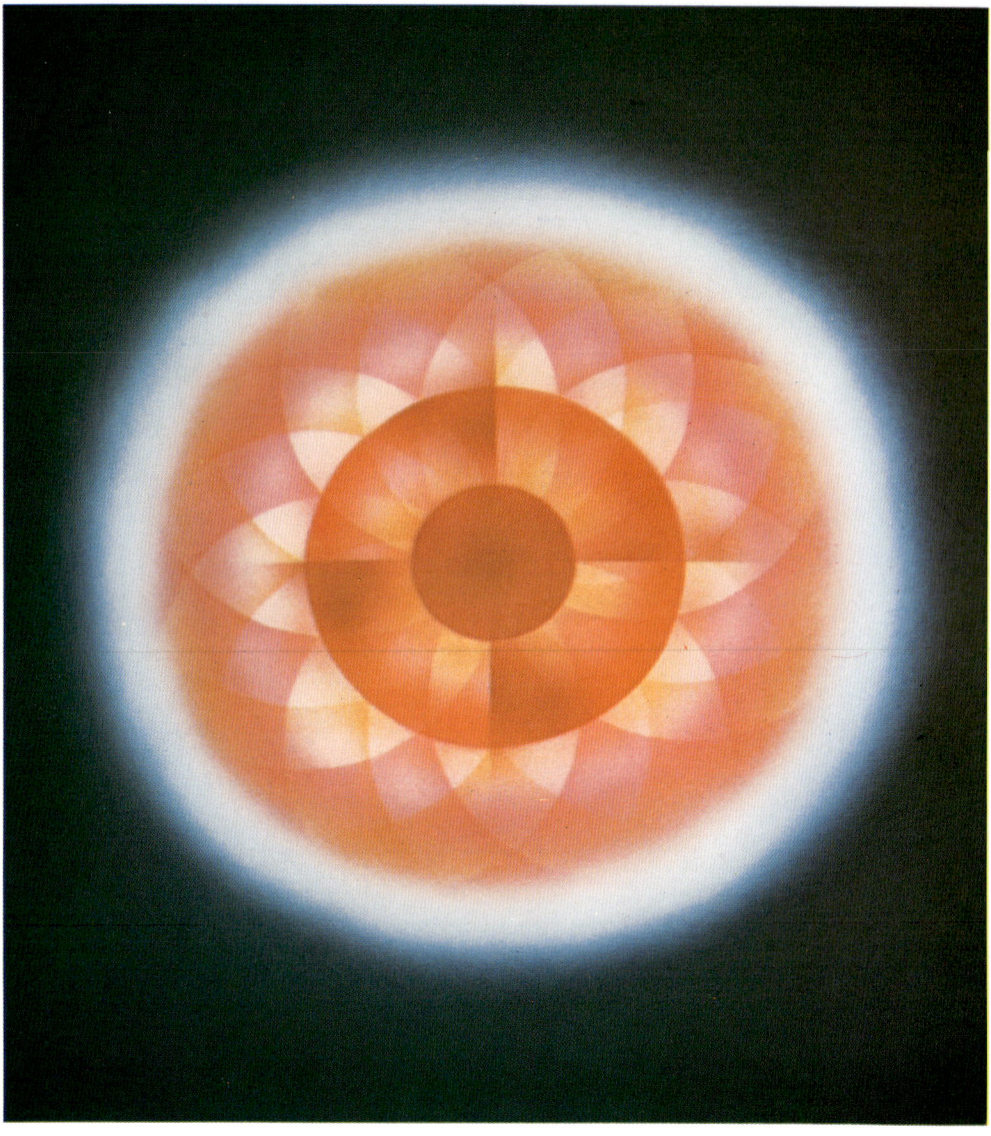

Wurzelchakra

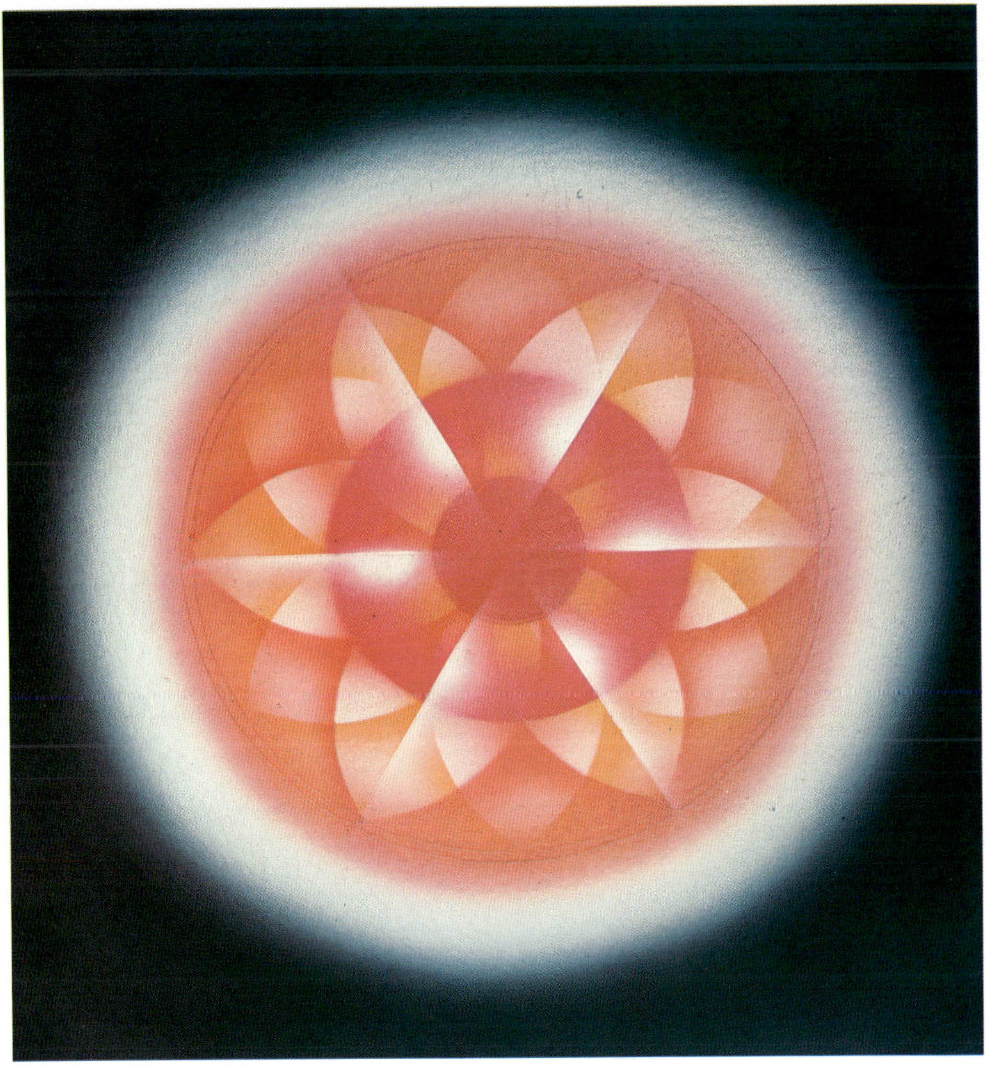

Sexualchakra

Nabelchakra

Meng-Mein-Chakra

Milzchakra

Solarplexuschakra

Vorderes Herzchakra

Rückwärtiges Herzchakra

Halschakra

Ajnachakra

Stirnchakra

Kronenchakra

Aktiviertes Kronenchakra eines spirituellen Schülers
während der Meditation über die zwei Herzen

Der kurzgeschlossene Kreislauf – Verteilung von Prana

Eine Hand nimmt Prana von der Quelle auf, die andere energetisiert den zu behandelnden Körperteil. So hält man beispielsweise bei der Behandlung eines arthritischen Knies die Hand, die das Prana aufnimmt, vorn gegen das Wurzelchakra und die energetisierende Hand von hinten gegen das kranke Knie.

Die Energetisierung von Objekten

Wasser, Nahrungsmittel, Kräuter, Medikamente, Alkohol zum Einreiben, Öl, Salbe und andere Einreibemittel, Verbandzeug, Bandagen und Watte können mit Prana energetisiert werden und durch erhöhte Wirksamkeit den Heilungsprozeß fördern. Die Patienten können zum gleichen Zweck auch energetisiertes Wasser trinken. Hierbei ist zu beachten, daß kaltes Wasser eine größere Menge Prana absorbieren kann als warmes Wasser.

Manche Patienten setzen dem Heilungsprozeß unbewußt oder bewußt Widerstand entgegen und blockieren oder verhindern dadurch zu einem gewissen Grad den Eintritt von Prana in ihren Körper. In einem solchen Fall greift man zu energetisiertem Öl. Es wirkt wie ein Tor oder wie eine Öffnung, durch die Prana in den Körper des Patienten fließen kann.

Zur Heilung von Hauterkrankungen kann man nach einer vorbereitenden Pranabehandlung energetisierte Salben oder Einreibungsmittel verwenden. Dadurch kann die Anzahl der nötigen Sitzungen reduziert werden. Sehr wahrscheinlich wird man in einigen Jahrzehnten dazu übergegangen sein, die meisten Arzneimittel und pharmazeutischen Präparate mit Prana zu energetisieren, damit man schneller und wirksamer zum Erfolg kommt. Gegenstände können energetisiert werden, indem man Pranaatmung und Energetisierungstechnik anwendet. Die Energetisierung kann auch durch den Einsatz physikalischer Mittel erfolgen.

Die Behandlung leichter und schwerer Krankheiten

Stärkung des Immunsystems durch Erhöhung des Energieniveaus

Viele Krankheiten beruhen auf Infektionen durch Bakterien und Viren. Unsere Knochen produzieren die weißen Blutkörperchen, die den Körper vor Infektionen schützen. Durch richtige Pranabehandlung und durch die Erhöhung des Energiepegels wird das Abwehrsystem gekräftigt und unterstützt.

Wenden Sie drei- bis viermal allgemeines Sweeping an.

Reinigen und energetisieren Sie die Fußsohlenchakras. Sie können dabei visualisieren, wie Pranaenergie oder weißes Licht in die Knochen eindringt und die Knochen der Arme und Beine stärkt. Gleichzeitig werden die Fußsohlen- und Handchakras zum Teil aktiviert, so daß sie mehr Prana aufnehmen können und der Körper mehr und mehr von Lebensenergie erfüllt wird. Stabilisieren Sie die übertragene Pranaenergie nicht, um die kleinen Fußsohlen- und Handchakras nicht zu hemmen.

Reinigen Sie das vordere und rückwärtige Solarplexuschakra gründlich und die Leber von vorne, von der Seite und von hinten. Energetisieren Sie das vordere Solarplexuschakra. Auf diese Weise wird die Leber gekräftigt und der gesamte Körper energetisiert, insbesondere die inneren Organe werden dadurch angeregt. Die Leber entgiftet das Blut, wird sie gestärkt, so kräftigt sich auch das körpereigene Abwehrsystem.

Reinigen und energetisieren Sie das Nabelchakra. Das bewirkt vor allem zwei Dinge: Zum einen wird das Milzchakra energetisiert und teilweise aktiviert, so daß es mehr Prana aufnehmen und dadurch den Energiepegel des Körpers erhöhen kann. Zum anderen wird das Nabelchakra teilweise aktiviert und stimuliert, mehr biosynthetisches Chi'i zu erzeugen. Insgesamt wird der ätherische Körper gekräftigt, und seine Fähigkeit, Prana aufzunehmen, steigt.

Bei schweren Infektionskrankheiten reinigen und energetisieren Sie vorsichtig das vordere und rückwärtige Milzchakra. Beobachten Sie den Patienten genau. Er kann in seltenen Fällen einen Pranastau erleiden und ohnmächtig werden. Energetisieren Sie das Milzchakra nicht bei Kleinkindern oder wenn der Patient unter Bluthochdruck leidet.

Reinigen und energetisieren Sie das Wurzelchakra. Energetisieren Sie es allerdings nicht, wenn der Patient fiebert, da sonst die Temperatur ansteigen könnte.

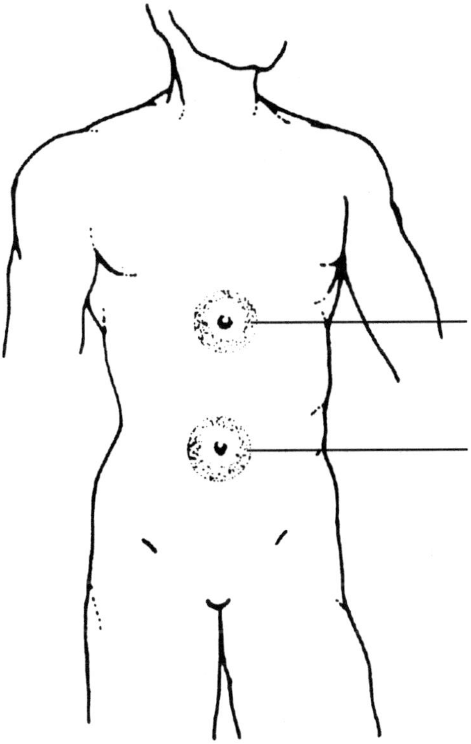

Stärkung des Immunsystems durch Erhöhung des Energieniveaus

Behandlung einiger Fälle

Masern, Röteln und Windpocken

Wenden Sie allgemeines Sweeping an.

Wenden Sie örtliches Sweeping an Gesicht, Hals und Vorder- und Rückseite des Rumpfes an. Besondere Aufmerksamkeit erfordert der Bauchbereich.

Zur Kräftigung des Abwehrsystems reinigen und energetisieren Sie die kleinen Fußsohlenchakras, die Handchakras, das vordere Solarplexuschakra und das Nabelchakra.

Wiederholen Sie die Behandlung ein- bis zweimal täglich. Das allgemeine und das örtliche Sweeping kann mehrmals am Tage vorgenommen werden.

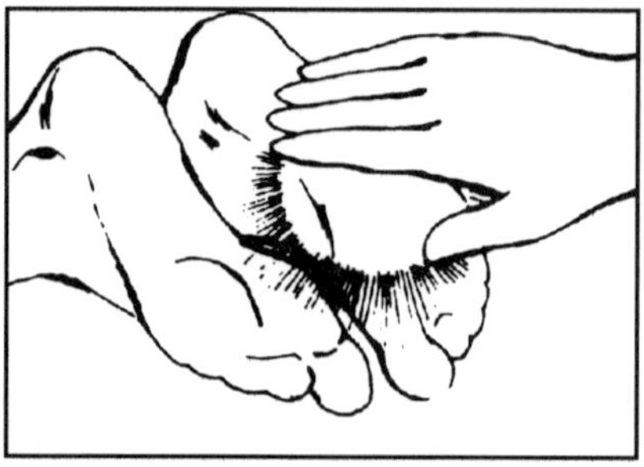

Fußsohlenchakra

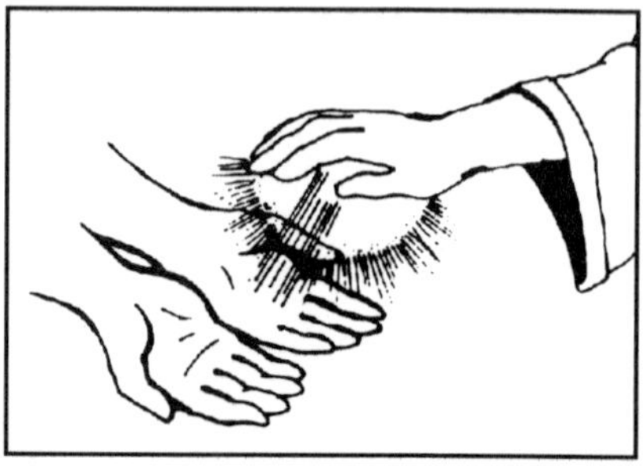

Handchakra

Mumps und Halsentzündung (Angina)

Wenden Sie allgemeines Sweeping an.

Wenden Sie örtliches Sweeping im gesamten Hals- und Nackenbereich an. Achten Sie besonders auf die seitlichen Partien von Hals und Nacken.

Energetisieren Sie das Halschakra.

Energetisieren Sie die kleinen Kieferchakras, die unten hinter den Ohren sitzen. Durch die Energetisierung der kleinen Kieferchakras wird zugleich der ganze Mundbereich energetisiert, einschließlich der Ohrspeicheldrüsen und der Mandeln. Da die kranken Teile des Körpers sehr rasch eine große Menge Prana verbrauchen, müssen das Halschakra und die kleinen Kieferchakras zweimal täglich gereinigt und energetisiert werden.

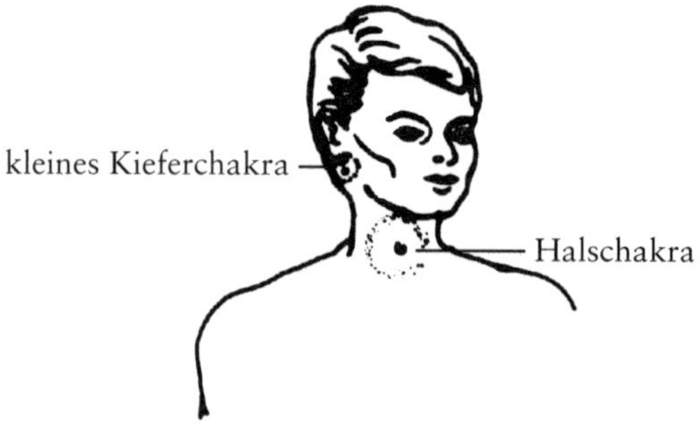

Pranabehandlung bei Mumps und Halsentzündung

Zahnfleischbluten

Reinigen und energetisieren Sie die betroffenen Bereiche gründlich. Wiederholen Sie die Behandlung so oft wie nötig.

Reinigen und energetisieren Sie das Hals- und das Halsnebenchakra sowie die Kiefernebenchakras.

Stabilisieren Sie die übertragene Pranaenergie.

Wiederholen Sie die Behandlung so oft wie nötig.

Parodontose/Parodontitis (Entzündete Parodontose)

Wenden Sie zwei- oder dreimal allgemeines Sweeping an.

Reinigen Sie den betroffenen Bereich gründlich.

Reinigen und energetisieren Sie das Hals- und das Halsnebenchakra sowie die Kiefernebenchakras. Stabilisieren Sie die übertragene Pranaenergie.

Da die Pranaenergie sehr schnell verbraucht wird, müssen die beiden letzten Schritte zwei- oder dreimal täglich wiederholt werden.

Um das Abwehrsystem des Körpers zu kräftigen, gehen Sie vor wie im Abschnitt »Stärkung des Immunsystems durch Erhöhung des Energieniveaus« beschrieben.

Weisen Sie den Patienten an, sofort einen Zahnarzt aufzusuchen.

Ohnmacht

Energetisieren Sie intensiv das Nabelchakra, bis der Patient das Bewußtsein wiedererlangt. Dadurch wird der Pranaenergiepegel im ganzen Körper einschließlich Kopfbereich erhöht. Diese Methode wirkt langsam, ist aber sehr sicher.

Bei einer anderen Methode wird der Hinterkopf des Patienten energetisiert. Das führt zwar schneller zum Erfolg, aber es besteht dabei die Gefahr, daß es durch Überenergetisierung zu einer Pranastauung im Kopfbereich kommt. Dadurch können Kopfschmerzen auftreten.

Ist dem Ohnmachtsanfall ein plötzlicher emotionaler Schock vorausgegangen, reinigen und energetisieren Sie das vordere Solarplexuschakra und das Nabelchakra.

Liegt außerdem eine Gehirnerschütterung vor, so reinigen und energetisieren Sie den Kopfbereich. Danach energetisieren Sie das Nabelchakra, die kleinen Fußsohlenchakras und die kleinen Handchakras.

Kurzsichtigkeit, Weitsichtigkeit und Astigmatismus

An jedem Auge und an jeder Schläfe sitzt ein kleines Chakra. Bei jeder Sehstörung besteht gewöhnlich im Ajnachakra, in den Augenchakras und in den Schläfenchakras Pranamangel. Der Umfang dieser Chakras beträgt höchstens etwa fünf Zentimeter, meist noch weniger. In seltenen Fällen hat man es mit einer Augenerkrankung zu tun, die auf eine Pranastauung zurückzuführen ist.

Überprüfen Sie durch Scanning die Augenchakras, das Ajnachakra und die Schläfenchakras. Benutzen Sie dabei einen oder zwei Finger. Weisen die Augenchakras sehr wenig Prana auf und ist ihre innere Aura nur etwa zweieinhalb Zentimeter dick oder weniger, nehmen Sie eine leichte Energetisierung der Augen durch das Ajnachakra vor. Dies geschieht, indem Sie vor der Reinigung visualisieren, daß Prana zuerst zum Ajnachakra und von dort zu den Augen fließt. Diese Visualisierung erleichtert die örtliche Reinigung oder das örtliche Sweeping.

Reinigen Sie durch örtliches Sweeping den ganzen Kopfbereich, das Ajnachakra, die Augenchakras und die Schläfenchakras. Wenn man das örtliche Sweeping richtig ausführt, werden die Augenchakras ein wenig größer.

Wenden Sie abwechselnd Energetisierung und örtliches Sweeping des Ajnachakras, der Augenchakras und der Schläfenchakras an, bis deren innere Auren sich in Größe und Dichte normalisiert haben. Die Augen sollten nicht direkt, sondern durch das Ajnachakra energetisiert werden. Manchmal werden Sie fühlen, daß die innere Aura eines behandelten Körperteils zwar schon ihre normale Größe erreicht hat, aber im Verhältnis zu den gesunden Körperteilen noch nicht genügend dicht ist. Sie sollten dann mit der Reinigung und Energetisierung so lange fortfahren, bis die inneren Auren der Augenchakras, der Schläfenchakras und des Ajnachakras sich normalisiert haben.

Sehr wahrscheinlich wird Ihr Patient sofort eine leichte vorübergehende Besserung spüren. Das ist ein gutes Zeichen. Die Behandlung sollte zweimal wöchentlich wiederholt werden. Am besten wäre es, wenn der Patient keine Brille mehr tragen würde; das könnte den Heilungsprozeß erleichtern. Patienten, die unter Kopfschmerzen leiden, wenn sie auf die Brille verzichten, sollten ihre Brille allmählich immer kürzere Zeit aufsetzen. Eine vollständige Heilung kann etwa drei bis vier Monate in Anspruch nehmen.

Schielen

Wenden Sie die gleiche Behandlung wie vorstehend an.

Glaukom (Grüner Star)

Das Ajnachakra, die Augenchakras und die Schläfenchakras leiden unter Pranamangel. Geht das Leiden auf Streß oder Anspannung zurück, wird beim Patienten wahrscheinlich das vordere Herzchakra und das Solarplexuschakra nicht in Ordnung sein.

Bei schweren Fällen von Grünem Star leidet der Patient meist unter heftigen Kopf- und Augenschmerzen, die von einer allgemeinen Schwäche begleitet sind. Der Patient kann sogar für kürzere oder längere Zeit erblinden.

Überprüfen Sie durch Scanning das Ajnachakra, die Augenchakras, die Schläfenchakras, die Herzchakras und die Solarplexuschakras.

Um beim Patienten die Schmerzen oder Beschwerden in den Augen sofort zu lindern, wenden Sie das örtliche Sweeping am Ajnachakra, an den Augenchakras und an den Schläfenchakras an. Energetisieren Sie die Augen durch das Ajnachakra, bis sich ihr Zustand normalisiert. Wenn das richtig gemacht wird, spürt der Patient eine wesentliche Linderung. Bei Patienten, die durch das Glaukom erst seit sehr kurzer Zeit blind sind, kann das Sehvermögen teilweise wiederhergestellt werden. Auch bei Patienten, die schon seit einiger Zeit erblindet sind, könnte noch immer die Wiedergewinnung des Sehvermögens möglich sein. Es würde aber eine längere Behandlung erfordern, bis die Augäpfel ein wenig weicher werden.

Leidet der Patient unter Kopfschmerzen, überprüfen Sie durch Scanning den Kopfbereich. Wenden Sie abwechselnd örtliches Sweeping und Energetisierung an, um die Kopfschmerzen zu beseitigen.

Leidet der Patient unter einer allgemeinen Schwächung des Körpers, wenden Sie ein paarmal das allgemeine Sweeping an, danach gehen Sie zu örtlichem Sweeping und zur Energetisierung des vorderen Solarplexuschakras über. Das kräftigt den Patienten und bewirkt auch, daß die Linderung der Augenbeschwerden länger vorhält. Eine Fehlfunktion des Solarplexuschakras infolge emotionaler Streßbelastung ist einer der Hauptfaktoren für den Ausbruch dieses Leidens.

Leidet der Patient unter einer Herzerkrankung, muß auch das Herz behandelt werden.

Wenden Sie die beschriebene Behandlung dreimal wöchentlich an, und zwar einige Monate lang oder solange, wie es erforderlich erscheint. Liegt die Ursache der Erkrankung im emotionalen Bereich, kommt auch eine Hypnosetherapie in Frage. Man kann dem Patienten auch dadurch helfen, daß man ihm zeigt, wie er sich entspannen kann, oder daß man ihn in die Meditation einführt und er so lernt, seine Emotionen richtig zu steuern.

Bei Patienten, die unter einem akuten Glaukomanfall leiden, kann die Behandlung nach ein oder zwei Stunden wiederholt werden, falls noch Beschwerden vorhanden sind. Weisen Sie den Patienten an, nach der Pranabehandlung einen Augenarzt aufzusuchen.

Herzerkrankungen

Herzerkrankungen können sich am Herzchakra als Pranamangel, als Pranakongestion oder als beides gleichzeitig bemerkbar machen. Obwohl es viele Arten von Herzleiden gibt, etwa Herzerweiterung, Fehlfunktion des Reizleitungssystems oder Herzmuskelschwäche, ist die Behandlung im wesentlichen immer dieselbe: Sie besteht aus einer Reinigung und Energetisierung des Herzchakras und des Solarplexuschakras.

Scannen Sie den Patienten gründlich, vor allem das Herz, das Herzchakra, das vordere und rückwärtige Solarplexus-, Wurzel-, Hals- und Ajnachakra.

Um die Heilung wesentlich zu erleichtern, wenden Sie vor der weiteren Behandlung dreimal allgemeines Sweeping an: So werden die Gesundheitsstrahlen entwirrt und Löcher in der äußeren Aura versiegelt.

Scannen Sie das Herz gründlich. Bitten Sie den Patienten, Ihnen die Stellen zu zeigen, wo er Schmerzen oder Unbehagen verspürt. Reinigen Sie mit den Fingern das vordere Herzchakra und die kleinen gestörten Bereiche. Visualisieren Sie, wie Ihre Finger in diese Störungsherde hineingehen und die kranke Energie entfernen.

Das Herz sollte durch das rückwärtige Herzchakra energetisiert werden, nicht durch das vordere Herzchakra. Reinigen und energetisieren Sie das rückwärtige Herzchakra, dabei können Sie visualisieren, wie das physische Herz und das vordere Herzchakra sauber werden und zu strahlen beginnen. Fragen Sie den Patienten, welche Stellen noch schmerzen oder sich unangenehm anfühlen. Scannen Sie erneut und fahren Sie fort, zu reinigen und zu energetisieren. Bei richtig ausgeführter, gründlicher Behandlung wird der Patient sofort zumindest eine teilweise

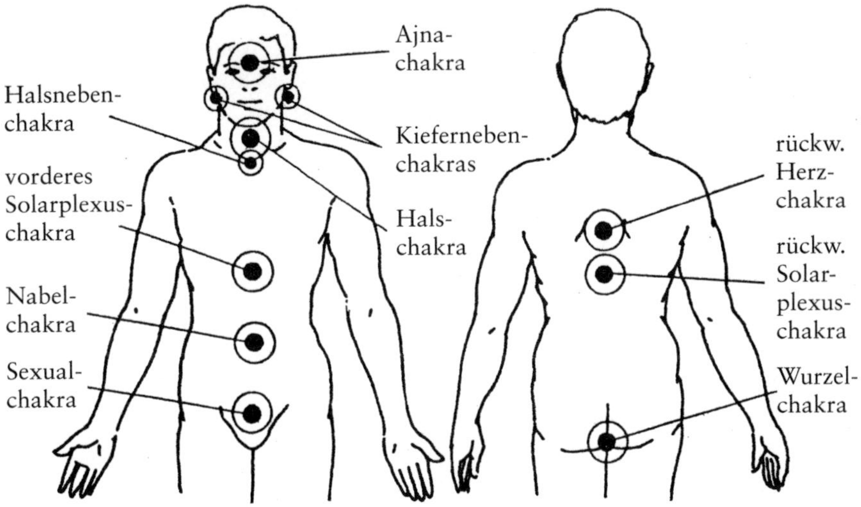

Pranabehandlung bei Herzerkrankungen

Linderung verspüren. Eine wesentliche Besserung kann ebenfalls sofort eintreten, aber auch Stunden oder Tage in Anspruch nehmen. Bei Pranamangel am Herzen sollte Ihr Hauptaugenmerk auf der Energetisierung liegen, auch wenn die gründliche Reinigung natürlich sehr wichtig ist.

Reinigen Sie die Leber und das Solarplexuschakra, das Sie anschließend auch energetisieren. Besonderes Gewicht sollte jedoch auf der gründlichen Reinigung liegen.

Besteht im vorderen Herzchakra und im vorderen Solarplexuschakra eine starke Pranastauung, dann wenden Sie gründliches örtliches Sweeping an. Es kann fünf bis zehn Minuten dauern, die gestaute, kranke Energie völlig zu entfernen. Im allgemeinen verspürt der Patient sofort nach der örtlichen Reinigung eine Linderung der Beschwerden. Energetisieren Sie das Herz durch das rückwärtige Herzchakra, und fahren Sie fort, es zu reinigen. Energetisieren Sie das Solarplexuschakra, und reinigen Sie auch hier weiter.

Die letzten vier Schritte sind sehr wichtig und sollten genau befolgt werden.

Wenden Sie örtliches Sweeping und Energetisierung am Nabel-, Sexual- und Wurzelchakra an. Dadurch wird der Körper gekräftigt und die Heilung des Herzens weiter beschleunigt. Richten Sie Ihr Hauptaugenmerk auf das Wurzelchakra, da es das Knochen- und Muskelsystem kontrolliert und energetisiert. Die Grundsubstanz des Herzens besteht aus Muskeln. Durch eine gründliche Reinigung und Energetisierung des Wurzelchakras kann sich das Herz leichter erholen.

In einigen Fällen ist das Halschakra betroffen, vor allem, wenn der Patient unter Herzrhythmusstörungen leidet. Reinigen Sie in diesem Fall das Halschakra gründlich und energetisieren Sie es zusammen mit dem Halsnebenchakra und den Kiefernebenchakras.

Das Ajnachakra ist das ausführende oder Meisterchakra. Reinigen und energetisieren Sie es, um das ordnungsgemäße Funktionieren der anderen Chakras zu unterstützen und den Heilungsprozeß zu beschleunigen.

Stabilisieren Sie die übertragene Pranaenergie.

In den meisten Fällen dauert die Behandlung zwischen einigen Minuten bis zu etwa einer halben Stunde. Die Behandlung sollte dreimal wöchentlich erfolgen. Patienten in kritischem Zustand können in den ersten Tagen zwei- bis dreimal täglich behandelt werden. Es gibt keine festen Regeln dafür. Gebrauchen Sie Ihr eigenes Urteilsvermögen.

Um einen Patienten zu heilen und seinen Zustand zu normalisieren, kann ein Zeitraum von einigen Wochen bis zu etwa zwei Monaten erforderlich sein. Wie lange es bis zur Genesung dauert, hängt von der Schwere der Erkrankung, von der Mitarbeit des Patienten, der Häufigkeit der Pranabehandlungen und anderen entscheidenden Faktoren ab.

Hoher Cholesterinspiegel

Der Cholesterinspiegel des Körpers wird durch das Solarplexuschakra und die Leber reguliert. Beide müssen daher behandelt werden.

Reinigen Sie gründlich etwa fünfzigmal mit örtlichem Sweeping das vordere und das rückwärtige Solarplexuschakra.

Reinigen Sie ebenso die Leber je fünfzigmal von vorn, von der Seite und von hinten.

Energetisieren Sie das Solarplexuschakra.

Reinigen Sie das vordere und das rückwärtige Herzchakra, anschließend energetisieren Sie das rückwärtige Herzchakra.

Reinigen und energetisieren Sie das Ajna-, Hals- und Halsnebenchakra sowie die Kiefernebenchakras.

Stabilisieren Sie die übertragene Pranaenergie.

Wiederholen Sie die Behandlung dreimal wöchentlich so lange wie nötig.

Streß und negative Emotionen können eine Störung des Solarplexuschakras und der Leber hervorrufen. Daher ist es ratsam, daß der Patient lernt, sich zu entspannen und einfache Meditationen auszuführen.

Bluthochdruck

Bluthochdruck entsteht durch die Überaktivität des Meng-Mein-Chakras, das in diesem Fall ganz grau aussieht. Verschiedene Faktoren können hierfür verantwortlich sein, beispielsweise eine falsche Ernährung, Arzneimittel und Drogen, eine Fehlfunktion der Nieren, emotionale Faktoren sowie unsachgemäß ausgeführte Yoga- oder Ch'i-Kung-Übungen. Wenn jemand sehr ärgerlich und gereizt ist oder unter starkem Streß steht, ist sein Solarplexuschakra überaktiviert. Dadurch kann auch das Meng-Mein-Chakra überaktiviert reagieren und zu Bluthochdruck führen. Denn das Meng-Mein-Chakra reguliert den Bluthochdruck, wie bereits ausgeführt. Auch das Wurzelchakra, das in diesen Fällen normalerweise grau und verschmutzt ist, muß behandelt werden. Das Solarplexus-, das Meng-Mein- und das Wurzelchakra sollten nicht energetisiert werden, da sich der Zustand des Patienten sonst unter Umständen verschlechtern könnte.

Vom Wurzelchakra fließt zuviel Pranaenergie zum Kopf und verursacht erhebliche Schmerzen in diesem Bereich. Vor allem der Hinterkopf ist mit verschmutzter Energie angefüllt und muß gründlich gereinigt werden.

Wenden Sie mindestens dreimal allgemeines Sweeping an.

Um den Blutdruck schnell zu normalisieren, reinigen Sie sorgfältig je etwa hundertmal das vordere und rückwärtige Solarplexuschakra sowie das Meng-Mein-Chakra, bis der Blutdruck sich normalisiert und stabilisiert. Wenn nötig, wiederholen Sie diese Behandlung mehrmals täglich. Bitte beachten Sie: *Das Meng-Mein-Chakra wird nicht energetisiert, weil der Gesundheitszustand des Patienten sich dadurch verschlechtern könnte.* Insbesondere die Behandlung von Bluthochdruck ist wesentlich effektiver mit den Techniken des fortgeschrittenen Pranaheilens (siehe Buch *Die hohe Kunst des Pranaheilens*). Bei einer Fehlfunktion der Nieren reinigen Sie diese durch ein gründliches örtliches Sweeping.

Reinigen Sie das Wurzelchakra, da es gewöhnlich ebenfalls betroffen ist.

Reinigen Sie sorgfältig das Kronenchakra, den Hinterkopf und die Wirbelsäule, um die Beschwerden des Patienten weiter zu lindern.

Wenden Sie sorgfältiges örtliches Sweeping und Energetisierung am Kronen-, Stirn- und Ajnachakra an. Danach fahren Sie fort, den gesamten Kopfbereich zu reinigen

Behandeln Sie das Herz ebenfalls, wenn es mitbetroffen ist.

Stabilisieren Sie die übertragene Pranaenergie.

Weisen Sie den Patienten an, sofort einen Arzt sowie einen bestätigten Pranaheiler aufzusuchen.

Lungenerkrankungen

Die verschiedenen Arten der Lungenerkrankungen (zum Beispiel Lungenentzündung oder Tuberkulose) lassen sich auf die mehr oder weniger gleiche Weise behandeln:

Reinigen Sie den ganzen Körper durch mehrmaliges allgemeines Sweeping. Danach gehen Sie zum örtlichen Sweeping der Lunge (von vorn, von der Seite und von hinten) und des rückwärtigen Herzchakras über. Die Lunge muß von allen Seiten gereinigt werden. Ist auch das vordere Herzchakra angegriffen, muß es ebenfalls gereinigt werden.

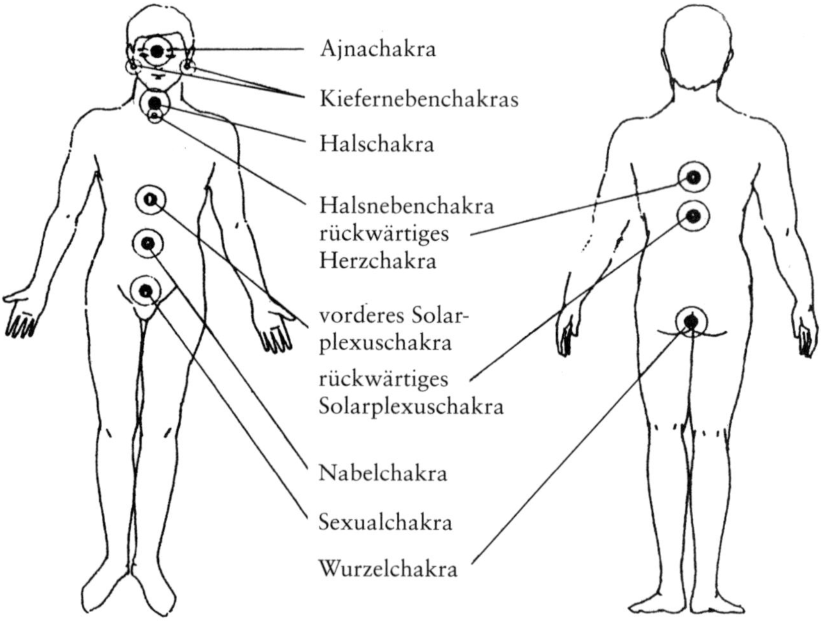

Pranabehandlung bei Erkrankungen der Atemwege

Energetisieren Sie das rückwärtige Herzchakra, und visualisieren Sie, daß Prana in alle Teile der Lunge strömt. Es ist sehr wichtig, daß die Lunge und das rückwärtige Herzchakra sehr stark energetisiert werden. Ist das Herz ebenfalls in Mitleidenschaft gezogen, visualisieren Sie, daß Prana in das Herz und in das vordere Herzchakra fließt. Ist der Hals mit betroffen, muß er ebenfalls behandelt werden. Wenn die Anweisungen genau befolgt werden, spürt der Patient sofort eine Linderung, und die Enge im Bereich des Brustkorbs geht stark zurück.

Manche Lungenpatienten sind sehr geschwächt. Um sie zu kräftigen und den Energiespiegel ihres Körpers anzuheben, reinigen und energetisieren Sie das vordere Solarplexuschakra, das Nabelchakra, die Handchakras und die kleinen Fußsohlenchakras.

Die Pranabehandlung wird bis zur völligen Heilung des Patienten zweimal wöchentlich durchgeführt. Patienten, die unter einem schweren Lungeninfekt leiden und sich in einem kritischen Zustand befinden, behandelt man in den ersten Tagen dreimal täglich.

Asthma

Die Behandlung besteht aus zwei Teilen. Der erste Behandlungsabschnitt hat das Ziel, dem Patienten bei einem Asthmaanfall Linderung zu verschaffen und sein Atemsystem zu kräftigen und zu heilen. Der zweite Teil der Behandlung soll nach und nach die Ursache des Leidens beheben.

Äußere Aura, Gesundheitsaura und innere Aura des Asthmapatienten erscheinen manchmal ganz grau. Es ist deshalb ratsam, mehrmals allgemeines Sweeping durchzuführen.

Sehr wahrscheinlich herrscht ein Pranamangel im Bereich des großen Halschakras und eines zweiten, kleineren Halschakras vor. Dieses untergeordnete kleine Halschakra liegt im unteren, weichen Teil des Halses. Wenden Sie an beiden Chakras örtliches Sweeping an und energetisieren Sie. Der Schwerpunkt der Behandlung liegt auf der Energetisierung.

Reinigen und energetisieren Sie das rückwärtige Herzchakra und die Lunge. Dies geschieht, um die Lunge zu kräftigen. Ist auch das Solarplexuschakra in Mitleidenschaft gezogen, müssen Sie es ebenfalls reinigen und energetisieren. Durch die Behandlung der beiden Halschakras, des hinteren Herzchakras und des Solarplexuschakras wird der Patient sofort Linderung spüren.

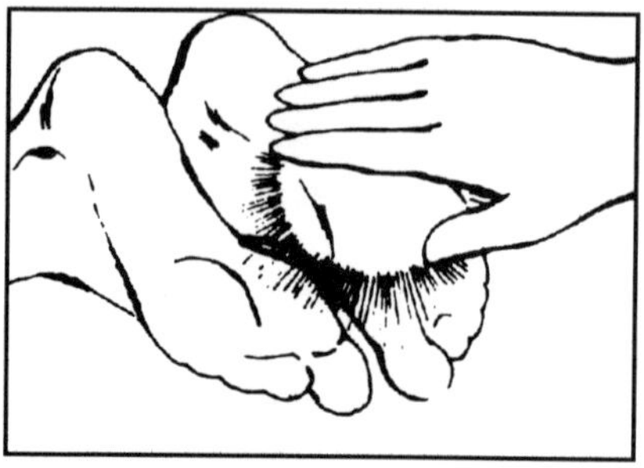

Fußsohlenchakras

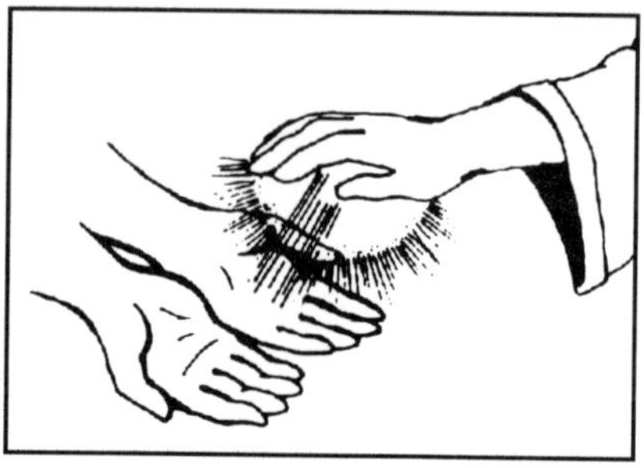

Handchakras

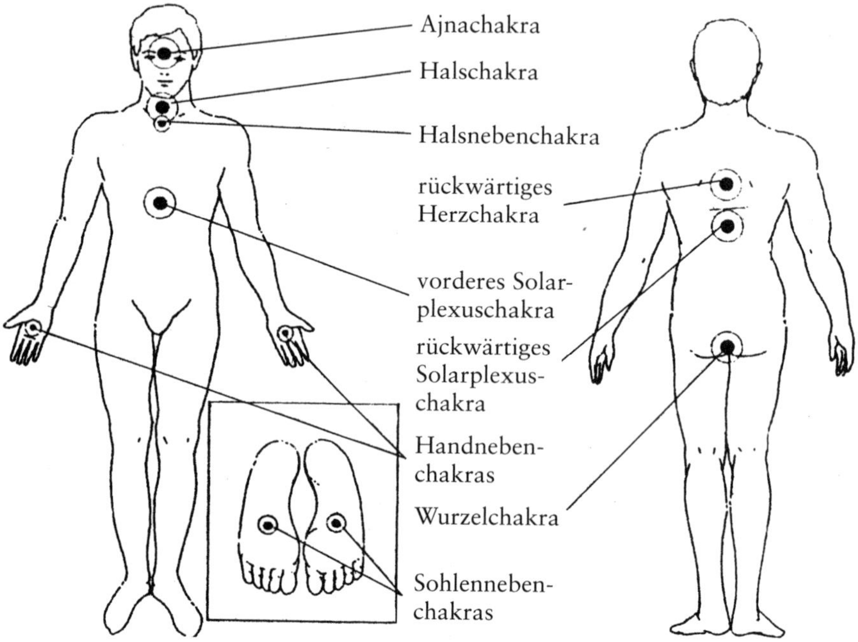

Pranabehandlung bei Asthma

Beim Asthmapatienten arbeiten das Ajnachakra und das Wurzelchakra nicht richtig. Reinigen und energetisieren Sie diese beiden Chakras. Um die Qualität des Blutes zu verbessern, muß das Knochengerüst behandelt werden: Reinigen und energetisieren Sie die Wirbelsäule und die Knochen in den Armen und Beinen. Wenden Sie das örtliche Sweeping an, und übertragen Sie gleichzeitig Energie auf die Wirbelsäule. Wenden Sie örtliches Sweeping an, und visualisieren Sie dabei, daß Ihre Hand in die Knochen der Arme und Beine eindringt. Energetisieren Sie die Knochen in den Armen durch die kleinen Chakras in den Achselhöhlen und durch die Handchakras. Visualisieren Sie, daß Pranaenergie in die Schulterblätter und in die Armknochen fließt. Energetisieren Sie die Beinknochen durch die kleinen Chakras in den Hüften und durch die Fußsohlenchakras. Visualisieren Sie, daß Pranaenergie in die Hüft- und Beinknochen strömt. Dadurch wird die Häufigkeit der Asthmaanfälle deutlich nachlassen und der Patient allmählich von seinem Leiden geheilt.

Führen Sie die gesamte Behandlung zweimal wöchentlich durch, bis der Patient geheilt ist.

Leberleiden

Patienten mit Lebererkrankungen wie Gelbsucht, Hepatitis und Zirrhose leiden unter starkem Pranamangel, und ihre innere Aura, die Gesundheitsaura und die äußere Aura zeigen eine gräuliche Färbung. Hellsichtigen erscheint die Leber dann grau. Ist sie entzündet, wird sie als schmutzig-rot wahrgenommen. Die Leber kann gleichzeitig unter Pranamangel und Pranakongestion leiden, so kann beispielsweise die linke Seite gestaut sein, während die rechte Seite zu wenig Prana aufweist. Im Solarplexuschakra wird ein beträchtlicher Pranamangel herrschen. Patienten mit Lebererkrankungen leiden manchmal unter einem aufgeblähten Leib.

Wenden Sie einige Male allgemeines Sweeping an.

Gehen Sie zu örtlichem Sweeping und örtlicher Energetisierung des Solarplexuschakras und der Leber über. In Bereichen, in denen eine Pranastauung festgestellt wurde, bedarf das örtliche Sweeping besonders sorgfältiger Ausführung. Auch bei Pranamangel sollte die Energetisierung mit Nachdruck betrieben werden.

Um den Energiepegel des Körpers zu erhöhen und das Abwehrsystem zu stärken, reinigen und energetisieren Sie die kleinen Fußsohlenchakras, die Handchakras und das Nabelchakra.

Sind auch Meng-Mein-Chakra und Nieren betroffen, werden sie ebenfalls gereinigt und energetisiert. Das Wurzelchakra sollte jedoch nicht energetisiert werden, weil es dadurch beim Patienten zu einer Pranakongestion im ganzen Körper oder zu Bluthochdruck kommen könnte.

Die Pranabehandlung wird zweimal wöchentlich bis zur vollständigen Heilung durchgeführt.

Magen- und Zwölffingerdarmgeschwür

Überprüfen Sie durch Scanning das vordere Solarplexuschakra und den Oberbauch.

Reinigen und energetisieren Sie das vordere Solarplexuschakra und den betroffenen Bereich.

Führen Sie bis zur vollständigen Heilung die Pranabehandlung zwei- bis dreimal wöchentlich durch.

Nieren- und Blaseninfekte

Führen Sie mehrmals das allgemeine Sweeping durch.

Hat der Infekt die Nieren angegriffen, reinigen Sie das Wurzelchakra, das Meng-Mein-Chakra und die Nieren. Danach energetisieren Sie die Nieren direkt, ohne die Energie durch das Meng-Mein-Chakra zu leiten.

Ist die Blase betroffen, reinigen und energetisieren Sie das Sexualchakra.

Führen Sie die Pranabehandlung bis zur vollständigen Heilung dreimal wöchentlich durch.

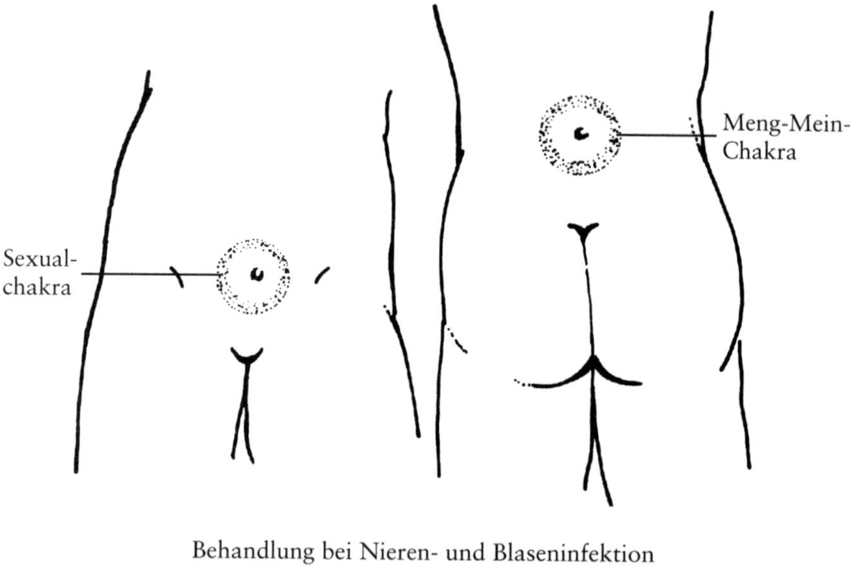

Behandlung bei Nieren- und Blaseninfektion
(Lesen Sie vor der Behandlung gründlich die Anweisungen!)

Bei Babys, Kindern, Schwangeren und sehr alten Menschen dürfen Sie das Meng-Mein-Chakra nicht energetisieren. In solchen Fällen nehmen Sie die Energetisierung der Nieren direkt vor, ohne daß die Energie durch das Meng-Mein-Chakra geleitet wird. Eine zu starke Energetisierung des Meng-Mein-Chakras oder die Energetisierung des Wurzelchakras und des Meng-Mein-Chakras bei Babys, Kindern und sehr alten Menschen kann gefährlichen Bluthochdruck verursachen.

Störungen im Sexualbereich

Auf sexuellem Gebiet gibt es Störungen vieler Art, etwa Impotenz und Unfruchtbarkeit, aber auch Infektionen der Prostata gehören dazu. Bei der Behandlung derartiger Fälle überprüfen Sie zunächst durch Scanning das Sexualchakra, das Nabelchakra und den umliegenden Bereich.

Reinigen und energetisieren Sie das Sexualchakra, das Nabelchakra und den betroffenen Bereich. An den Eierstöcken und an den Hoden befinden sich kleine Chakras. Sind diese betroffen, werden sie ebenfalls gereinigt und energetisiert.

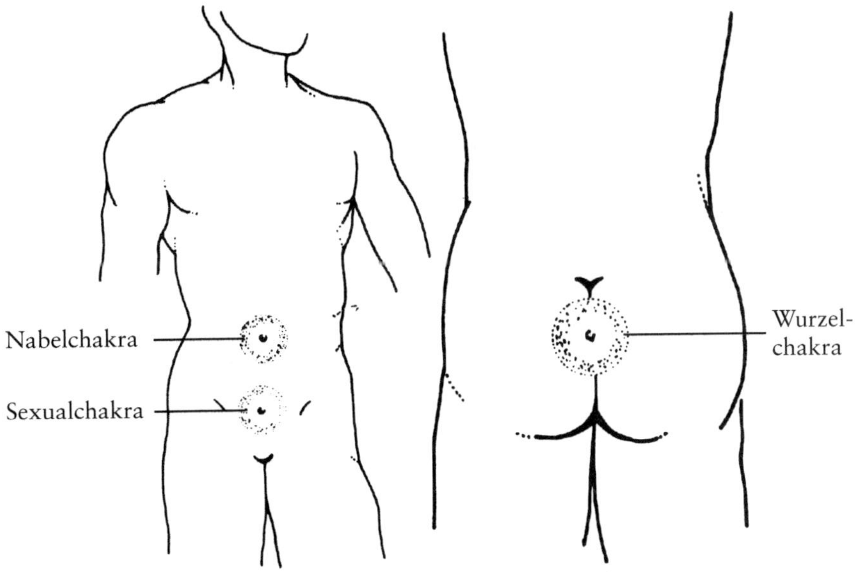

Behandlung bei Störungen im Sexualbereich

Besondere Aufmerksamkeit erfordern Wurzelchakra, Solarplexuschakra, Halschakra und Ajnachakra. Die ungenügende Funktion eines dieser Chakras kann bewirken, daß auch das Sexualchakra nicht richtig arbeitet. Ist also eines der genannten Chakras nicht in Ordnung, sollte man das örtliche Sweeping durchführen und energetisieren.

Wiederholen Sie die Behandlung bis zur vollständigen Heilung zweimal wöchentlich.

Erkrankungen der endokrinen Drüsen

Überprüfen Sie durch Scanning die Hauptchakras.

Führen Sie das örtliche Sweeping und die Energetisierung der ungenügend arbeitenden Chakras durch. Das Ajnachakra sollte in jedem Fall behandelt werden.

Wiederholen Sie die Behandlung bis zur vollständigen Heilung zweimal wöchentlich. Weisen Sie den Patienten an, einen Facharzt aufzusuchen.

Knochenbrüche (gebrochener Finger)

Überprüfen Sie durch Scanning den betroffenen Teil des Körpers und die entsprechenden kleinen Chakras. Es gibt solche kleinen Chakras in den Achselhöhlen, an den Ellbogen sowie an den Händen, Fingern, Hüften, Knien, Sohlen und Zehen.

Führen Sie das örtliche Sweeping und die Energetisierung im Bereich der Verletzung durch. Reinigen und energetisieren Sie das betroffene und/oder die nächstliegenden kleinen Chakras. Ein besonders wichtiger Teil der Behandlung ist die Energetisierung.

Die Brustwarzenchakras beeinflussen die Arme. Sie sitzen an den beiden Brustwarzen. Überprüfen Sie durch Scanning das entsprechende Chakra. Ist es angegriffen, müssen Sie es energetisieren. Durch das Brustwarzenchakra kann Prana besonders leicht in den verletzten Arm geleitet werden.

Der Heilungsprozeß wird beschleunigt, indem man den Pranaenergiespiegel erhöht. Energetisieren Sie das Wurzelchakra, das Nabel- und Solarplexuschakra, die Handchakras und die Fußsohlenchakras.

Um den Heilungsprozeß weiter zu beschleunigen, können Sie die hier im zweiten und dritten Absatz aufgeführten Schritte mehrmals täglich wiederholen.

Kleine Brust

Es kommt vor, daß Frauen mit kleineren Brüsten einen Pranaheiler aufsuchen und um eine Behandlung bitten, die ihre Brüste vergrößern soll. Es ist auffallend, daß Frauen mit größeren Brüsten meist kräftigere oder dichtere Brustdrüsenchakras besitzen, Frauen mit kleinen Brüsten eher schwache Brustdrüsenchakras haben. Eine Kräftigung dieser Chakras kann das Wachstum der Brust fördern.

Schütteres Haar

Es kann jemand ein sehr gesundes Scheitelchakra und Stirnchakra besitzen und dennoch unter Haarausfall oder schütterem Haar leiden. Der Grund dafür ist ein Pranamangel der kleinen Chakras im Bereich der Kopfhaut. Überprüft man den Kopfbereich durch Scanning, wird man feststellen, daß die erste Schicht der inneren Aura im Kopfbereich ganz normal ist, doch das weitere Scanning ergibt, daß die innerste Schicht einen starken Pranamangel aufweist. Hellsichtigen ist dieser Zustand als ein helles Grau oder ein helles Gelbgrau im Bereich der Kopfhaut erkennbar. Wenden Sie die Technik des örtlichen Sweeping an, und energetisieren Sie die ganze Kopfhaut. Die Pranabehandlung sollte zwei- bis dreimal wöchentlich durchgeführt werden. Man kann zur Ergänzung auch andere Behandlungsmethoden anwenden.

Hämorrhoiden

Hämorrhoiden machen sich als Pranakongestion im Bereich des kleinen Anuschakras bemerkbar. Das Solarplexuschakra und das Nabelchakra sind ebenfalls zum Teil mitbetroffen. Das kleine Anuschakra liegt zwischen dem Wurzelchakra und dem After, und zwar ein wenig oberhalb des Afters. Hellsichtige nehmen es als trübes Rot wahr. Wenden Sie örtliches Sweeping und Energetisierung der Afterregion an. Der Schwerpunkt der Behandlung liegt beim Sweeping. Reinigen und energetisieren Sie das vordere Solarplexuschakra und das Nabelchakra. Visualisieren Sie, daß das Prana den Dickdarm reinigt und energetisiert. Visualisieren Sie weiter, daß das Prana den Körper durch den After verläßt und dabei das kleine Anuschakra reinigt. Die Behandlung des Solarplexuschakras und des Nabelchakras ist sehr wichtig, da Dickdarm und After von diesen beiden großen Chakras kontrolliert und energetisiert werden.

Der Patient kann auch kaltes Wasser benutzen, um die kranke bioplasmatische Materie aus dem betroffenen Körperteil zu entfernen. Er braucht nichts anderes zu tun, als dabei seine Willenskraft oder Absicht zu aktivieren. Sie bewirkt, daß das kalte Wasser die kranke Materie aufnimmt. Vom Patienten muß eine angemessene Hygiene erwartet werden können.

Chronische Blinddarmentzündung

Reinigen und energetisieren Sie das vordere Solarplexuschakra, das Nabelchakra und den Blinddarm. Gewöhnlich verspürt der Patient sofort eine Linderung seiner Beschwerden.

Wiederholen Sie die Behandlung an jedem zweiten Tag einmal.

Sinusitis (Stirn- und Nebenhöhlenentzündung)

Reinigen und energetisieren Sie das Stirnchakra, das Ajnachakra und die Nasenwurzel. Besondere Beachtung erfordert das Ajnachakra.

Reinigen und energetisieren Sie die beiden kleinen Chakras am rechten und linken Nasenloch. Diese kleinen Chakras sitzen unten an der Nasenöffnung.

Wiederholen Sie die Behandlung zweimal wöchentlich.

Verlust des Geruchssinns

Führen Sie die gleiche Behandlung wie bei Sinusitis durch.

Überprüfen Sie die Ohrenchakras und das kleine Chakra am Hinterkopf. Sind diese Chakras angegriffen, werden sie gereinigt und energetisiert. Wahrscheinlich tritt schon nach der ersten Behandlung eine merkliche Besserung ein.

Wiederholen Sie die Behandlung zweimal wöchentlich.

Häufiger Harndrang (bei Kindern Bettnässen)

Überprüfen Sie gründlich den ganzen Körper des Patienten durch Scanning.

Führen Sie das örtliche Sweeping und die Energetisierung des Sexual-, des Wurzel-, des Nabel- und des Solarplexuschakras durch.

Solange es erforderlich scheint, nehmen Sie die Behandlung zweimal in der Woche vor.

Vergrößerung der Prostatadrüse

Wenden Sie die Behandlungsmethode wie unter »Häufiger Harndrang« an. Führen Sie die Behandlung dreimal wöchentlich durch, solange es notwendig ist. Weisen Sie den Patienten an, während der Dauer der Behandlung sexuelle Abstinenz einzuhalten.

Arthritis und Rheumatismus

In leichteren Fällen führen Sie einfach ein gründliches Sweeping und die Energetisierung des betroffenen Bereichs durch. Wiederholen Sie die Behandlung mehrmals. Manchmal tritt fast augenblicklich eine Linderung der Beschwerden ein.

Schwere Arthritis

Führen Sie das allgemeine Sweeping durch, danach ein sehr gründliches örtliches Sweeping und die Energetisierung des betroffenen Bereichs.

Nehmen Sie ein gründliches Sweeping im Bereich der Leber, des Unter- und des Oberbauchs vor.

Führen Sie örtliches Sweeping und die Energetisierung des Wurzel-, Nabel-, Milz- und Solarplexuschakras durch. Es ist besonders wichtig, daß das Wurzelchakra gründlich energetisiert wird, da es das Skelett und das Muskelsystem des Körpers unter Kontrolle hat. Leidet der Patient unter Bluthochdruck, dürfen Sie das Milzchakra nicht energetisieren.

Macht sich das Leiden im Arm bemerkbar, dann muß der gesamte Arm gereinigt werden. Die Hand, der Ellbogen und die kleinen Chakras in den Achselhöhlen werden energetisiert.

Zeigt sich das Leiden im Bereich des Beins, wird das ganze Bein gereinigt und energetisiert.

Wiederholen Sie die Behandlung, solange es erforderlich ist, etwa zwei- bis dreimal pro Woche.

Arthrose

Scannen Sie den Patienten gründlich.

Wenden Sie zwei- bis dreimal allgemeines Sweeping an.

Reinigen Sie den betroffenen Bereich durch ein gründliches örtliches Sweeping, und energetisieren Sie ihn so lange, bis der Patient zumindest eine merkliche Linderung verspürt.

Liegt der Schmerz im vorderen Kniebereich, muß nicht nur die Vorderseite des Knies, sondern auch dessen Rückseite gereinigt und energetisiert werden, weil hier das völlig verschmutzte Knienebenchakra liegt.

Liegt der Schmerz im Ellbogenbereich, muß nicht nur die Vorderseite des Ellbogens, sondern auch dessen Rückseite gereinigt und energetisiert werden, weil hier das völlig verschmutzte Ellbogennebenchakra liegt.

Liegt der Schmerz im Hüftbereich, muß wegen des dort sitzenden Hüftnebenchakras auch die Seite der Hüfte mitbehandelt werden.

Liegt der Schmerz im Schulterbereich, muß wegen des dort befindlichen Nebenchakras auch die Achselhöhle mitbehandelt werden.

Liegt der Schmerz im Beinbereich, führen Sie eine gründliche Reinigung am gesamten Bein durch. Anschließend reinigen und energetisieren Sie die Nebenchakras am Perineum, an der Hüfte, am Knie und unter der Fußsohle. Manchmal können die Schmerzen auch an den Zehen oder am Fußknöchel auftreten, obwohl der Grund hierfür das völlig verschmutzte, aber nicht schmerzende Hüft- beziehungsweise Knienebenchakra ist.

Liegt der Schmerz im Armbereich, führen Sie eine gründliche Reinigung am gesamten Arm durch. Anschließend reinigen und energetisieren Sie die Nebenchakras in der Achselhöhle, am Ellbogen und an der Hand. Manchmal können die Schmerzen an den Fingergelenken oder am Handgelenk auftreten, obwohl der Grund hierfür im Achselhöhlen- und Ellbogennebenchakra liegen kann, die vielleicht völlig verschmutzt sind, ohne zu schmerzen.

Führen Sie eine gründliche Reinigung der Wirbelsäule durch.

Reinigen und energetisieren Sie das Solarplexus- und Nabelchakra sowie das Sexual- und Wurzelchakra. Diese Chakras leiden gewöhnlich unter einem völligen Energiemangel. Legen Sie das Hauptgewicht der Behandlung auf das Wurzelchakra, da dieses das Skelett- und Muskelsystem kontrolliert und energetisiert.

Vergewissern Sie sich, daß Sie die übertragene Pranaenergie stabilisieren.

Wiederholen Sie die Behandlung dreimal pro Woche über etwa zwei Monate hinweg oder so lange wie nötig.

Gicht

Nehmen Sie zwei- oder dreimal allgemeines Sweeping vor.

Reinigen und energetisieren Sie abwechselnd den betroffenen Körperteil, bis er deutlich weniger schmerzt. Der Patient kann jedoch eine heftige Reaktion zeigen und stärkere Schmerzen empfinden, wenn Sie nicht gründlich genug gereinigt haben.

Führen Sie ein gründliches örtliches Sweeping am oberen und unteren Bauchbereich durch.

Reinigen und energetisieren Sie das Wurzel-, Nabel- und Solarplexuschakra. Diese Chakras sind stark verschmutzt und müssen gekräftigt werden. Auch der Ausscheidungstrakt im Darm muß gestärkt werden.

Führen Sie örtliches Sweeping und Energetisierung an der linken und rechten Niere durch, um die Nieren zu kräftigen. Energetisieren Sie jedoch nicht das Meng-Mein-Chakra.

Falls der Patient über leichte Kopfschmerzen klagt, nachdem Sie die Nieren energetisiert haben, so ist das Meng-Mein-Chakra teilweise mitaktiviert worden und der Blutdruck hat sich erhöht. In diesen Fall reinigen Sie die Nieren und das Meng-Mein-Chakra erneut.

Stabilisieren Sie die übertragene Pranaenergie.

Weisen Sie den Patienten an, auf seine Ernährung zu achten.

Die Behandlung kann in den kommenden Tagen zweimal täglich wiederholt werden.

Um die Möglichkeit eines Rückfalls weitgehend auszuschließen, müssen das Wurzel-, Nabel- und Solarplexuschakra etwa zwei Monate lang gereinigt und energetisiert werden.

Gelenkrheumatismus (Chronischer Rheumatismus)

Nehmen Sie drei- oder viermal allgemeines Sweeping vor.

Reinigen und energetisieren Sie abwechselnd den betroffenen Körperteil, bis der Patient eine teilweise Linderung verspürt. Das kann zwanzig bis dreißig Minuten dauern.

Bei Schmerzen im Arm reinigen Sie den gesamten Arm. Die Hand-, Ellbogen- und Achselhöhlennebenchakras müssen gereinigt und energetisiert werden.

Bei Schmerzen im Bein reinigen Sie das gesamte Bein. Die Nebenchakras am Perineum, an der Hüfte, am Knie und unter der Fußsohle müssen gereinigt und energetisiert werden.

Reinigen Sie die Wirbelsäule durch ein gründliches örtliches Sweeping, da sie gewöhnlich völlig verschmutzt ist.

Vom Standpunkt der Pranaheilung aus gesehen, wird die degenerative Arthritis durch eine Fehlfunktion des Wurzel- und Solarplexuschakras, der Leber und des Milzchakras hervorgerufen. Auch das Nabelchakra ist teilweise betroffen. Negative Emotionen beeinträchtigen auf die

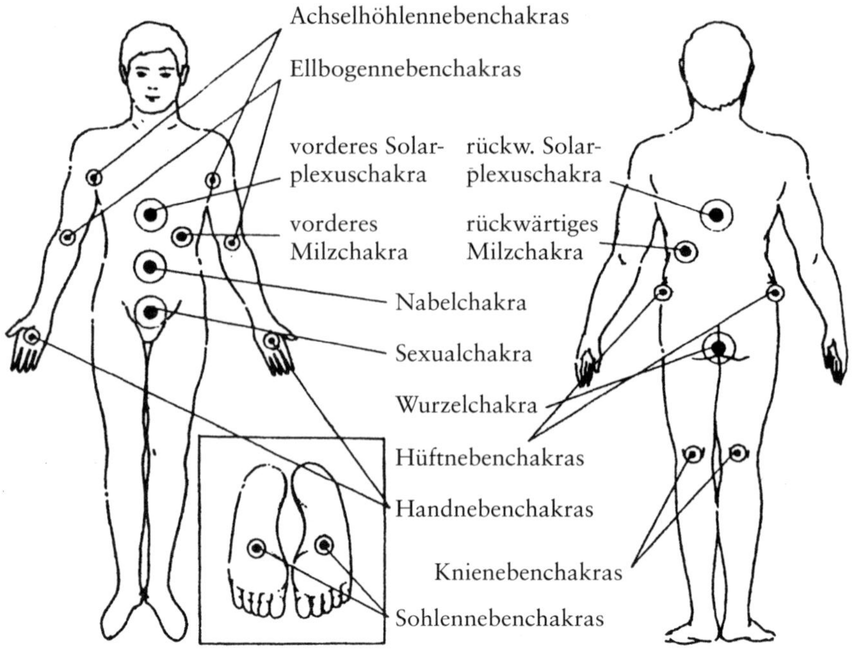

Pranabehandlung bei Gelenkrheumatismus

Dauer das Solarplexuschakra und die Leber. Der Patient sollte daher möglichst jede Form von negativen Gefühlen vermeiden.

Reinigen Sie gründlich die Leber vorne, von der Seite und hinten. Anschließend reinigen Sie das vordere und rückwärtige Solarplexuschakra. Dann energetisieren Sie das vordere Solarplexuschakra.

Reinigen und energetisieren Sie gründlich das Wurzel-, Sexual-, Nabel- und Milzchakra. Leidet der Patient unter Bluthochdruck oder neigt er dazu, energetisieren Sie das Milzchakra nur wenig, um ein Ansteigen des Blutdrucks zu vermeiden.

Stabilisieren Sie die übertragene Pranaenergie.

Behandeln Sie die betroffenen Körperteile drei- bis viermal pro Tag, bis eine wesentliche Linderung der Schmerzen eingetreten ist.

Wiederholen Sie die gesamte Behandlung dreimal wöchentlich etwa zwei bis drei Monate lang oder so lange wie nötig.

Wirbelsäulenverkrümmung (Skoliose)

Bei Patienten mit einer Wirbelsäulenverkrümmung leidet gewöhnlich das Wurzelchakra unter Pranamangel, das Solarplexuschakra unter einem Pranastau.

Führen Sie dreimal ein allgemeines Sweeping durch.

Reinigen Sie die Wirbelsäule gründlich durch ein örtliches Sweeping.

Aufgrund der Verunreinigung und Stauung im Solarplexuschakra kann die Pranaenergie vom Wurzelchakra nicht frei zur Wirbelsäule fließen. Nehmen Sie eine gründliche Reinigung und Energetisierung des vorderen und rückwärtigen Solarplexuschakras vor.

Scannen Sie das vordere und rückwärtige Solarplexuschakra erneut, und stellen Sie fest, ob es noch gestaut ist. Falls nötig, reinigen Sie es weiterhin durch örtliches Sweeping.

Reinigen und energetisieren Sie das Wurzelchakra gründlich.

Reinigen und energetisieren Sie das Nabel- und Sexualchakra ebenfalls gründlich.

Reinigen und energetisieren Sie auch die betroffenen Körperbereiche.

Wiederholen Sie die Behandlung dreimal wöchentlich so lange wie nötig.

Raten Sie dem Patienten, so regelmäßig wie möglich zu schwimmen. Schwimmen hat therapeutische Auswirkungen auf die Wirbelsäule.

Lähmung aufgrund eines Schlaganfalls

Scannen Sie den Patienten gründlich.

Wenden Sie dreimal allgemeines Sweeping an.

Reinigen und energetisieren Sie den Kopf, wobei der betroffene Bereich sowie das Ajna-, Stirn-, Kronen- und Hinterkopfchakra besonders wichtig sind. Vor der Energetisierung sollten Sie sehr gründlich gereinigt haben, um ein Unwohlsein oder Schmerzen des Patienten zu vermeiden.

Reinigen Sie die gesamte Wirbelsäule. Falls die rechte Seite betroffen ist, energetisieren Sie die rechte Seite der Wirbelsäule sehr gründlich, da sie erschöpft ist, und behandeln umgekehrt die linke Körperseite, wenn diese betroffen ist.

Falls der Blutdruck stabil ist, reinigen und energetisieren Sie das Wurzelchakra, um den Körper zu stärken und den Heilungsprozeß zu beschleunigen. Energetisieren Sie das Wurzelchakra nicht bei erhöhtem oder instabilem Blutdruck, um diesen Zustand nicht zu verschlimmern.

Reinigen Sie den betroffenen Arm durch gründliches örtliches Sweeping. Dann reinigen und energetisieren Sie die Nebenchakras in der Achselhöhle, am Ellbogen und an der Hand.

Sind auch die Finger in Mitleidenschaft gezogen, reinigen und energetisieren Sie auch diese.

Reinigen Sie das betroffene Bein ebenfalls durch gründliches örtliches Sweeping. Anschließend reinigen und energetisieren Sie die Nebenchakras an der Hüfte, am Knie und unter der Fußsohle.

Ist der Hals betroffen, reinigen und energetisieren Sie das Hals- und Halsnebenchakra sowie die Kiefernebenchakras.

Wiederholen Sie die Behandlung dreimal wöchentlich so lange wie nötig.

Wichtig für den Patienten ist eine regelmäßige Physiotherapie.

Frauen in der Schwangerschaft

Schwangere dürfen nur langsam und vorsichtig energetisiert werden; dies gilt insbesondere für das Nabel-, Sexual- und das Wurzelchakra, denn eine intensive Energetisierung eines dieser drei Chakras kann drastische negative Auswirkungen auf das ungeborene Kind haben. Das Meng-Mein-Chakra einer Schwangeren sollte überhaupt nicht energetisiert werden, weil es durch eine zu starke Energetisierung dieses Chakras zur Fehl- oder Totgeburt des Kindes kommen kann.

Behandlung von Schwangeren bei Schwierigkeiten während der Entbindung:

Nehmen Sie etwa viermal das Sweeping des Meng-Mein-Chakras und des Wurzelchakras vor. Energetisieren Sie aber das Meng-Mein-Chakra nicht, denn dadurch könnte das ungeborene Kind beeinflußt werden.

Nach einem sehr sanften Sweeping energetisieren Sie das Nabelchakra. Das erleichtert die Wehentätigkeit und die Entbindung.

Zur Linderung der Schmerzen führen Sie wieder ganz sanft das Sweeping durch und energetisieren das Sexualchakra.

Zur leichteren und schnelleren Wiederherstellung nach der Entbindung ist folgende Behandlung geeignet:

Führen Sie allgemeines Sweeping durch.

Nehmen Sie das örtliche Sweeping und die Energetisierung des Wurzel-, Sexual-, Nabel- und Solarplexuschakras vor.

Behandeln Sie etwa fünf Tage lang zweimal täglich. Nach zwei bis drei Tagen sollte sich bei der Patientin eine wesentliche Besserung zeigen.

Verhütung einer Fehlgeburt:

Bei Frauen, die zu Fehlgeburten neigen, zeigt sich ein Pranamangel im Sexualchakra und im Wurzelchakra. Auch das Nabelchakra leidet teilweise unter Pranamangel. Die folgende Behandlungstechnik ist für Patientinnen gedacht, die nicht schwanger sind, bei denen jedoch eine Neigung zu Fehlgeburten besteht:

Nehmen Sie das allgemeine Sweeping vor.

Führen Sie örtliches Sweeping und Energetisierung des Sexual-, Wurzel-, Nabel- und Solarplexuschakras durch.

Wiederholen Sie die Behandlung zwei Monate lang zweimal wöchentlich.

Behandlung für Schwangere, bei denen es in der Vergangenheit bereits zu einer Fehlgeburt gekommen ist und bei denen Schmerzen im Bauchbereich auftreten:

Nehmen Sie eine gründliche Überprüfung der Patientin durch Scanning vor.

Wenden Sie ganz sanft das örtliche Sweeping an Nabelchakra, Sexualchakra, Wurzelchakra und im Bauchbereich an.

Energetisieren Sie das Nabelchakra und das Sexualchakra sehr vorsichtig und ganz leicht.

Prä- und postoperative Behandlungen

Bei kleineren Operationen:

Reinigen und energetisieren Sie den Bereich, der operiert werden soll. Dadurch wird es zu einer schwächeren Blutung kommen.

Reinigen und energetisieren Sie das Solarplexus- und Nabelchakra sowie das Sexual- und Wurzelchakra. Auf diese Weise wird der Körper vor der Operation gekräftigt.

Nach der Operation reinigen und energetisieren Sie den operierten Bereich, das Solarplexuschakra, das Nabelchakra sowie das Sexual- und Wurzelchakra. Hierdurch wird der Heilungsprozeß gefördert.

Wiederholen Sie die Behandlung.

Bei größeren Operationen:

Führen Sie mehrmals allgemeines Sweeping durch.

Reinigen und energetisieren Sie das Wurzel-, Sexual-, Nabel- und Solarplexuschakra, um den Körper zu stärken.

Reinigen und energetisieren Sie den Bereich, der operiert werden soll, und das dazugehörige Chakra. Das geschieht zur Kräftigung und um die Blutung möglichst gering zu halten. Auch die Behandlung der Chakras im näheren Umfeld ist hilfreich.

Diese Behandlung kann unmittelbar vor der Operation oder auch schon mehrere Tage oder Wochen davor erfolgen.
Nach der Operation wiederholen Sie diese Behandlung während der folgenden Tage oder Wochen, um den Heilungsprozeß zu unterstützen.

Linderung für Krebspatienten

Der Energiekörper eines Krebspatienten ist verschmutzt und erschöpft, der betroffene Körperteil oder die betroffenen Bereiche dagegen sind stark gestaut. In diesen stark gestauten Bereichen wuchern die Krebszellen. Das schnelle Wachstum der Zellen verbraucht eine Menge Pranaenergie. Die Behandlung verfolgt daher das Ziel, die Schmerzen des Patienten zu lindern und das Streuen und weitere Wachstum der Krebszellen einzudämmen, indem ihnen Pranaenergie entzogen wird.

Wenden Sie fünfmal allgemeines Sweeping an, um den stark verschmutzten Energiekörper des Patienten zu reinigen.

Reinigen Sie durch örtliches Sweeping die betroffenen Bereiche dreihundert- bis fünfhundertmal. Wie bereits ausgeführt, sind sie so stark gestaut, daß nur wenige Sweepingbewegungen nicht ausreichen würden.

Scannen Sie die betroffenen Bereiche erneut. Reinigen Sie weiterhin, wenn es erforderlich ist.

Reinigen Sie dann das vordere und rückwärtige Solarplexuschakra sowie das Meng-Mein- und Wurzelchakra etwa hundertmal oder häufiger durch gründliches örtliches Sweeping. Diese Chakras sind ebenfalls angegriffen und müssen sorgfältig gereinigt werden. Energetisieren Sie sie nicht, da leicht eine Überenergetisierung eintreten und die Wachstumsrate der Krebszellen sich dadurch erhöhen könnte.

Für den Heiler ist es wichtig, sich während der Reinigung regelmäßig die Hände in Salzwasser zu waschen, da die kranke Energie ganz klebrig ist und Juckreiz verursacht. Geschieht das nicht, könnte sich an den Fingern Arthritis entwickeln.

Wiederholen Sie die Behandlung wenigstens einmal täglich so lange wie nötig.

Weisen Sie den Patienten an, Fleisch, Fisch, Eier, Käse und gewürzte Speisen zu vermeiden, die seinen Zustand verschlimmern können. Dieser Punkt ist sehr wichtig. Aus dem gleichen Grund sollte er die Einnahme von Vitamin E, C, A, B12 oder Gelée Royale in großen Mengen vermeiden.

Nachdem Sie den Patienten gründlich gereinigt haben, weisen Sie ihn an, sich mindestens zwanzig Minuten unter einem großen, gesunden Baum oder auf sauberem Erdboden auszuruhen. (Vergewissern Sie sich, daß darunter keine Klärgrube liegt.) Dadurch wird der Patient teilweise energetisiert. Um nicht zuviel Pranaenergie aufzunehmen, was ihm schaden könnte, sollte er das Erden- oder Baumprana nicht zu bewußt, sondern ganz entspannt einziehen.

Meer- oder Salzwasser hat einen sehr guten Reinigungseffekt. Falls der Patient in der Nähe der See lebt, kann er als Alternative zur Pranabehandlung jeden Tag wenigstens zwanzig Minuten lang im Meerwasser schwimmen. Nach dem Bad kann er unter einem schattenspendenden Baum ruhen und Pranaenergie aus der Umgebung aufnehmen. Dabei darf die Sonne nicht zu heiß strahlen, um eine Pranastauung zu vermeiden.

Wenn das Meer zu weit entfernt ist, kann der Patient möglichst täglich etwa fünfzehn bis zwanzig Minuten lang ein Salzwasserbad nehmen. Etwas Lavendelöl kann dem Salzwasser hinzugefügt werden, da es dazu beiträgt, die betroffenen Chakras zu reinigen und zu normalisieren. Die Wassertemperatur sollte bei neununddreißig bis vierzig Grad gehalten werden. Das ist wichtig, um eine Schwächung des Körpers durch eine zu niedrige Wassertemperatur auszuschließen. Liegt sie dagegen zu hoch, können die Krebszellen schneller streuen.

Ärger oder andere negative Emotionen jeder Art sollten vermieden werden, da sie eine Störung im Solarplexuschakra sowie im Meng-Mein- und Wurzelchakra zur Folge haben können.

Verzögerung des Alterungsprozesses

Sie werden schon bemerkt haben, daß bei älteren Menschen die Wirbelsäule die Tendenz hat, sich nach vorn zu beugen. Auch die Beine werden schwach, und viele tendieren zu Arthritis. Außerdem kann es vorkommen, daß sie bei Zusammenkünften oder Diskussionen einschlafen. Grund hierfür ist der Pranamangel und/oder die Fehlfunktion der Hauptchakras, vor allem des Wurzelchakras, das das Muskel- und Skelettsystem sowie die Wirbelsäule, das Blut und die allgemeine Vitalität eines Menschen kontrolliert und energetisiert. Daher muß das Wurzelchakra ständig behandelt werden.

Die folgende Technik kann regelmäßig angewandt werden, um ältere Menschen zu kräftigen und ihnen mehr Lebensfreude und ein erfüllteres und besseres Leben zu ermöglichen. Gleichzeitig wird dadurch die Anfälligkeit für Arthritis oder Rheumatismus verringert. Diese Behandlung ist auch für jüngere oder Menschen im mittleren Alter geeignet.

Wenden Sie zwei- bis dreimal allgemeines Sweeping an.

Reinigen Sie durch örtliches Sweeping die Leber, die Nieren, das Meng-Mein-Chakra und das Milzchakra. Meng-Mein- und Milzchakra sollten von Pranaheilern der Grund- und Mittelstufe am besten überhaupt nicht energetisiert werden, da eine Überenergetisierung zu ernsthaften Pranastauungen und Bluthochdruck führen könnte.

Reinigen und energetisieren Sie das Wurzel- und Sexualchakra, das Nabelchakra sowie das vordere und rückwärtige Solarplexuschakra.

Reinigen Sie das vordere und rückwärtige Herzchakra. Anschließend energetisieren Sie das rückwärtige Herzchakra.

Reinigen und energetisieren Sie das Halschakra, das Ajna-, Stirn- und Kronenchakra sowie das Hinterkopfchakra.

Stabilisieren Sie die übertragene Pranaenergie.

Wiederholen Sie die Behandlung ein- oder zweimal wöchentlich so lange Sie wollen. Richtig ausgeführt ist sie sehr effektiv.

Diese Behandlung ist nicht für Patienten geeignet, die an einer Geschlechtskrankheit leiden oder gelitten haben, oder für Patienten mit einem Tumor, mit Leukämie oder Bluthochdruck. Die für diese Krankheiten geeigneten Behandlungen werden im Buch *Die hohe Kunst des Pranaheilens* von Choa Kok Sui dargelegt.

Streß oder Anspannung

Streß oder Anspannung wirkt sich als Fehlfunktion des Solarplexuschakras aus. Zum Teil sind die Gesundheitsstrahlen betroffen und werden von Hellsichtigen als wellenförmig statt gerade wahrgenommen. Die äußere Aura ist leicht gräulich gefärbt.

Wenden Sie dreimal allgemeines Sweeping an.

Reinigen Sie das vordere und rückwärtige Solarplexuschakra durch gründliches örtliches Sweeping und energetisieren Sie es. Das Hauptgewicht sollte aber auf der Reinigung liegen. Scannen Sie und setzen Sie die Reinigung fort, wenn das Chakra weiterhin gestaut ist.

Reinigen Sie das vordere und rückwärtige Herzchakra. Energetisieren Sie jedoch nur das rückwärtige Herzchakra.

Reinigen und energetisieren Sie das Kronen-, Ajna- und Halschakra sowie das Wurzelchakra.

Wiederholen Sie die Behandlung mindestens dreimal wöchentlich, in schwierigen Fällen mehrmals täglich, so lange wie nötig.

Was ist zu tun, wenn Sie sich nicht ganz sicher sind?

Bei einfachen oder leichteren Erkrankungen:

Fragen Sie einfach den Patienten nach seinen Beschwerden.

Nehmen Sie etwa zwanzig- bis dreißigmal gründliches Sweeping und die Energetisierung des betroffenen Bereichs vor.

Falls erforderlich, wiederholen Sie die Behandlung.

Bei ernsteren Erkrankungen:

Wenden Sie mehrmals das allgemeine Sweeping an.

Führen Sie örtliches Sweeping aller wichtigen Organe durch.

Nehmen Sie das örtliche Sweeping und die Energetisierung aller Hauptchakras mit Ausnahme des Milz- und des Meng-Mein-Chakras vor. Zur Vermeidung eventueller gravierender Folgen sollte die Anweisung, eine Energetisierung der beiden genannten Chakras zu unterlassen, dringend befolgt werden.

Wiederholen Sie diese Behandlung, die bei vielen verschiedenen Erkrankungen und Leiden hilft, in regelmäßigen Abständen.

Weisen Sie den Patienten an, sofort einen Arzt aufzusuchen.

Das Prinzip der Zeitverzögerung

Das Prinzip der Zeitverzögerung bedeutet, daß der bioplasmatische Körper wesentlich schneller geheilt werden kann als der sichtbare physische Körper. Deshalb wird manchmal ein Patient nicht sofort eine Erleichterung oder Heilung verspüren, da der sichtbare physische Körper sich langsamer regeneriert als der bioplasmatische Körper. Vielleicht wird ein Patient nur eine sehr geringe Erleichterung unmittelbar nach der Pranabehandlung feststellen, obwohl beispielsweise die Herzgegend gründlich gereinigt und energetisiert wurde und recht hell aussieht. Dennoch wird er wahrscheinlich nach einigen Stunden oder ein bis zwei Tagen eine beträchtliche Erleichterung und Verbesserung erfahren. Diese Zeitverzögerung in der Heilung kommt besonders bei sehr schweren Fällen vor. Das Ausmaß der zeitlichen Verzögerung hängt vom Alter und der körperlichen Konstitution des Patienten ab und davon, ob organische Schädigungen vorliegen und wie groß diese sind.

Wie lange es dauert, einen Patienten vollkommen zu heilen, hängt von ganz verschiedenen Faktoren ab. Für die Mittelstufe der Pranaheilmethode gilt, daß bei leichteren Erkrankungen im allgemeinen mit einem Behandlungszeitraum zwischen einigen Minuten und einigen Tagen zu rechnen ist. Bei chronischen oder ernsteren Leiden sind meist einige Tage oder mehrere Monate intensiver Behandlung erforderlich. In manchen Fällen kommt es aber auch zu spontanen oder »Wunder-«heilungen, in anderen wiederum ist es nicht möglich, dem Patienten zu helfen.

Weshalb manche Patienten nicht geheilt werden

Werden die Anweisungen für eine Durchführung der Pranaheilmethode gewissenhaft befolgt, so dürfte es eigentlich nicht dazu kommen, daß Schmerzen und Symptome gleich nach der Behandlung wieder auftreten oder der Patient auch nach fortgesetzter Behandlung nicht gesund wird. Ist dies der Fall, könnte es – wie bereits weiter oben an verschiedenen Stellen beschrieben – sein, daß die Behandlung nicht richtig durchgeführt wurde. Das kann an folgenden Fehlern oder Unachtsamkeiten liegen: Das örtliche Sweeping wurde nicht angewendet, die Energetisierung war nicht ausreichend oder findet nicht oft genug statt, die Reinigung des Patienten war ungenügend, das allgemeine Sweeping wurde nicht vorgenommen, eine Stabilisierung des übertragenen Pranas fand nicht statt, oder es lag daran, daß kein »bioplasmatischer Müllschlucker« benutzt wurde.

Die Wichtigkeit der einzelnen Punkte sollte dem Anwender bewußt sein; ist dies nicht so, wäre es angebracht, die einzelnen Kapitel noch einmal nachzulesen.

Es kann auch sein, daß durch unzureichendes oder unrichtiges Scanning die Zusammenhänge des Leidens nicht erkannt wurden und die Behandlung daher auf den Körperteil beschränkt blieb, an dem die Symptome auftraten. Sind beispielsweise Schwierigkeiten beim Armheben nicht als durch Pranakongestion im Bereich des Herz-, Solarplexus- oder Meng-Mein-Chakras hervorgerufenes Leiden erkannt worden, so kann die aufgrund unsachgemäßer Diagnose durchgeführte Behandlung des Arms nur kurze zeitliche Linderung verschaffen.

Manchmal ist es auch so, daß der Patient gar nicht gesund werden will oder daß er ständig an seine Krankheit denkt – und auf diese Weise die kranke bioplasmatische Materie immer wieder in seinen Körper einzieht.

Bestimmte Leiden erfordern auch spezielle Behandlungsweisen. Das ist etwa der Fall bei Erkrankungen, die auf Mangelernährung oder falsche Diät zurückzuführen sind.

Vielleicht ist der Patient ja auch einfach zu alt, zu schwach und zu hinfällig, als daß er geheilt werden könnte. Aus bestimmten, noch ungeklärten Gründen können manchmal betagte Patienten einen großen Teil des übertragenen Pranas nicht bei sich behalten. Das heißt jedoch nicht, daß man sehr alte und gebrechliche Patienten abweisen sollte. Ganz im Gegenteil, man muß ihnen die angemessene Aufmerksamkeit schenken und die Behandlung vornehmen.

Schließlich ist es auch möglich, daß das Leiden karmischen Ursprungs und die richtige Zeit für eine vollständige Heilung noch nicht gekommen ist oder der Patient seine Lektion noch nicht gelernt hat, die die Erkrankung ihm vermitteln sollte. (Hilfreich in diesem Zusammenhang könnte die Literatur über und von Edgar Cayce zum Thema Karma und Krankheit sein.)

Gesundheitsprobleme, die beim Heiler auftreten können

Manche Heiler spüren nach einer Behandlung diverse Schmerzen in den Fingergelenken, Händen oder Armen (oder empfinden genau die Symptome und Schmerzen ihrer Patienten). Das ist auf die Absorption verschmutzter bioplasmatischer Materie zurückzuführen. Es kann vermieden werden, wenn man sich nach jedem allgemeinen oder örtlichen Sweeping und nach jeder Energetisierung sofort Hände und Arme wäscht. Tut man dies nicht, kommt es im Laufe der Zeit immer wieder zur Absorption kranker Materie; das kann Arthritis in den Fingern zur Folge haben. Wird bei der Behandlung der Patienten kein »bioplasmatischer Müllschlucker« zur Beseitigung des verschmutzten Abfalls benutzt, kann es sein, daß etwas von der kranken Materie aus der Umgebung durch die Füße aufgenommen wird. Es ist ratsam, zu duschen und den ganzen Körper zu reinigen, nachdem man im Verlauf eines Tages viele Patienten behandelt hat. Der Heiler sollte den ganzen Körper mit Salzwasser abwaschen. Dies hat eine reinigende Wirkung, und der Heiler wird am ganzen Leib ein Gefühl der Erleichterung spüren.

Zur Ansteckung kann es kommen, wenn der Heiler einen Patienten mit einer Infektionskrankheit behandelt hat. Das ist zu vermeiden, indem man keine Heilung ausführt, wenn man selbst erschöpft und niedergeschlagen ist oder wenn man einen emotionalen Ausbruch, heftigen Zorn oder Ärger erlebt hat. Negative Emotionen dieser Art verursachen einen zeitweiligen Pranamangel. Die Gesundheitsstrahlen werden dann schlaff, es entstehen Löcher in der äußeren Aura, und der Körper wird insgesamt anfälliger für Infektionskrankheiten. Es ist auch ratsam, Hände und Arme mit einer keimtötenden Seife abzuwaschen. Das geschieht nicht nur zum Schutze des Heilers, sondern es bewahrt auch den nächsten Patienten vor einer möglichen Infektion. Ist der Heiler nach der Behandlung eines oder mehrerer Patienten müde und erschöpft, können dafür mehrere Faktoren verantwortlich sein:

Der Heiler führte die Energetisierung sehr intensiv und sehr schnell durch. Die Menge des ausgestrahlten Pranas ist größer als die Menge des aufgenommenen Pranas, oder die Pranaübertragung geschieht sehr viel schneller als die Aufnahme des frischen Pranas. Das führt zu einem allgemeinen Pranamangel. Ungeduld und Eile sind unbedingt zu vermeiden. Heilen Sie Ihre Patienten langsam und allmählich.

Manche Heiler setzen auch ihre Augen bewußt oder unbewußt zur Energetisierung ihrer Patienten ein, indem sie ihren Blick während der Behandlung intensiv auf den betroffenen Bereich richten. Wird dieses Verfahren häufig und über einen längeren Zeitraum angewandt, kann es zu einer Schädigung der Augen kommen. In manchen Fällen geschieht das sogar schon nach relativ kurzer Zeit.

Es ist auch nicht ratsam, regelmäßig Energie direkt aus einem Hauptchakra in den kranken Körper des Patienten zu übertragen. Die Energetisierung sollte besser mit den Hand- oder Fingerchakras vorgenommen werden, da die Hände und die Finger leichter zu reinigen und auch weniger empfindlich sind.

Manche Heiler besitzen einen sehr hohen Energiepegel. Ihre innere Aura hat eine Stärke von sechzig Zentimetern und mehr und ist dabei überaus dicht. Sie können sehr schnell Prana in ungeheurer Menge absorbieren. Doch so etwas ist außergewöhnlich und nicht die Regel. Es gibt Heiler, die von Geburt an einen solchen hohen Energiepegel besitzen, während andere diesen Zustand erst durch disziplinierte Übung erreichen. Eine bestimmte Lebensweise kann im Laufe der Zeit zu einem sehr hohen Energiepegel führen. Wenn man sich vorwiegend vegetarisch ernährt, auf sexuellem Gebiet Maß hält, ein Leben in emotionalem Gleichgewicht führt, klar, besonnen, aber entschieden ist und sich regelmäßig ausreichend körperlich betätigt (besonders wirksam sind Tai-Ch'i- und Yoga-Übungen), wird man sich auf lange Sicht einer guten Gesundheit und eines hohen Energiepegels erfreuen dürfen.

Beobachtungen Hellsichtiger ergaben, daß Vegetarier gewöhnlich einen besser ausgebildeten bioplasmatischen Körper und eine strahlendere und dichtere innere Aura besitzen. Obgleich es also von Vorteil ist, vegetarisch zu leben, ist es nicht unbedingt erforderlich. Ratsam ist es jedoch, regelmäßig erholsame Ferien zu machen, damit sich der Körper wieder regenerieren kann.

Die Vibrationsgeschwindigkeit des bioplasmatischen Körpers

Das Tempo der Vibration des bioplasmatischen Körpers ist bei jedem Menschen anders. Es kann höher oder geringer sein. Weist der bioplasmatische Körper des Heilers eine höhere Vibrationsgeschwindigkeit auf als der seines Patienten, dann fühlt sich der Patient ganz leicht. Er spürt ein angenehmes Gefühl, das ziemlich schwer zu beschreiben ist. Wenn der bioplasmatische Körper des Heilers aber eine wesentlich geringere Vibrationsgeschwindigkeit aufweist als der des Patienten, löst das beim Patienten ein Gefühl der Schwere und des Unbehagens aus. Er wird manchmal sogar Schmerzen empfinden. Im allgemeinen ist der bioplasmatische Körper des Heilers aber von feinerer Beschaffenheit als der des Patienten.

Starke Raucher besitzen einen eher derberen bioplasmatischen Körper. Der bioplasmatische Körper eines starken Rauchers ist voller schmutzigbrauner Flecken. Diese bräunliche Materie verstopft teilweise die Nadis oder Meridiane und hat deshalb negative Auswirkungen auf die Gesundheit des Rauchers. Die braunen Flecken befinden sich nicht nur im Bereich der Lunge, sondern auch an anderen Stellen des bioplasmatischen Körpers. Sie verursachen deshalb nicht nur Lungenleiden, sondern auch andere Erkrankungen. Wenn ein Heiler mit einem feiner ausgebildeten bioplasmatischen Körper von einem starken Raucher verunreinigt wird, treten bei ihm ein klebriges Gefühl, Druck und Schmerzen an der Stelle auf, die berührt wurde. Es ist sehr wichtig, daß der Heiler Nichtraucher ist oder daß er das Rauchen aufgibt, sonst könnte es vorkommen, daß es einem Patienten nach der Behandlung nicht besser, sondern noch schlechter geht, besonders wenn ein sehr empfindlicher Bereich behandelt wird. Um diese Zusammenhänge voll und ganz zu begreifen, bitten Sie einmal einen starken Raucher, Ihren Arm zu energetisieren, und beobachten Sie, was dann geschieht.

Es soll keineswegs ein moralisches Urteil über die Raucher gefällt, sondern nur darauf hingewiesen werden, daß das Rauchen negative Auswirkungen auf den Körper hat und daß ein Pranaheiler wegen möglicher schädlicher Einflüsse auf den Patienten nicht rauchen sollte.

Der Autor kennt einige wenige Heiler, die leichte Raucher sind. Sie berichten von keinerlei negativen Erfahrungen mit ihren Patienten. Es ist jedoch immer besser, unnötige Risiken zu vermeiden. Die schmutzigbraune Materie könnte auf einen anderen Menschen übertragen werden. Stellen Sie sich nur einmal vor, was passieren kann, wenn etwas von dieser Masse zufällig in die Augen oder in das Herz eines Patienten gelangt!

Wenn der Heiler müde ist oder einen emotional anstrengenden Tag hatte, spürt der Patient in dem energetisierten Bereich manchmal einen leichten Schmerz oder Druck. In einem solchen Fall sollte sich der Heiler erst einmal Ruhe gönnen und die Heilung am nächsten Tag, oder sobald er sich eben besser fühlt, fortsetzen.

In seltenen Fällen besitzt der Patient einen sehr fein ausgebildeten bioplasmatischen Körper. Ist die Vibrationsgeschwindigkeit seines Körpers viel höher als die seines Heilers, dann empfindet er nach der Behandlung nur noch schlimmere Beschwerden. In diesem Fall braucht der Patient einen Heiler, dessen Körper mindestens so fein ausgebildet ist wie sein eigener. Je länger ein Heiler seine Tätigkeit ausübt, um so reiner und feiner wird sein bioplasmatischer Körper. Seine innere Aura wird strahlender und dichter, seine Heilkraft immer stärker.

Kapitel 5

Die Prana-Selbstheilung und invokative Pranaheilung

Nach langen Stunden am Schreibtisch, beim Übersetzen chinesischer Texte, fühlte ich mich mitunter sehr müde und nahezu erschöpft. Aber fünf Minuten dieser Yoga-Atemübungen gaben mir wieder Kraft und erlaubten mir, mit der Arbeit fortzufahren. Das heilte meinen Rheumatismus und verschaffte mir augenblickliche Erleichterung, nicht nur, wenn ich mich erkältet hatte, sondern auch, als ich mir vor Jahren die schlimme Asiatische Grippe zugezogen hatte.

Lu K'uan Yü, *Geheimnisse der chinesischen Meditation* (Zürich 1967, S. 260)

Für die Prana-Selbstheilung gelten wie bisher die beiden Grundprinzipien Reinigung und Energetisierung. Es gibt verschiedene Methoden der Selbstheilung. Sie können die manuelle Technik, die Technik der Selbstfernheilung, der Porenatmung, die Tao-Technik und die Chakra-Atemtechnik anwenden.

Die manuelle Technik

Führen Sie die Pranaatmung aus.

Führen Sie mit Hilfe der Hände örtliches Sweeping und die Energetisierung des zu behandelnden Chakras und Körperteils durch. Schütteln Sie die kranke bioplasmatische Materie in den »bioplasmatischen Müllschlucker«. Es ist wichtig, daß Sie sehr intensiv Ihre Willenskraft oder Heilungsabsicht einsetzen.

Der gesamte Vorgang wird so lange wiederholt, bis die vollständige Heilung erreicht ist oder bis sich der Zustand zumindest beträchtlich gebessert hat.

Die Selbstfernheilung

Wenn Sie für die Selbstheilung die Fernheilungsmethode anwenden, stellen Sie in Gedanken ein sehr kleines Abbild von sich selbst vor sich. Führen Sie Scanning, allgemeines und örtliches Sweeping und Energetisierung mit den Händen aus, als behandelten Sie eine andere Person.

Visualisieren Sie, oder stellen Sie sich vor, daß Sie etwa dreißig Zentimeter groß sind und sich während der ganzen Behandlung selbst gegenüberstehen.

Scannen Sie dieses Abbild Ihrer selbst mit einem oder zwei Fingern.

Führen Sie während der ganzen Prana-Selbstheilungsbehandlung Pranaatmung durch.

Nehmen Sie mit Hilfe Ihrer Hände ein allgemeines Sweeping an Ihrer vorderen Körperseite vor. Danach drehen Sie Ihr Abbild um und wenden nun allgemeines Sweeping auf Ihrer Rückseite an.

Führen Sie mit den Händen ein gründliches örtliches Sweeping an den betroffenen Chakras und Körperteilen durch und energetisieren Sie diese.

Stabilisieren Sie die übertragene Pranaenergie.

Verwenden Sie den »bioplasmatischen Müllschlucker« für die verschmutzte, kranke Energie.

Nach der Selbstbehandlung waschen Sie die Hände und Unterarme bis hoch zu den Ellbogen.

Wiederholen Sie die Behandlung bis zur vollständigen Heilung.

Diese Technik heißt »Selbstfernheilungs-Technik«, weil sie der Fernheilungstechnik sehr ähnlich ist.

Die Porenatmung

Führen Sie Pranaatmung durch. Atmen Sie ein, und visualisieren Sie dabei, daß Prana oder weißes Licht durch die Poren in den betroffenen Körperteil eindringt.

Halten Sie den Atem einige Sekunden an, und visualisieren Sie, daß die kranke graue Materie heller wird oder daß die betroffenen Bereiche heller erstrahlen.

Atmen Sie aus, und visualisieren Sie, daß die graue Materie durch die Poren und durch die Gesundheitsstrahlen ausgeschieden wird. Visualisieren Sie, daß die Gesundheitsstrahlen dabei geglättet und geordnet werden. Es ist wichtig, daß sich die Gesundheitsstrahlen aufrichten, da durch sie das verbrauchte Prana und die verschmutzte bioplasmatische Materie ausgeschieden werden.

Halten Sie den Atem einige Sekunden an, und visualisieren Sie, daß der behandelte Bereich heller und leuchtender wird.

Bei der Porenatmung atmen Sie einfach durch die Poren frisches Prana ein und die kranke gräuliche Materie wieder aus. Die Porenatmung wird manchmal auch von Schülern der fernöstlichen Kampfsportart Ch'i-Kung und von Schülern der hermetischen Wissenschaft gebraucht.

Tao-Technik oder die sechs heilenden Tao-Laute

Die Tao-Heilmethode gleicht der Porenatmung; allerdings werden hier für bestimmte Organe bestimmte Laute gebildet, um die Ausscheidung der kranken bioplasmatischen Materie zu erleichtern.

Diese Laute werden auf folgende Weise gebildet:

Leber *Hsü*	Man schürzt den Mund etwas. Die Zunge liegt hinter den unteren Schneidezähnen.
Herz *Ho*	Mund weit geöffnet, starkes Ausblasen.
Milz *Hu*	Die Lippen bilden eine runde Öffnung und sind leicht nach vorn geschürzt.
Lunge *Shö*	Die Zunge liegt hinter den oberen Schneidezähnen am Gaumen.
Niere *Tschui*	Die Lippen sind leicht geschlossen. Starkes Ausblasen, Rachenöffnung verengen. Der Rachen muß mitschwingen.
Magen *Hsi*	Die Mundwinkel werden weit nach außen gezogen, die Zähne zusammengebissen. Ein deutliches *i* muß hörbar sein.

Diese taoistische Selbstheilungsmethode hat mit Kampfsport darin Ähnlichkeit, daß wie dort beim Zuschlagen auch hier beim Ausatmen Laute ausgestoßen werden. In unserem Fall sind nur die Absicht und der Wille entscheidend, die kranke bioplasmatische Materie aus dem Körper hinauszubefördern. Dieser Vorgang wird wesentlich leichter, wenn man beim Ausatmen einen Laut ausstößt.

Die Chakra-Atemtechnik

Wenden Sie Pranaatmung an. Atmen Sie langsam ein, und konzentrieren Sie sich auf das betroffene Chakra. Visualisieren Sie, daß das Chakra frisches Prana einzieht oder einatmet. Halten Sie den Atem einige Sekunden an, und visualisieren Sie, daß das Prana vom Körper assimiliert wird. Atmen Sie langsam aus, und visualisieren Sie, daß das Chakra die gräulich-schmutzige Materie ausstößt oder ausatmet. Halten Sie den Atem einige Sekunden an, und visualisieren Sie, daß das Chakra heller leuchtet und gesünder wird. Wiederholen Sie den gesamten Vorgang viermal.

Wenden Sie wieder Pranaatmung an. Atmen Sie langsam ein, und konzentrieren Sie sich dabei auf das betroffene Organ. Visualisieren Sie, daß das Chakra und das Organ Prana einatmen oder einziehen. Visualisieren Sie, daß das Prana erst durch das Chakra und dann in das betroffene Organ fließt. Halten Sie den Atem einige Sekunden lang an, und visualisieren Sie, daß sowohl das Chakra als auch das betroffene Organ allmählich heller und strahlender werden. Atmen Sie langsam aus, und visualisieren Sie, daß die gräulich-schmutzige Materie durch das Chakra das erkrankte Organ verläßt. Halten Sie den Atem einige Sekunden an, und visualisieren Sie, daß das betroffene Organ heller leuchtet. Wiederholen Sie den Vorgang, bis eine merkliche Linderung der Beschwerden eintritt. Diese Technik bezeichnet man als »Chakraatmung«.

Anstatt langsam auszuatmen, kann man auch kraftvoll und schnell ausatmen, wobei zusätzlich ein Laut ausgestoßen wird. Das Ausatmen geschieht durch den Mund. Visualisieren Sie gleichzeitig, daß die kranke graue Materie den Körper durch das Chakra verläßt.

Spüren Sie nach der Chakraatmung eine Schwere oder eine Pranastauung im Chakra und dem zugeordneten Organ oder den Organen, dann atmen Sie einfach ein, ohne willentlich Prana in das Chakra und die entsprechenden Organe zu lenken. Atmen Sie aus, und visualisieren Sie, daß Prana aus dem Chakra und den zugeordneten Organen herausfließt. Visualisieren Sie, daß das Chakra nun etwas matter aussieht. Setzen Sie den Vorgang so lange fort, bis sich der Zustand normalisiert.

Die Chakra-Atemtechnik ist außerordentlich wirksam. Bei leichteren Beschwerden tritt gewöhnlich sofort eine Besserung ein. Durch übertriebene Anwendung der Chakra-Atemtechnik kann es zur Pranakongestion im Chakra und den damit verbundenen Organen kommen. Wendet man diese Technik über eine längere Zeit im Übermaß an, können physische und psychische Störungen auftreten. Negative Folgen oder Auswirkungen sind im allgemeinen nicht sofort zu spüren, sondern erst nach einigen Stunden oder auch erst am nächsten Tag. Die Wirkung ist genauso, als ob man eine Überdosis eines starken Medikaments eingenommen hat. Chakraatmung darf nur mit Maß betrieben werden.

Vorsicht ist geboten, wenn man mit der Chakraatmung im Bereich des Kopfchakras, der Herzchakras und der Augenchakras arbeitet, denn die entsprechenden Organe sind sehr empfindlich, und es kommt in diesen Bereichen leicht zu einer Pranastauung. Die Chakra-Atemtechnik sollte nach Möglichkeit auch nicht beim Meng-Mein-Chakra, beim Wurzelchakra und beim Milzchakra eingesetzt werden, sofern die Behandlung nicht von einem erfahrenen Lehrer überwacht werden kann. Die Anwendung der Chakraatmung im Bereich dieser drei Chakras kann schwere Pranastauungen im ganzen Körper zur Folge haben, die sich als Schwäche, Bluthochdruck oder in Form von Allergien zeigen.

Schwangere dürfen die Chakraatmung nicht im Bereich des Nabelchakras, des Sexualchakras, des Milzchakras, des Meng-Mein-Chakras und des Wurzelchakras anwenden, weil nachteilige Wirkungen auf das ungeborene Kind zu befürchten sind.

Die Prana-Atemtechnik

Dehnen Sie Ihr Bewußtsein über den ganzen Körper aus. Führen Sie zehn Atemzyklen lang Pranaatmung durch. Atmen Sie langsam ein. Lenken Sie durch Ihre Willenskraft Prana in alle Teile des Körpers. Atmen Sie langsam aus, und visualisieren Sie, daß die kranke graue Materie aus allen Teilen Ihres Körpers ausgeschieden wird. Visualisieren Sie, daß die Gesundheitsstrahlen sich wieder aufrichten. Nachdem Sie etwa zehn Atemzyklen lang Pranaatmung durchgeführt haben, meditieren Sie etwa zehn Minuten lang über den Nabel und wenden dabei gleichzeitig Pranaatmung an. Damit ist die Sitzung abgeschlossen. Sobald Sie in dieser Technik eine gewisse Fertigkeit erworben haben, werden Sie spüren, wie Pranaenergie in alle Teile Ihres Körpers strömt.

Die Visualisierungsmethode

Führen Sie Pranaatmung aus. Visualisieren Sie, daß das allgemeine Sweeping, das örtliche Sweeping und die Energetisierung Ihres Körpers mit Prana von Ihnen selbst oder von einer anderen Person vorgenommen wird. Visualisieren Sie, daß Ihr Körper heller erstrahlt, daß die Gesundheitsstrahlen sich entwirren und die äußere Aura heller wird. Achten Sie darauf, die kranke bioplasmatische Materie richtig zu beseitigen.

Meditation über das weiße Licht

Die nachfolgend beschriebene Methode zur allgemeinen Reinigung und Energetisierung bezeichnet man als »Meditation über das weiße Licht« oder als »Meditation über die mittlere Säule«. Die Technik der »mittleren Säule« wird seit langem von verschiedenen esoterischen Schulen des Ostens und des Westens angewandt. Der erste Teil der Übung besteht aus einer allgemeinen Reinigung und Energetisierung, der zweite Teil beschäftigt sich mit der Zirkulation des Pranas.

Allgemeine Reinigung und Energetisierung:

Führen Sie die Pranaatmung aus, und visualisieren Sie gleichzeitig eine Kugel aus intensiv strahlendem Licht über Ihrem Scheitel.

Visualisieren Sie, daß sich aus dieser Kugel ein Lichtstrom über den Scheitel und von dort nach und nach bis zu den Füßen ergießt. Visualisieren Sie, daß dieses Licht alle großen Chakras, alle wichtigen Organe, die Wirbelsäule und die Knochen Ihres Körpers reinigt und energetisiert.

Visualisieren Sie, daß das weiße Licht an Ihren Füßen wieder austritt und daß damit alle kranke graue Materie ausgeschwemmt wird.

Visualisieren Sie eine leuchtende Lichtkugel unter Ihren Füßen. Ziehen Sie Erdenprana in Form eines Lichtstrahls aus dieser leuchtenden Kugel ein. Atmen Sie ein, und lassen Sie dabei das Prana durch die Fußsohlenchakras bis in den Kopf strömen. Atmen Sie aus, und versprühen Sie Prana durch das Scheitelchakra. Wiederholen Sie den ganzen Vorgang dreimal.

Zirkulation der Lebensenergie:

Visualisieren Sie, daß das Prana durch Ihre Fußsohlen zum Rücken hinauf und von da in den Kopf strömt, dann über das Gesicht und an der Vorderseite des Körpers wieder hinunter zu den Füßen. Lassen Sie auf diese Weise das Prana dreimal von hinten nach vorn kreisen.

Lassen Sie das Prana in umgekehrter Richtung von der Vorderseite nach hinten zirkulieren. Auch diesen Vorgang wiederholen Sie dreimal.

Lassen Sie das Prana dreimal von links nach rechts und dreimal von rechts nach links zirkulieren. Dieser Vorgang hat das Ziel, Prana im ganzen Körper gleichmäßig zu verteilen und Stauungen in bestimmten Bereichen zu verhindern.

Die »Meditation über das weiße Licht« kann täglich angewandt werden. Man fördert und erhält damit die eigene Gesundheit und kann sie sich auch zunutze machen, wenn man mit Aktivitäten beschäftigt ist, die sehr viel Prana verbrauchen. Es gibt zahlreiche Varianten dieser Meditation. Die hier beschriebene vereinfachte Methode hat den Vorteil, daß sie leicht durchzuführen ist.

Sobald Sie diese Meditation beherrschen, werden manche von Ihnen spüren, wie der ganze Körper buchstäblich bebt und eine starke Strömung innerhalb und außerhalb des Körpers fließt. Sie können das dadurch entstehende überschüssige Prana dazu verwenden, synthetisches Ch'i oder Nabel-Ch'i zu erzeugen, indem Sie sich etwa zehn Minuten lang auf das Nabelchakra konzentrieren. Speichern Sie das synthetische Ch'i in den beiden großen flexiblen Meridianen der untergeordneten Nabelchakras. Das geschieht einfach dadurch, daß Sie sich drei bis fünf Minuten lang auf eine Stelle etwa fünf Zentimeter unterhalb des Nabels konzentrieren. Während man die vorstehenden Anweisungen befolgt, setzt man gleichzeitig Pranaatmung ein. Man nennt diese beiden Chakras »Ch'i-Hai«, das bedeutet soviel wie »Meer von Ch'i« und bezieht sich auf die Tatsache, daß in diesen untergeordneten Chakras das synthetische Ch'i gespeichert wird. Machen Sie sich noch einmal klar, daß synthetisches Ch'i oder Nabel-Ch'i etwas anderes ist als Prana. Das synthetische Ch'i wird vom Nabelchakra erzeugt und kann milchig-weiß, weißlich-rot, goldgelb oder in anderen Farben erscheinen. Es ist bei jedem einzelnen Menschen in unterschiedlicher Quantität und Dichte vorhanden. Im Vergleich zu denen, die sich spirituell betätigen oder Ch'i-Kung ausüben, besitzt der Normalbürger nur sehr wenig synthetisches Ch'i.

Es ist ratsam, die »Meditation über das weiße Licht« zu erlernen und jeden Tag auszuführen. Der bioplasmatische Körper wird sauberer, leuchtender und dichter. Sie werden dadurch zu einem besseren Heiler.

Körperübungen

Körperübungen spielen bei der Selbstheilung und bei der Erhaltung der eigenen Gesundheit eine wichtige Rolle. Körperliche Aktivitäten in Form von Übungen zum Aufwärmen, Tanz, verschiedenen Sportarten,

Hatha-Yoga, Kampfsport oder Tai Ch'i fördern die Pranazirkulation im Körper und erleichtern die Absorption von frischem Prana und die Ausscheidung des verbrauchten Pranas oder der kranken bioplasmatischen Materie. Im Zustand der Hellsichtigkeit ist zu erkennen, daß während der Übung frisches weißes Prana aufgenommen und krankes Prana von grauer Färbung ausgeschieden wird. Es gibt beim Hatha-Yoga oder im taoistischen Yoga spezielle Übungen zur Behandlung bestimmter Leiden. Die für uns selbst geeignete Übung finden wir leicht, wenn wir beobachten und analysieren, welcher Teil unseres Körpers bei einer bestimmten Stellung oder Übung bewegt, gebeugt, zusammengezogen oder gestreckt und welches Chakra im entsprechenden Bereich davon beeinflußt wird.

In dieser Weise können Sie auch eigene Übungen oder Techniken entwickeln. Denken Sie daran, daß körperliche Betätigung auch die Assimilation von Prana nach einer Behandlung erleichtert. Eine gute Übung muß aus einer kurzen Folge von Bewegungen bestehen, die alle Hauptchakras und alle kleinen Chakras an den Armen und Beinen reinigen und energetisieren.

Das Stärken der körperlichen und geistigen Kräfte

Körperliche Kräftigung:
Wenn Sie sich körperlich erschöpft fühlen, müssen Sie zwei Chakras reinigen und energetisieren: das Solarplexuschakra und das Nabelchakra.

Wenden Sie dreißigmal örtliches Sweeping am Solarplexuschakra an.

Energetisieren Sie das Solarplexuschakra mit Ihren Handflächen oder mit Ihren Fingerspitzen, und führen Sie etwa zehn Zyklen lang Pranaatmung durch. Beim Ausatmen seien Sie sich Ihres ganzen Körpers bewußt. Dadurch wird die Verteilung der Pranaenergie zu den verschiedenen Bereichen des Körpers erleichtert.

Wenden Sie verteilendes Sweeping am Solarplexuschakra an, um eine Pranastauung zu vermeiden.

Stabilisieren Sie die übertragene Pranaenergie.

Erfolgt dieses Vorgehen ordnungsgemäß, wird der Körper energetisiert, und seine Kräfte werden gestärkt. Sollten Sie trotzdem noch erschöpft sein, so wenden Sie weitere Zyklen Pranaatmung an.

Um den Körper noch mehr zu stärken und zu energetisieren, sollte auch das Nabelchakra behandelt werden.

Wenden Sie dreißigmal örtliches Sweeping am Nabelchakra an.

Energetisieren Sie das Nabelchakra mit Ihren Handflächen oder Ihren Fingerspitzen, und führen Sie dabei zehn Zyklen lang Pranaatmung durch.

Stabilisieren Sie die übertragene Pranaenergie.

Geistige Kräftigung:
Wenn Sie geistig erschöpft sind und noch viel Arbeit vor sich haben, können Sie folgendes tun:

Wenden Sie dreißigmal örtliches Sweeping jeweils am Ajnachakra, Stirnchakra, Kronenchakra und an den Seiten des Kopfes an.

Wenden Sie dreißigmal örtliches Sweeping am Hinterkopf an.

Krümmen Sie Ihre Finger, und legen Sie sie auf den Hinterkopf. Dann wenden Sie fünf- bis zehnmal tiefe Pranaatmung an, um den ganzen Kopf zu energetisieren. Beim Ausatmen seien Sie sich Ihres Ajna-, Stirn- und Kronenchakras bewußt sowie Ihrer linken und rechten Gehirnhälfte und des linken und rechten Auges. Hierdurch wird der Fluß der Pranaenergie zu den verschiedenen Teilen des Kopfes erleichtert.

Wenn Sie sich ein wenig schwindlig oder überenergetisiert fühlen, wenden Sie einige Sweepingbewegungen am Kopf an, um die überschüssige Energie zu beseitigen.

Das Bad mit Salz und Wasser

Meerwasser oder Wasser und Salz sind sehr wirkungsvoll, um kranke Energie aus dem Energiekörper zu entfernen. Das gilt besonders für Patienten, die an Krebs, Leukämie, einer Geschlechtskrankheit, Arthritis, einer Lähmung oder Lepra leiden.

Der Energiekörper von Krebspatienten ist sehr verschmutzt. Die betroffenen Körperteile sind mit kranker Energie verstopft. Auch Patienten, die an einer Geschlechtskrankheit leiden, haben einen verschmutzten Energiekörper und ein sehr schmutziges und »klebriges« Sexualchakra. Bei Leprapatienten kommt zu dem stark verschmutzten Energiekörper noch ein extrem schmutziges Wurzelchakra hinzu. Diesen Patienten tut ein tägliches Bad in Meerwasser oder in Wasser und Salz außerordentlich gut.

Die Behandlung mit Salzwasser reinigt den Energiekörper ganz wesentlich und kräftigt schrittweise den physischen Körper und sein Abwehrsystem. Obwohl es ein einfacher Vorgang ist, hat er große Auswirkungen und sollte ernst genommen werden.

Die Behandlung muß ein- oder zweimal pro Tag erfolgen, da der Energiekörper bereits nach kurzer Zeit, spätestens jedoch nach einem Tag erneut verschmutzt ist. Aus diesem Grund muß sie zumindest einige Monate, wenn nicht ein Leben lang, täglich oder doch dreimal wöchentlich erfolgen.

Schwimmen Sie zwanzig Minuten in Meerwasser. Das wird den Energiekörper ganz erheblich reinigen. Falls das nicht möglich ist, reicht auch ein Bad mit Wasser und Salz wie folgt aus: Sie reinigen sich zunächst mit Wasser und Seife und reiben dann Ihren ganzen Körper vorsichtig mit feinem Salz ein. Etwa eine oder zwei Minuten später waschen Sie es wieder ab.

Sollten Sie schwer erkrankt sein, können Sie Ihrem Badewasser direkt Salz zusetzen. Streuen Sie ein oder zwei Kilo Meersalz oder feinkörniges Salz in die Wanne, und nehmen Sie ein Bad in neununddreißig bis vierzig Grad warmem Wasser. Das sollte täglich erfolgen.

Um den Körper zu energetisieren, ruhen Sie sich im Schatten aus und nehmen mit Hilfe der Pranaatmung Pranaenergie aus der Umgebung auf.

Beginnen Sie in den ersten zwei Wochen mit einem täglichen Bad, dann nehmen Sie es einige Monate lang oder so lange wie nötig dreimal wöchentlich.

Für Patienten, die unter Arthritis oder einer Lähmung leiden:

Schwimmen Sie etwa zwanzig Minuten lang in Meerwasser, um den Energiekörper zu reinigen.

Bedecken Sie Ihren Körper bis zu den Schultern mit Sand, um Erdenprana aufzunehmen. Achten Sie darauf, daß der Sand nicht zu heiß ist.

Wiederholen Sie diesen Vorgang so lange wie nötig dreimal wöchentlich.

Um die Heilung zu erleichtern, sollten Fleisch und Fisch in der Diät vermieden werden, da ihr Gehalt an Pranaenergie nicht so rein ist wie bei Gemüse und Früchten.

Krebspatienten sollten eine Überdosis von Vitamin E, C, A, B12 und Gelée Royale vermeiden, da ihr Zustand sich hierdurch verschlimmern könnte. Für Patienten, die unter einer Geschlechtskrankheit leiden, gilt, daß sie nicht zu große Mengen Vitamin E, B12 und Gelée Royale einnehmen dürfen.

Die Vermeidung negativer Emotionen und Gedanken

Viele Patienten mit schweren Erkrankungen neigen dazu, negative Emotionen lange festzuhalten. So litt beispielsweise ein Patient unter Leberzirrhose, obwohl er keinen Alkohol trank. Er war ständig schlecht gelaunt und reagierte auf die leiseste Provokation mit Schimpfkanonaden. Die negativen Emotionen beeinträchtigten die Funktion seines Solarplexuschakras und griffen dadurch unausweichlich seine Leber an.

Es hat sich auch gezeigt, daß viele Patienten mit schwerem Gelenkrheumatismus, mit Nierenschäden und schwachem Immunsystem zuviel Ärger und Groll mit sich herumtragen. Patienten mit Zysten in der Brust oder unter der Achsel neigen zu einem Übermaß an Streß. Ihr Solarplexuschakra ist erheblich gestaut. Streß greift das Solarplexuschakra an und wirkt sich auch auf die Leber und bis zu einem gewissen Grad auf den Cholesterinspiegel des Körpers aus. Patienten mit schweren Erkrankungen sollte daher angeraten werden, ihr Leben und ihre Gefühle positiver zu sehen und eine einfache Meditationsmethode zu erlernen.

Die holistische Methode der Selbstheilung

Betätigen Sie sich etwa fünf bis zehn Minuten körperlich.

Wenden Sie die Technik der Prana-Selbstheilung an.

Führen Sie einige Körperübungen durch, die den Bereich des behandelten Chakras und Körperorgans trainieren. Das erleichtert die Assimilation des Pranas durch den Körper.

Trinken Sie energetisiertes Wasser oder Wasser, das der Sonne ausgesetzt war.

Ruhen und erholen Sie sich unter einem großen Laub- oder Nadelbaum, und absorbieren Sie Prana vom Baum und aus dem Erdboden. Meditieren Sie. Man kommt rascher zum Erfolg, wenn gleichzeitig der bioplasmatische Körper und der sichtbare physische Körper behandelt werden, als wenn man sich ausschließlich dem sichtbaren oder dem bioplasmatischen Körper widmet. Wie bereits in einem früheren Kapitel festgestellt, sollte die Behandlung nach Möglichkeit immer ganzheitlich sein.

Bei ernsteren Erkrankungen ist es ratsam, sowohl einen geübten Pranaheiler als auch einen guten Arzt aufzusuchen.

Ernähren Sie sich richtig, und trinken Sie genügend Wasser. Das trägt, zusammen mit der richtigen Atmung, ausreichender körperlicher

Betätigung, einer vernünftigen Lebensweise, innerer Gelassenheit, Klarheit und Entschlußkraft, sehr viel dazu bei, das körperliche, emotionale und mentale Wohlbefinden zu erhalten.

Probleme bei der Selbstheilung

Für manchen Heiler ist es schwer, sich selbst zu heilen. Das ist möglicherweise auf folgende Faktoren zurückzuführen:

Der Körper des Heilers ist geschwächt, oder er leidet unter Schmerzen. Dadurch fällt es ihm schwer, sich zu konzentrieren und seine Willenskraft gezielt einzusetzen. Vielleicht gelingt es ihm zwar, Prana zu übertragen, aber in der Selbstheilung hat er einfach zu wenig Übung. Oder der Heiler ist zu langsam, zu müde und schwach, oder es liegt ihm nicht genug daran, sich zu heilen. Es kann auch sein, daß er sich lieber ausruhen und von einem anderen Heiler behandeln lassen möchte oder daß die Erkrankung ergänzende oder angemessenere Heilmethoden erfordert. In seltenen Fällen ist eine Selbstheilung ernster Leiden aufgrund karmischer Faktoren oder wegen eines negativen Karmas nicht möglich.

Es gibt viele Heiler, denen es schwerfällt, sich selbst zu heilen, und der Autor bildet hierbei keine Ausnahme. Er zögert nicht, bei Bedarf ein Medikament einzunehmen, einen Arzt aufzusuchen, zur Akupressurbehandlung zu gehen oder die Hilfe eines anderen Heilers in Anspruch zu nehmen, wenn er sich nicht wohlfühlt.

Das Karma

Manche ernste Leiden gehen auf negative Handlungen, Gedanken und Gefühle im gegenwärtigen oder vergangenen Leben eines Patienten zurück. Man bezeichnet das als negatives Karma. Es sind aber keineswegs alle ernsten Erkrankungen und Leiden auf ein solches negatives Karma zurückzuführen. Kein Pranaheiler darf jemals einen Patienten wegschicken, nur weil er der Meinung ist, der Erkrankung liege ein negatives Karma zugrunde. Es gibt nämlich nur sehr wenige hellsichtige Menschen, die mit großer Genauigkeit das vergangene Karma eines anderen wahrnehmen können. Aber selbst wenn eine Erkrankung auf ein solches negatives Karma zurückgehen sollte, ist es nicht möglich, genau zu erkennen, zu welchem Zeitpunkt es getilgt ist. Deshalb hat der Patient Anspruch darauf, behandelt zu werden. Liegt der Erkran-

Erholung unter einem Baum
zur Absorption von Pranaenergie aus dem Baum
und aus der Erde

kung tatsächlich ein noch nicht verarbeitetes negatives Karma zugrunde, dann hilft eine noch so intensive Behandlung nichts.

Ein Beispiel: Choa Kok Sui wurde einmal von einer Frau mit einer schweren Verletzung des rechten Beines aufgesucht, die starke Schmerzen von der Hüfte bis zum Fuß verursachte. Eine Bewegung der rechten Hüfte und des rechten Knies war kaum möglich, ohne daß dabei ein heftiger Schmerz ausgelöst wurde. Nach einer Pranabehandlung von etwa dreißig Minuten gingen die Schmerzen weitgehend zurück. Die Patientin konnte wieder teilweise das Knie beugen und die Hüfte bewegen, ohne daß es weh tat. An dem Tag, an dem sie für die zweite Behandlung vorgemerkt war, wurde sie in drei außergewöhnliche Unfälle verwickelt, bei denen jeweils das rechte Bein betroffen war. Diese Unfälle verursachten der Patientin so starke Schmerzen, daß es ihr unmöglich war, zur Behandlung zu kommen. Seither erschien sie nicht mehr. Die drei »Unfälle«, die sich innerhalb weniger Stunden ereigneten, könnten darauf hinweisen, daß hier ein Fall von negativem Karma vorlag. (Weitere Informationen über das Thema »Karma« finden Sie in den Schriften von und über Edgar Cayce, über Astara, Theosophie, Agni Yoga, die Rosenkreuzer und andere esoterische Gruppen.)

Karma bedeutet im weitesten Sinn nichts anderes als das Bibelwort »Was der Mensch sät, wird er ernten. Wer im Vertrauen auf das Fleisch sät, wird vom Fleisch Verderben ernten; wer aber im Vertrauen auf den Geist sät, wird vom Geist ewiges Leben ernten« (Galater 6, 7–8). Damit ist das Gesetz von Ursache und Wirkung gemeint, das für den einzelnen und für die Gruppe, also etwa für eine Familie, eine Gemeinde oder eine Nation gilt.

Wird das karmische Gesetz in seiner positiven Form angewandt, dann erweist es sich als eine Goldene Regel, die lautet: »Handle anderen gegenüber so, wie du selbst behandelt werden möchtest.« Wenn Sie sich nach dieser Regel richten, werden Sie bekommen, was Sie wollen oder sich wünschen. Möchten Sie wohlhabend sein, dann müssen Sie geben und Mildtätigkeit üben. Wenn Sie sich Wärme, Herzlichkeit und Harmonie wünschen, dann müssen Sie anderen gegenüber herzlich, anständig und aufmerksam sein.

Wendet man das karmische Gesetz als »negative« Goldene Regel an, kann man unerwünschte Dinge oder Begebenheiten abwenden: »Was du nicht willst, das man dir tut, das füg' auch keinem anderen zu!« Wenn Sie nicht betrogen und beschwindelt werden wollen, dann müssen Sie anderen gegenüber aufrichtig und ehrlich sein. – Haben Sie den größten Teil Ihres negativen Karmas aufgearbeitet und niemandem einen Schaden zugefügt, so brauchen Sie nichts zu befürchten. Was immer Sie tun, wird nicht zu Ihrem Schaden sein. Das Gesetz des Karmas ist unumstößlich. Diese Tatsache steht hinter der Feststellung: »Meine Rechtschaffenheit ist mein Schutz und Schirm.« Wer danach handelt, den kann buchstäblich nichts verletzen. Tausende oder eine Million Menschen neben ihm mögen fallen, aber ihm wird nicht ein einziges Haar gekrümmt.

Die Goldene Regel, unter ihrem positiven oder negativen Aspekt, wird Harmonie und Wohlstand in Ihr Leben bringen und Sie vor den Schicksalsschlägen des Lebens bewahren. Hielte sich die Mehrzahl der Menschen und Nationen an diese Goldene Regel, wäre der Weltfriede gesichert. Das Gesetz des Karmas liegt auch dem Gebot Christi zugrunde: »Liebet eure Feinde.« Wenn man Haß mit Haß begegnete, Zorn mit Zorn, Gehässigkeit mit Gehässigkeit und Böswilligkeit wieder mit Böswilligkeit, würde alles nur noch schlimmer. Es käme nie an ein Ende damit. Sie bekommen stets zurück, was Sie geben! Haß mit Haß zu vergelten, führt nur ins Chaos. Reagiert man aber auf Haß mit Freundlichkeit und Liebe, sind unvermeidlich Harmonie und Frieden die Folge. Es ist in der Tat ein Jammer, daß nach fast zweitausend Jahren die Lehren Jesu Christi bei der Mehrheit seiner Anhänger noch immer nichts als Lippenbekenntnisse sind und nicht in die Tat umgesetzt werden. Das Gebot, den Feind zu lieben, ging nicht nur von Christus aus, sondern auch von Gautama Buddha und den Lehrern anderer Weltreligionen.

Das karmische Gesetz gilt für jeden einzelnen ebenso wie für ganze Völker und Nationen. Deshalb kann dieses Gesetz und die Goldene Regel auch von den Menschen angewandt werden, die an der Spitze der Nationen stehen. Sie werden damit auf lange Sicht einige der nationalen und internationalen Probleme lösen.

> »Solange eine böse Tat nicht karmisch gereift ist, glaubt der Narr, sie sei süß wie Honig. Wenn aber seine böse Tat karmische Früchte trägt, verfällt er unsagbarem Elend.«
>
> *Dhammapada* (Weisheit Buddhas)

> »Der Heilige Mensch häuft nicht an. Je mehr er für die Menschen tut, desto mehr hat er selbst. Je mehr er den Menschen gibt, desto mehr wird ihm selbst zuteil.«
>
> Lao-tse, *Tao-Tê-King* (Stuttgart 1979, S. 110)

> »Jeder Mensch erhält durch die Wirkung des niemals irrenden Karmas genau das Maß all dessen, was ihm gebührt

und was er verdient, nicht mehr und nicht weniger. Nicht eine einzige gütige oder böse Handlung, wie geringfügig sie sein mag und wie heimlich sie auch begangen wurde, entgeht dem genauen Gewicht der Waagschale des Karmas.«

Helena Roerich, *Foundation of Buddhism*

Die Neutralisierung negativen Karmas

Negatives Karma kann durch das Gesetz der Barmherzigkeit und das Gesetz der Vergebung neutralisiert werden:

Meditieren Sie, lernen Sie die Lektion, die Sie zu lernen haben, und treffen Sie die feste Entscheidung, das Richtige zu tun.

Wenden Sie das Gesetz der Barmherzigkeit an.

»Selig sind die Barmherzigen, denn sie werden Barmherzigkeit erlangen.« Matthäus 5, 7

Wenn Sie anderen gegenüber Barmherzigkeit zeigen, wird auch Ihnen gegenüber Barmherzigkeit gezeigt werden:

Geben Sie für den Rest Ihres Lebens zehn Prozent Ihres Einkommens für wohltätige Zwecke aus, um die Leiden anderer Menschen zu lindern.

Vermeiden Sie es, Fleisch und Fisch zu essen. Vegetarier zu werden kann helfen. Wenn Sie barmherzig gegenüber den Tieren sind, so werden auch Sie Barmherzigkeit erfahren.

Vermeiden Sie es, andere Menschen zu beleidigen, zu tyrannisieren und grausam gegen sie zu sein. Barmherzigkeit kann nur erfahren, wer selbst barmherzig ist.

Wenden Sie das Gesetz der Vergebung an.

Im Gebet des heiligen Franziskus von Assisi heißt es: »Indem wir vergeben, wird uns vergeben« und im Gebet des Herrn: »Und vergib uns unsere Schuld, wie auch wir vergeben unseren Schuldigern«. Matthäus 6, 12

»Denn so ihr den Menschen ihre Fehler vergebet, so wird euch euer himmlischer Vater auch vergeben. Wo ihr aber den Menschen ihre Fehler nicht vergebet, so wird euch euer Vater eure Fehler auch nicht vergeben«. Matthäus 6, 14–15

Machen Sie eine Liste von Ihren Feinden und von allen Menschen, von denen Sie verletzt worden sind.

Visualisieren Sie im Geist diese Menschen und wie Sie jedem von Ihnen vergeben.

Segnen Sie im Geist jeden einzelnen mit dem, was am besten für ihn ist. Sagen Sie beispielsweise einfach: »Mögest du gesegnet sein mit dem, was für dich am besten ist.«

Bitten Sie im Geist den Herrn um Barmherzigkeit und Vergebung.

Wiederholen Sie den ganzen Vorgang so oft es nötig ist, bis sich innerlich ein Gefühl der Vergebung einstellt.

Es ist möglich, daß Patienten mit sehr schweren oder tödlichen Krankheiten durch das Gesetz der Barmherzigkeit und der Vergebung geheilt werden.

Richtlinien für ethisches Verhalten

Es ist die Pflicht des Heilers, stets sein Bestes zu versuchen, um die Patienten zu heilen und ihren Zustand zu erleichtern.

Der Heiler ist berechtigt, für seine Dienste ein angemessenes Honorar zu verlangen. Er sollte aber vermeiden, übertriebene Forderungen zu stellen, die den Patienten über Gebühr belasten.

Unter keinen Umständen darf ein Heiler einen Patienten abweisen oder vernachlässigen, weil er arm ist oder nicht bezahlen kann.

Der Heiler muß jede Information über den Fall seines Patienten anderen gegenüber zurückhalten, wenn die Offenlegung den Patienten in Verlegenheit bringt oder bringen könnte.

Unter keinen Umständen darf ein Heiler sexuelle Vorteile aus der Beziehung zu seinen Patienten ziehen. Wenn immer möglich oder vertretbar, sollte die Heilung im Freien oder in Gegenwart anderer vorgenommen werden. Die Behandlung in einem geschlossenen Raum, in dem sich der Heiler mit dem Patienten allein befindet, sollte möglichst vermieden und auf ein Mindestmaß beschränkt werden.

Die meisten Patienten sind ziemlich leichtgläubig und leicht zu beeinflussen. Das hat zwei Gründe: einmal die Fähigkeit des Heilers, erstaunliche Wirkungen hervorzurufen, und zum anderen die Tatsache, daß sie einfach nicht wissen, was sie während der Behandlung erwartet oder was von ihnen verlangt wird. Unter keinen Umständen darf der Heiler seine Kraft mißbrauchen. Die Kraft oder Fähigkeit, unsichtbare feinstoffliche Energien zu beeinflussen, ist an sich weder gut noch schlecht. Eine Kraft ist gut, wenn sie konstruktiv eingesetzt wird, und sie ist schlecht, wenn sie gebraucht wird, um zu zerstören. Eine Kraft wird schlecht, wenn ihr eine böse Absicht oder ein Mißbrauch von Macht zugrunde liegt.

Die invokative Pranaheilung

Bei manchen Pranaheilern ist es Brauch, eine Invokation oder ein Gebet zu sprechen, bevor sie mit der Heilung beginnen. Die Invokation kann an Gott gerichtet sein, an göttliche Wesen oder an die eigenen geistigen Führer. Ist der eigene Glaube stark genug, so wird allein schon das Gebet helfen können, ohne daß Prinzipien oder Mechanismen des Heilungsprozesses bekannt sind. Vielleicht spüren sie einfach, daß eine gewaltige Kraft in ihren Körper strömt, ihn zum Vibrieren bringt und wärmt. Einige invokative Heiler mögen nicht einmal sensibel genug sein wahrzunehmen, wie die Energie in ihren Körper fließt. Das ändert jedoch nichts an der Tatsache, daß ihr Körper als Kanal für heilende Energieströme dient. Es gibt auch Fälle, da die heilende Kraft eine zeitweilige Hellsichtigkeit des Heilers auslöst. Invokatives Heilen dieser Art wird meist als »Gesundbeten« oder als »charismatisches Heilen« bezeichnet.

Bei der invokativen Heilung werden die mächtigen unsichtbaren Geistwesen oder die Engel um heilende Energie angerufen. Sie beeinflussen und kontrollieren die heilende Energie und den bioplasmatischen Körper der Patienten. Der invokative Pranaheiler sollte stets eine aufnahmebereite Einstellung bewahren, um für intuitive Führung und Unterweisung offen zu bleiben. Heiler mit starkem Willen müssen besonders vorsichtig sein, wenn sie eine invokative Pranaheilung vornehmen, da bei ihnen die Gefahr einer Überenergetisierung des Patienten besteht.

Wenn für einen Patienten die Zeit gekommen ist, den Körper zu verlassen, dann erscheinen die heilenden Engel nicht mehr. Der Heiler nimmt in einem solchen Fall gewöhnlich intuitiv wahr, daß keine Reaktion erfolgt.

Obwohl manche dieser invokativen Heiler oder »Geistheiler« die Pranaheilung überhaupt nicht kennen, mindert das in keiner Weise die Kraft und Wirksamkeit ihres Tuns. Einige dieser Heiler sind imstande, sehr schnell und viele Stunden lang zu heilen, ohne müde zu werden. Selbst für fortgeschrittene Pranaheiler wäre es schwer, das gleiche wie manche dieser invokativen Heiler zu leisten.

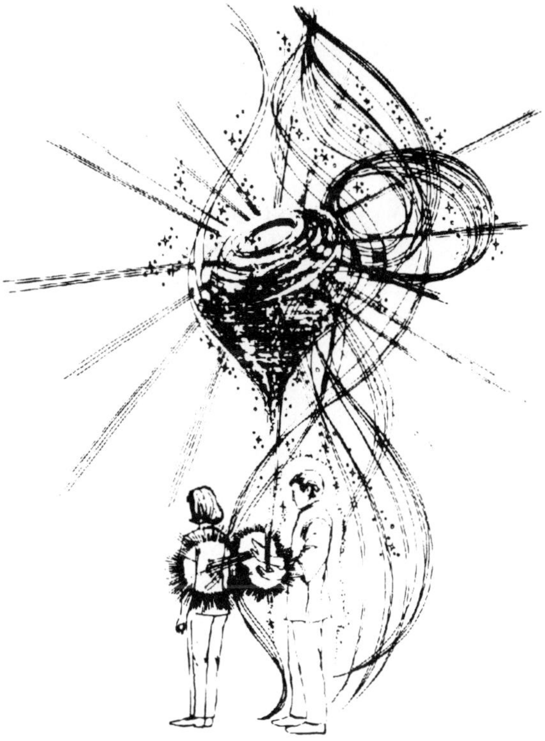

Invokative Pranaheilung:
Das Herabströmen spiritueller Heilkraft

Wenn Sie als Heiler die Absicht haben, die Behandlung mit einem Gebet oder einer Invokation einzuleiten, ist es ratsam, daß Sie regelmäßig meditieren, beten und den Herrn bitten, Sie zu seinem Werkzeug zu machen.

Die nachfolgend beschriebenen invokativen Heiltechniken sind für Menschen ganz verschiedener Religionen geeignet, denn eine Anrufung Gottes ist – unabhängig von den Gepflogenheiten konfessioneller Zugehörigkeit – kraftvoll und überaus wirksam. Seien Sie wahrhaftig, und glauben Sie einfach an Gott. Vertrauen Sie darauf, daß mit Gott alles möglich ist.

Vorgehen:

Beten Sie einige Minuten, wie Sie es gewohnt sind. Dann sprechen Sie die heilende Invokation:

Herr, mach mich zu Deinem heilenden Werkzeug.
Erfülle mich ganz mit dem Mitleid für alle, die leiden.
Herr, laß Deine heilende und erneuernde Kraft
durch diesen Körper strömen.
Ich danke Dir und vertraue ganz auf Dich!

Diese Invokation wird zweimal mit großer Konzentration und starker innerer Überzeugung wiederholt. Sie sollte in Demut, Aufrichtigkeit, Ehrfurcht und mit äußerster Konzentration geprochen werden. Nach Abschluß der Behandlung danken Sie dem Herrn für seinen göttlichen Segen und fordern den Patienten auf, es ebenfalls zu tun.

Heiler ohne Erfahrung mit der Pranaheilung legen einfach die Hand auf die betroffene Stelle, auf das Scheitelchakra oder auf das Ajnachakra und sagen:

Vater,
ich danke Dir für die Heilung dieses Patienten!
Ich vertraue auf Dich. So sei es!

Es ist wichtig, stets die richtige Einstellung zu bewahren, daß Sie nur ein Kanal für die göttliche Heilkraft sind. Setzen Sie die Invokation so lange fort, und konzentrieren Sie sich weiter auf die Mitte Ihrer Handflächen, bis Sie spüren, daß es dem Patienten gut geht. Bleiben Sie offen für intuitive Weisungen. Zum Abschluß der Behandlung sollten Heiler und Patient dem Herrn danken.

Bei einfachen Beschwerden tritt die Heilung gewöhnlich sofort ein. Bei schwierigeren Fällen erreicht man zwar schnell eine Linderung, doch bis zur vollständigen Genesung können mehrere Behandlungen erforderlich sein. Die Behandlung sollte mehrmals wöchentlich erfolgen, je nach dem Zustand des Patienten. Invokative Heilung kann auch bei einer Gruppe von Patienten angewendet werden. Es ist aber genauso möglich, daß sich eine Gruppe invokativer Heiler um einen einzigen Patienten kümmert.

Der Autor bevorzugt bei der Heilung eine einfachere und kürzere Invokation:

Vater, ich danke Dir, daß Du mich
zu Deinem heilenden Werkzeug machst.
Ich vertraue auf Dich!

Diese Invokation wird zwei- bis dreimal wiederholt.

Manchmal kann ein negatives Karma durch göttliche Vermittlung neutralisiert werden. Für Schüler, die sich ganz dem Heilen widmen und dabei die invokative Pranaheilung anwenden wollen, ist es wichtig, daß sie sich um die Läuterung oder Besserung ihres eigenen Charakters bemühen. Das Herabfließen der heilenden Energie zusammen mit spiritueller Energie verstärkt oft die positiven und die negativen Wesenszüge des Heilers. Daher ist es erforderlich, durch tägliche Übung innerer Reflexion eine Selbstreinigung vorzunehmen. Ein Mensch mit feinerer oder höherer Vibration neigt dazu, Wesenheiten von ähnlicher oder höherer Vibration anzuziehen, während ein Mensch mit grobstofflichen oder niedrigeren Schwingungen und Merkmalen eher unerwünschte Wesenheiten von ähnlich geringer Vibration anzieht.

Spirituelles Chanten, Singen und Tanzen sind ebenfalls Formen des invokativen Heilens. Sie sind weit verbreitet und werden von einigen christlichen Gemeinschaften, von den Sufis und Angehörigen anderer religiöser Glaubensrichtungen praktiziert.

Das Prinzip der Verteilung oder Freisetzung

Eines Tages litt Choa Kok Sui unter heftigen Kopfschmerzen. Anstatt die Technik der Selbstheilung anzuwenden oder einen Freund zu bitten, ihn zu heilen, beschloß er, ein Experiment zu unternehmen. Was würde geschehen, wenn er sich ganz darauf konzentrierte, Musik zu hören? Welche Wirkung hätte das auf seinen bioplasmatischen Körper und auf die erkrankte bioplasmatische Materie?

Hellsichtig begabte Beobachter nahmen hierbei wahr, daß von dem Zeitpunkt an, als er sich ganz auf die Musik zu konzentrieren begann, die kranke graue Materie allmählich weniger dicht und heller wurde, bis sie fast verschwunden war. Nach etwa fünf bis zehn Minuten stand Choa Kok Sui auf und versuchte, den Zustand seines Kopfes zu fühlen. Der Schmerz hatte ein wenig abgenommen. Es war zu sehen, daß immer dann, wenn seine Aufmerksamkeit von der Musik abgezogen und auf den Kopf gerichtet wurde, dieser Bereich sich wieder stärker grau färbte. Insgesamt war der Zustand am Ende des Experiments jedoch sehr viel heller als zu Beginn.

Es gibt verschiedene mögliche Erklärungen für das, was hier geschah: Die Entspannung von Körper und Geist erleichtert es dem Körper, sich selbst zu heilen. Da der bioplasmatische Körper leicht durch Geist und Emotionen zu beeinflussen ist, hat jede positive Einwirkung auf den Geist auch positive Auswirkungen auf den bioplasmatischen Körper. Indem man die Aufmerksamkeit auf etwas Angenehmes oder Harmonisches umleitet, wird die bioplasmatische Materie »freigesetzt«; es wird »die Bindung gelockert«. Dadurch kann sich der Körper besser selbst heilen. Aus diesem Grund war bei Choa Kok Sui zu erkennen gewesen, wie die graue Materie dünner und heller wurde. Es hat den Anschein, daß eine Konzentration auf den Schmerz die Neigung verstärkt, kranke bioplasmatische Materie zusammenzuhalten. Das behindert den Heilungsprozeß. Durch erneute Konzentration auf den betroffenen Bereich war daher die kranke bioplasmatische Materie wieder angezogen worden; und der Kopfbereich nahm wieder die graue Farbe an.

Das Prinzip der Zerstreuung oder Freisetzung gilt nicht nur für die Selbstheilung, sondern auch für die Heilung von Patienten. Manchmal sind Patienten derart von den ihnen seltsam erscheinenden Maßnahmen des Heilers fasziniert, daß ihre Aufmerksamkeit zeitweilig von ihren Schmerzen abgelenkt wird. Das erleichtert den Heilungsprozeß außerordentlich. Ist dagegen die Aufmerksamkeit des Patienten ganz auf den Schmerz konzentriert, quälen ihn starke Beschwerden, dann kann es sehr hilfreich sein, wenn er seine Aufmerksamkeit auf beruhigende Musik oder ein besonders schönes Bild richtet.

> »Die Menschen haben nur wenig Ahnung davon, wie sehr sie – objektiv gesehen – die Wirkungskraft der Krankheit dadurch erhöhen, daß sie ständig an die Krankheit denken und der Körperregion, wo die Krankheit sitzt, so viel Beachtung schenken.«
>
> Alice Bailey, *Esoterisches Heilen* (S. 620)

So lernt der Patient die Technik der Selbstheilung

Es ist ratsam, daß jeder schwerkranke Patient Prana-Selbstheilung erlernt, auch wenn er nach den konventionellen Methoden oder von einem Pranaheiler behandelt wird. Der Patient sollte bestimmte körperliche Übungen erlernen, die das erkrankte Chakra und Organ reinigen und energetisieren. Man sollte ihm die Porenatmung oder die Tao-Heiltechnik zeigen. Der Patient muß regelmäßig überwacht werden, um eine möglicherweise als Folge der Porenatmung auftretende Pranastauung zu korrigieren.

Weisen Sie den Patienten an, energetisiertes Wasser zu trinken und Erholung unter großen Laub- oder Nadelbäumen zu suchen. Manche

Patienten umarmen sogar einen solchen großen, gesunden Baum. Es ist außerdem von Vorteil, wenn sich die Patienten mit erfreulichen und nützlichen Aktivitäten beschäftigen, anstatt sich in Gedanken über ihre mißliche Lage oder ihr Leiden zu versenken.

Religiöse Patienten können regelmäßig beten und den Herrn bitten, sie wieder ganz und vollkommen zu machen. Den anderen kann man zeigen, wie sie mit ihren geistigen Führern in Kontakt kommen. Der Patient muß sich zuerst entspannen und durch Visualisierung in einen herrlichen Garten versetzen. In diesem Garten begegnet er Lichtwesen. Demütig bittet er diese Lichtwesen um Hilfe und Heilung. Danach taucht er kurz ein in einen Teich, dessen Wasser von Licht erfüllt ist. Er visualisiert und fühlt, daß auch sein ganzer Körper von Licht erfüllt wird. Danach dankt er den Lichtwesen für die Hilfe und Heilung.

Es spielt keine Rolle, ob der Patient tatsächlich diese Lichtwesen trifft. Wenn es geschieht, ist Hilfe direkt unterwegs; wenn nicht, hilft es dem Patienten zumindest, seine Aufmerksamkeit von der Krankheit und den Beschwerden abzulenken und dadurch dem Körper Gelegenheit zur Selbstheilung zu geben. Das Bad im Teich, das seinen Leib mit Licht erfüllt, reinigt und energetisiert seinen gesamten Körper. Diese Visualisierung sollte täglich vorgenommen werden.

Auch wenn es keine Garantie für die Heilung schwerkranker Patienten gibt, wird sich deren Zustand doch bis zu einem gewissen Grad bessern, und der Schmerz wird gelindert.

Die Selbstheilungs-Affirmation

Gott ist allmächtig,
Gott ist gnädig,
Gott heilt mich von allen Krankheiten.
In Dankbarkeit und voller Vertrauen!

Wiederholen Sie dieses Gebet etwa fünf Minuten lang voller Konzentration in Demut, Ehrfurcht und festem Glauben.

Seien Sie innerlich still und aufnahmebereit, und warten Sie etwa zehn Minuten.

Geschieht das in der richtigen Weise, so tritt bei einfachen Erkrankungen eine schnelle oder sogar eine sofortige Linderung ein.

Menschen mit schweren Krankheiten sollten diesen Vorgang zweimal täglich so lange wie nötig wiederholen, selbst über mehrere Monate oder Jahre hinweg.

Die Selbstheilungs-Affirmation kann zusätzlich zur Meditation über die zwei Herzen erfolgen. Wenn Sie unter einer schweren Erkrankung leiden, sollten Sie über die zwei Herzen meditieren. Nachdem Sie die überschüssige Energie freigesetzt haben, sollten Sie die Selbstheilungs-Affirmation sprechen. Wenn Sie beides verbinden, so führt das zu einer erheblich rascheren Heilung.

Beenden Sie die Sitzung mit einem kurzen Dankgebet:

Höchster Gott,
danke für Deinen Segen,
Deine Gnade und Deine Heilung.
In Dankbarkeit und voller Vertrauen!

Sollten die Symptome andauern oder handelt es sich um eine schwere Erkrankung, so suchen Sie bitte unverzüglich einen Arzt und einen bestätigten Pranaheiler auf.

Die Einsetzung eines Heilengels

Es ist ratsam, nach der Behandlung Gott zu bitten, einen Heilengel einzusetzen, der bei dem schwerkranken Patienten bleibt, um den Heilungsprozeß weiter zu beschleunigen. Der Patient sollte angewiesen werden, mehrmals am Tage Gottes Segen zu erbitten, um noch empfangsbereiter zu sein. Die Aufnahmebereitschaft des Patienten erleichtert die Arbeit des Heilengels sehr. Der Heiler kann um die Einsetzung eines Heilengels für seinen Patienten bitten, indem er still für sich das folgende Gebet spricht:

Höchster Gott, ich danke Dir,
daß Du einen heilenden Engel
bei diesem Patienten sein läßt,
bis er völlig geheilt ist.
In Dankbarkeit und voller Vertrauen.
So sei es!

Eingesetzter Heilengel,
danke für die Heilung.
In Dankbarkeit und voller Vertrauen.
So sei es!

Es ist wichtig, daß diese Invokation in Demut, Aufrichtigkeit und Ehrfurcht geschieht.

> In naher Zukunft werden Heilengel und Heiler aktiver zusammenarbeiten, um in größerem Umfang Spontan- oder Wunderheilungen herbeizuführen.
>
> Choa Kok Sui

Kapitel 6
Die Prana-Fernheilung

Der planetarische Ätherkörper ist ein ununterbrochenes, zusammenhängendes Ganzes; die Ätherkörper des Heilers und des Patienten sind unabtrennbare Wesensteile des planetarischen Ätherkörpers ... Die Verbindungskanäle können Stromleiter für viele verschiedene Energiearten sein, die vom Heiler auf den Patienten übertragen werden.

Alice Bailey
Esoterisches Heilen (S. 700)

Lebensenergie, gefärbt vom Gedanken des Senders, kann aus der Ferne auf Menschen übertragen werden, die zur Aufnahme bereit sind. Auf diese Weise kann Heilung bewirkt werden.

Yogi Ramacharaka
The Science of Psychic Healing

Energie folgt dem Gedanken. Ein esoterisches Gesetz

Der jeder Fernheilung zugrundeliegende Mechanismus ähnelt dem des Telefons. Der Heiler und der Patient sind miteinander verbunden, weil ihre Ätherkörper Bestandteile des Ätherkörpers der Welt sind. Wenn der Heiler seine Aufmerksamkeit auf den Patienten konzentriert, kann er kranke ätherische Materie entfernen und Prana auf den Patienten übertragen, denn: »Energie folgt dem Gedanken.« Die Prana-Fernheilung verläuft ähnlich wie die Pranaheilung aus nächster Nähe. Der einzige Unterschied besteht darin, daß für die Prana-Fernheilung die mediale Fähigkeit des Heilers durch regelmäßige Übung zu größerer Genauigkeit entwickelt oder geschärft werden muß. Wer von Ihnen bereits Heilungen vorgenommen oder Versuche damit angestellt hat, wird vielleicht schon die Fähigkeit entwickelt haben, auch ohne Scanning zu spüren, welcher Körperteil beim Patienten nicht in Ordnung ist. Vielleicht hat sogar der eine oder andere die paranormale Wahrnehmungsfähigkeit bereits soweit gesteigert, daß er bei der Energetisierung den Grad der Gesundheit eines Organs fühlen oder vage sehen kann. Die Entfaltung oder allmähliche Entwicklung der medialen Fähigkeit ist ein natürliches Nebenprodukt beim Heilen. Es ist ratsam, daß Sie vor dem Versuch der Prana-Fernheilung zumindest ausreichende Fertigkeiten in der Mittelstufe der Pranaheilung erworben haben.

Das Fernscanning

Die Fähigkeit, einen Patienten aus der Ferne durch Scanning zu überprüfen, muß durch regelmäßige Übung allmählich entwickelt werden.

Vorgang:

Wenn ein Patient zu Ihnen kommt und geheilt werden möchte, nehmen Sie nicht gleich das übliche Scanning mit Hilfe der Hände vor. Befragen Sie ihn auch nicht sofort.

Lassen Sie den Patienten vor sich Platz nehmen. Schließen Sie die Augen, und versuchen Sie, mit Ihrem inneren Auge zu sehen und den bioplasmatischen Körper und den physischen Körper auf diese Weise durch Scanning zu überprüfen. Betrachten Sie die Chakras vom Scheitel bis zu den Sohlen. Schenken Sie den großen Chakras besondere Aufmerksamkeit. Leuchten die Chakras hell und klar, sind sie von einer gräulichen Farbe, schmutzigrot oder schwarz? Versuchen Sie, auch die Chakras durch Scanning zu überprüfen. Sind sie besonders dick oder flach oder einfach normal? Sie können sich vorstellen, daß Sie die Chakras mit den Händen abtasten. Betrachten und überprüfen Sie die wichtigen Organe von oben bis unten. Sehen sie gut aus, und fühlen sie sich gut an? Sind sie zu rot, oder sehen sie bläulich aus? Betrachten Sie und tasten Sie die Wirbelsäule von oben bis unten ab. Sehen oder spüren Sie vielleicht irgendeine Behinderung oder eine leichte Verschiebung? Entspannen Sie sich. Arbeiten Sie langsam, aber gründlich. Dem Patienten wird es nichts ausmachen, wenn er einige Minuten Geduld haben muß.

Öffnen Sie die Augen. Stehen Sie auf, und überprüfen Sie den Patienten gründlich mit der Scanningtechnik.

Befragen Sie den Patienten. Bewerten Sie den Zustand des Patienten, und ziehen Sie Vergleiche zu den Ergebnissen der anfangs vorgenommenen geistigen Betrachtung.

Es ist möglich, daß Sie schon beim ersten Versuch eine gewisse Genauigkeit erzielen. Üben Sie so lange, bis Sie nicht nur ein relativ genaues, sondern ein sehr genaues Ergebnis bekommen. Dazu müssen Sie mindestens einige Monate lang regelmäßig üben. Die richtige und wirksame Behandlung hängt vom genauen Scanning ab.

Versuchen Sie die Fernheilung und das Fernscanning zuerst an Patienten, die Sie bereits einmal behandelt haben. Dann gehen Sie allmählich dazu über, diese Technik auch an Patienten auszuprobieren, die Sie noch nie gesehen haben. Nehmen Sie ein Bild des Patienten zu Hilfe, um einen »Kontakt« mit ihm herzustellen.

Fernreinigung und Fernenergetisierung

Diese beiden Techniken sind wesentlich leichter zu erlernen als das Fernscanning.

Erste Methode

Führen Sie Pranaatmung durch. Visualisieren Sie, daß Sie den Patienten vor sich haben; stellen Sie sich nicht vor, daß er von Ihnen weit entfernt ist, Ihrem Geist könnte sonst das ganze Unternehmen zu schwierig erscheinen.

Visualisieren Sie, oder stellen Sie sich einfach vor, daß Sie an den zu behandelnden Körperteilen das allgemeine und das örtliche Sweeping vornehmen. Beseitigen Sie die kranke bioplasmatische Materie, indem Sie ein Feuer oder eine Lichtkugel, so hell wie die Sonne, neben sich visualisieren. Dort werfen Sie die kranke Materie hinein. Setzen Sie den Reinigungsprozeß fort, bis die behandelten Bereiche heller aussehen.

Energetisieren Sie die betreffenden Chakras und die zu behandelnden Teile des Körpers. Setzen Sie die Energetisierung so lange fort, bis die behandelten Bereiche ganz hell und gesund aussehen oder bis Sie spüren, daß die behandelten Körperteile genügend Prana besitzen. Sie fühlen es einfach, wenn genügend Prana vorhanden ist und der behandelte Bereich kein Prana mehr aufnimmt.

Stehen Sie auf und öffnen Sie die Augen. Überprüfen Sie den Patienten durch Scanning, und stellen Sie fest, ob er richtig behandelt wurde. Ist das nicht der Fall, wiederholen Sie den ganzen Vorgang, bis sich der Zustand des behandelten Körperteils wesentlich gebessert hat. Waschen Sie sich nach der Behandlung die Hände.

Zweite Methode

Lassen Sie den Patienten vor sich Platz nehmen, und schließen Sie die Augen.

Visualisieren Sie eine leuchtende Kugel aus Licht über dem Scheitel des Patienten. Visualisieren Sie, daß ein Strom aus weißem Licht den Kopf überflutet, sich allmählich nach unten ausbreitet und den ganzen Körper reinigt. Sammeln Sie die kranke bioplasmatische Materie, und beseitigen Sie sie in angemessener Weise.

Visualisieren Sie, daß die graue Materie in dem betroffenen Teil des Körpers allmählich weniger dicht und etwas heller wird. Richten Sie Ihre Willenskraft darauf, daß die graue Materie den Körper verläßt, und beobachten Sie, wie sie herausfließt.

Die kranke bioplasmatische Materie wird beseitigt, indem Sie Ihren Willen darauf richten, daß sie sich sofort auflöst, oder indem Sie visualisieren, wie die graue Materie allmählich dünner wird. Sie können sich auch einfach ein Feuer vorstellen und die kranke bioplasmatische Materie hineinwerfen.

Energetisieren Sie die betroffenen Teile des Körpers. Visualisieren Sie, daß sich eine Lichtkugel bildet, und übertragen Sie die Energie auf den betroffenen Teil des Körpers.

Öffnen Sie die Augen, und wiederholen Sie das Scanning. Falls erforderlich, setzen Sie die Behandlung weiter fort. Der Unterschied zwischen den beiden Methoden besteht darin, daß bei der ersten zunächst Prana vom Körper des Heilers aufgenommen und dann auf den Patienten übertragen wird. Bei der zweiten Methode wird Prana aus der Umgebung direkt auf den Patienten übertragen, ohne daß es zuvor durch den Körper des Heilers geht. Man kann die beiden Methoden auch miteinander kombinieren.

Sobald Sie genügend Übung haben, können Sie versuchen, die Patienten, die Sie bereits gut kennen, aus der Ferne zu heilen. Danach gehen Sie allmählich dazu über, die Technik an neuen Patienten auszuprobieren.

Kapitel 7

Fallgeschichten aus aller Welt

Amerika (USA)

Name:	Diane M. Smith
Anschrift:	11009 W. Church St., Franklin, WI 53132, USA
Alter:	45
Beruf:	Verwaltungsassistentin
Fall:	Thrombozytose (krankhafte Vermehrung der Blutplättchen)
Heiler:	Stephen Co

Im Juli 1996 wurde eine seltene Erkrankung des Blutes bei mir diagnostiziert. Es handelte sich um Thrombozytose (krankhafte Vermehrung der Blutplättchen). Diese Krankheit löst eine Reihe von Symptomen aus, besonders schädlich ist die extrem hohe Anzahl von Blutplättchen von mehr als einer Million, die zu einem Herzanfall oder Herzschlag führen kann. Als weitere Krankheitssymptome kamen eine extreme Müdigkeit, Herzklopfen und Kurzatmigkeit hinzu, außerdem hatte ich aufgedunsene und geschwollene Beine und Knöchel.

Ich bekam Medikamente, welche die Zahl der Blutplättchen senken sollten. Drei Tage lang wurde ich im Krankenhaus verschiedenen Tests unterzogen, unter anderem auch einer Knochenmarksuntersuchung auf Leukämie. Die Ursache für meine Erkrankung wurde jedoch nicht gefunden.

Nach sechs Monaten Behandlung bei Onkologen schwankte die Zahl meiner Blutplättchen, und ich fühlte mich sehr elend. In einer Frauenzeitschrift las ich dann einen von Stephen Co verfaßten Artikel. Darin berichtete er von der Heilung einer erblindeten jungen Frau, die fast genau die gleiche Blutkrankheit gehabt hatte wie ich. Ich rief in seinem Büro in Kalifornien an und erhielt die Auskunft, daß er am 8. und 9. Februar 1997 in St. Louis sein werde, um einen Pranaheilungs-Workshop durchzuführen. Ich hatte das starke Gefühl, zu diesem Workshop gehen zu müssen, obwohl ich vorher noch nie etwas von Pranaheilen gehört und keine Vorstellung davon hatte, was mich erwartete.

Vor meiner Krankheit hatte ich ein Leben voller Schmerzen und Ärger geführt. Am Sonntag, dem 9. Februar, veränderte sich mein Leben jedoch für immer. Ich erinnere mich so lebhaft und eindringlich daran, als wäre es gestern gewesen. Die Heilung selbst dauerte knapp eine Stunde. Ich fühlte eine ganze Zeitlang eine gewaltige Kraft, ein Ziehen innerhalb meines Körpers. Stephen nahm meine Hände und hielt sie, während er mir sagte, ich solle loslassen. Plötzlich sah ich ein riesiges weißes Licht in meinem ganzen Körper, ein so kraftvolles Leuchten, daß ich mich fühlte, als könnte ich zum Himmel schweben. Es war unglaublich. Ein Gefühl des Wohlbefindens und des Friedens erfaßte mich, ein Gefühl der Dankbarkeit, der Segnung und der vollkommenen Freude.

Es war spät, als ich zum Flughafen aufbrach, und so verpaßte ich fast meinen Flug zurück nach Milwaukee. Ich mußte durch den Flughafen von St. Louis rennen, um mein Flugzeug noch zu erreichen. Als ich schließlich auf meinem Platz saß, kamen mir die Tränen, denn ich fühlte mich plötzlich nicht mehr müde, sondern unglaublich wohl. Es ging mir mit jedem Tag besser, und die Symptome meiner Bluterkrankung verschwanden. Beim ersten Besuch bei meinem Onkologen war die Anzahl meiner Blutplättchen etwa gleich geblieben. Beim nächsten Mal lag sie etwas niedriger, beim letzten Besuch im Normalbereich. Ich hatte meine Medikamente um die Hälfte verringern können. Mein Arzt war verblüfft. Zur gleichen Zeit hatte ich meinen halbjährlichen Termin beim Zahnarzt. Auch er war völlig erstaunt, daß mein Zahnfleisch plötzlich geheilt war. Inzwischen habe ich das Buch über Pranaheilen gelesen, spreche die darin genannten Gebete und mache täglich mit Hilfe der Kassette die Meditation über die zwei Herzen. Ich erkenne nun, daß meine Blutkrankheit auf spiritueller Ebene durch meinen Ärger, meine Mißgunst und Negativität ausgelöst worden ist.

Ich habe mich physisch und emotional niemals in meinem Leben besser gefühlt und wachse immer mehr an Körper, Geist und Seele. Ich nahm ein zweites Mal am Workshop für Pranaheilen teil und dankte Stephen Co für sein Geschenk an mich: für ein neues Leben voller Liebe, Freude, Frieden und Wohlgefühl. Ich weiß, daß ich mich für dieses segensreiche Geschenk mit Liebe bedanken muß. Er war fähig, mich vom Schmerz zu befreien und den Gesundungsprozeß meines Körpers einzuleiten. Ich muß auch meinem Gott und Erretter danken, denn ohne Ihn wäre keine dieser Segnungen möglich gewesen.

Diane Smith, 3. Mai 1997

Argentinien

Name: Dora Sonia Filipof
Anschrift: Avenida Rvadavia 6387 5 A1, Capital Federal, Buenos Aires, Argentinien
Beruf: Akupunkteurin und Pranaheilerin
Fall: Skoliose (Wirbelsäulenverkrümmung)

Karina Gonzales, eine Studentin von zweiundzwanzig Jahren, hatte Skoliose. Zwölf Jahre lang hatte sie so starke Schmerzen gehabt, daß sie nur unter Schwierigkeiten schlafen konnte. Ihre Familie suchte nach verschiedenen Therapiemöglichkeiten, aber der einzige Behandlungsvorschlag lief darauf hinaus, ihr eine Metallstange in die Wirbelsäule einzusetzen, um diese aufzurichten.

Als sie mich aufsuchte, durfte niemand ihren Rücken berühren, da er so empfindlich war und schmerzte. Ich wandte Pranaheilung an, und die Schmerzen verschwanden zu achtzig Prozent. Nach zwölf Behandlungen konnte sie wieder schlafen und zur Gymnastik gehen. Die Besserung ist unglaublich, und Karina kommt weiterhin regelmäßig zur Pranabehandlung.

Dora Sonia Filipof, 18. Juli 1997

Brasilien

Name: Camilla de Gouvea Bezerra dos Santos
Anschrift: Av. Oswaldo Cruz, Apt. 1.401, Flamengo, Rio de Janeiro RJ, Brasilien
Alter: 3
Fall: Impetigo (Eiterflechte, Grind)
Heiler: Araci Ag. Monteiro

Im Januar 1996 bekam meine Tochter Camilla, die damals zweieinhalb Jahre alt war, eine Hautkrankheit, die als Impetigo diagnostiziert wurde. Ihr Körper war voller Ausschlag, der so schmerzhaft war wie Verbrennungen zweiten Grades, wie uns der Kinderarzt sagte. Camilla wurde ein sehr unruhiges und aggressives Kind.

Fast einen Monat lang versuchte ich es mit homöopathischen und allopathischen Behandlungen, aber keine konnte das Problem lösen. Da entschied ich mich für einen Versuch mit Pranaheilen. Nach zwei

Behandlungen, bei denen Araci Reinigung und Energetisierung anwandte, ging der Hautausschlag immer weiter zurück, und Camilla benahm sich wieder normal.

Patricia de Gouvea Bezerra dos Santos (Mutter)
Araci Ag. Monteiro, 22. Mai 1997

Deutschland

Name: Elisabeth Veihöver
Anschrift: Uhlandstr. 20, 52349 Düren, Deutschland
Beruf: Rentnerin
Fall: Bandscheibenvorfall
Heiler: Bernhard Späth

Ich hatte einen Bandscheibenvorfall im unteren Wirbelsäulenbereich und mußte mich 1996 operieren lassen. Danach litt ich mehrere Monate unter starken Schmerzen, vor allem in den Oberschenkeln. Ohne Stock oder Rollstuhl konnte ich mich nicht bewegen. Meine Beine waren schwach und meine Knöchel taub. Meine Fußsohlen verursachten einen brennenden Schmerz. Zweimal wöchentlich verabreichte ein Arzt mir Injektionen gegen die Schmerzen, jedoch ohne Erfolg.

Im Mai 1997 unterzog ich mich einer Pranaheilung. Nach vier Behandlungen waren meine Schmerzen bereits so weit gelindert, daß ich ohne Stock gehen konnte. Das taube Gefühl in den Knöcheln und das Brennen unter den Fußsohlen sind fast verschwunden.

Elisabeth Veihöver, Juli 1997

Name: Raphaele Berglar
Anschrift: Gleuelerstr. 373, 50935 Köln, Deutschland
Fälle: 1. Eierstockzysten/Unfruchtbarkeit
2. Blasen- und Harnleiterinfektionen

Fall 1: Eierstockzysten/Unfruchtbarkeit
Karin Voigt, sechsundzwanzig Jahre alt, litt unter Zysten in den Eierstöcken. Vor der Pranabehandlung waren die Menstruationszyklen länger als üblich, ein Eisprung erfolgte nicht. Die Diagnose lautete auf Unfruchtbarkeit.

Nach der Pranabehandlung ist sie nun im dritten Monat schwanger.

Fall 2: Blasen- und Harnleiterinfektionen
Anncharlott Berglar, ein elfjähriges Mädchen, hatte beim Wasserlassen schwere Schmerzen im Unterleib. Der Arzt stellte eine Infektion der Blase und des Harnleiters fest.

Am 7. und 8. April 1996 gab ich ihr fortgeschrittene Pranaheilung. Nach zwei Tagen waren die Symptome verschwunden. Die Analyse ergab einen gesunden, klaren Urin.

Raphaele Berglar, Juli 1997

Finnland

Name:	Kristina Andersson
Anschrift:	Sjöllén, 00200 Helsinki, Finnland
Alter:	44
Beruf:	Lehrerin
Fall:	Nervenentzündung
Heiler:	Tor-Frederic Karlsson

Da ich unter einer Nervenentzündung im Gesicht litt mit Auswirkungen auf Mund und Hals und mit Krämpfen um die Augen, suchte ich Hilfe bei der Pranaheilung. Während der ersten zwei Behandlungen war keine große Veränderung zu bemerken. Nach einer Unterbrechung von vier Wochen erfolgten zwei weitere Pranabehandlungen. Ich empfand eine merkliche Veränderung im Mundbereich. Außerdem fühlte ich mich entspannt, und meine Energie nahm zusehends zu, obwohl ich viel Streß bei der Arbeit hatte. Ich fühle mich inzwischen fast völlig geheilt, mit nur einer leichten Anspannung hin und wieder im Hals. Auch meine Lebensfreude habe ich wiedergefunden.

Kristina Andersson, Juli 1997

Indien

Name:	Geetha Sukumar
Anschrift:	No. 9, 1st Street, Shakti Nagar, Choolaumedu, Chennai – 600 094 Indien
Alter:	30
Beruf:	Hausfrau
Fall:	Chronische Fehlgeburten
Heilerin:	Sushama Saldanha

Nach sieben Jahren Ehe warteten mein Mann und ich, wie jedes verheiratete Paar, auf ein Baby, aber obwohl ich empfangen konnte, kam es nach rund eineinhalb Monaten immer wieder zu einer Fehlgeburt. Das geschah vier- bis fünfmal. Drei Monate waren trotz guter ärztlicher Versorgung und Hilfe der längste Zeitraum, über den ich den Fötus halten konnte. Die Ärzte waren unterschiedlicher Ansicht und letztlich machtlos. Ich wurde mutlos, und im Verhältnis zu meinem Mann traten große Spannungen auf.

Ein Freund erzählte uns von der Pranaheilung. Nach einem Gespräch mit Frau Sushama Saldanha über die Möglichkeiten des Pranaheilens sahen wir einen kleinen Hoffnungsschimmer. Wir begannen sofort mit der Therapie, und nach einigen Behandlungen fühlte ich mich wie ausgewechselt. Tief in mir geschah etwas, was ich nicht in Worte fassen kann.

Nach drei Monaten Pranabehandlung war ich wieder schwanger. Ich setzte die Behandlung einige Monate fort. Meine Schwangerschaft verlief normal, und alle medizinischen Tests wiesen gute Ergebnisse auf. Nach neun Monaten wurde ich mit einem hübschen Mädchen gesegnet. Unser Leben hat nun, dank Sushama Saldana und der Pranaheilung, eine andere Dimension gewonnen.

Geetha Sukumar, 18. Juli 1997

Name:	Goverdan Das
Anschrift:	M/s Bala Tourist Service, 132 A Kodmbakkam High Road, Chennai – 600 034 Indien
Alter:	46
Beruf:	Kaufmännischer Angestellter
Fall:	Postoperative Komplikationen (Gehirn)
Heilerin:	Severine Menezes

Ich hatte eine Operation zur Entfernung eines Blutgerinsels aufgrund einer inneren Blutung hinter mir. Zudem war ich halbseitig gelähmt. Obwohl die Operation technisch gelungen war, fühlte ich mich danach schlechter als je zuvor. Ich litt unter Gedächtnisverlust, Taubheit der Glieder, unter Schwindel, chronischer Verstopfung und Geschwüren in Mund und Hals.

Dadurch war ich völlig von anderen abhängig geworden, konnte keine feste Nahrung mehr zu mir nehmen und fühlte mich schwach und elend. Ich war sicher, daß mein Ende nahe sei, und stellte mich mit meiner Familie auf das Unvermeidliche ein. Glücklicherweise hörte ich dann von der Pranaheilung, und wenn ich auch nicht wußte, worum es sich dabei handelte, war ich doch zu einer Behandlung bereit.

Das war ein Gottesgeschenk. Schon nach der ersten Behandlung empfand ich eine ungeheure Entspannung in meinem Körper und fühlte mich recht gut. Nach einigen wenigen Behandlungen waren wie durch ein Wunder die Geschwüre in Mund und Hals bereits fast verschwunden, und ich vertrug wieder feste Nahrung. Nach weiteren Behandlungen normalisierte sich meine Darmtätigkeit, und bald war keine Spur von Verstopfung geblieben.

Es ging mir endgültig besser. Die Pranaheilung brachte mich ins Leben zurück, und jetzt, nach einigen Wochen regelmäßiger Behandlung, kann ich mich sogar wieder selbst versorgen und voll am Leben teilnehmen. Ich danke für die Pranaheilung – und ganz besonders Frau Severine Menezes.

Goverdan Das, 19. Juli 1997

Name:	N. Manoharan
Anschrift:	12C, Pocket A13, Kalkaji Extension. New Delhi – 110 019, Indien
Alter:	62
Beruf:	Ingenieur
Fall:	Halswirbelentzündung (Cervicale Spondylitis)
Heiler:	P. G. Krishnamachari

Ich litt viele Jahre unter einer Halswirbelentzündung und versuchte es mit allopathischer, homöopathischer und tibetischer Medizin. Eines Tages bemerkte ein Bekannter, P. G. Krishnamachari, als ich im Park spazierenging, meinen schlechten Zustand. Er bot mir eine Pranabehandlung an und führte sie noch im Park durch. Ich empfand sofort Erleichterung, anders als bei Schmerztabletten, die erst nach einer Stunde ein wenig wirkten.

So entschloß ich mich zu weiteren Pranabehandlungen und konnte es kaum glauben, als ich schon nach acht Sitzungen völlig schmerzfrei war.

Inzwischen habe ich festgestellt, daß das Pranaheilen einfach zu erlernen ist. Ich habe damit begonnen in der Hoffnung, anderen ebenso zu helfen, wie mir geholfen wurde. In der Rückschau kann ich sagen, daß die Pranaheilung mein Leben glücklicher gemacht hat.

N. Manoharan, 17. Juli 1997

Indonesien

Name: Handoyo Gazali
Anschrift: Pinang Suasa 3/UA 31 Pondok Indah, Jakarta 12310, Indonesien
Alter: 47
Beruf: Projekt-Manager
Fall: Periodische Sehstörungen (Blackouts)

Dwi A. Srijanti, dreiunddreißig Jahre alt, brauchte medizinische Hilfe wegen ihrer periodischen Sehstörungen (Blackouts). Die neurologische Diagnose ergab Unterbrechungen in der Verbindung der feinen Blutgefäße zum Kleinhirn. Eine Störung der Sehnerven war die Folge. Der Patientin wurde eine Operation angeraten, die allerdings sehr risikoreich war. Sie entschied sich dagegen und wollte ihr Problem durch alternative Medizin lösen, insbesondere durch Pranaheilen.

Während der ersten drei Monate kam die Patientin dreimal wöchentlich zur Behandlung, dann ein ganzes Jahr lang zweimal wöchentlich. Die Behandlung führte zu einer vollständigen Genesung.

Alle medizinischen Daten, die vor, während und nach der Pranabehandlung aufgenommen wurden, haben wir in unseren Unterlagen festgehalten, um die Wirksamkeit dieser alternativen Behandlungsmethode zu belegen.

Handoyo Gazali, 23. Juli 1997

Name: Dr. Nani Wigati
Anschrift: JL. Usip Sumoharjo 91, Solo, Indonesien
Alter: 43
Beruf: Arzt und Pranaheiler
Fall: Bruch und Verschiebung des Ellbogens

Frau Hendrati war siebenundfünfzig Jahre alt. Sie kam zu mir mit einer starken Schwellung im rechten Ellbogengelenk, die sie sich durch einen Sturz zugezogen hatte. Auf dem Röntgenbild war ein Bruch des Ellbogens zu sehen mit einer Verschiebung des Knochens, der zum Teil seitwärts zeigte. Der Orthopäde wollte zunächst den geschwollenen Bereich behandeln und anschließend den Bruch operieren.

Die Patientin kam zur Behandlung in das Solo-Pranaheilungszentrum. Ich reinigte den betroffenen Bereich vorsichtig und gründlich mit weißlichem Grün und weißlichem Orange. Anschließend visualisierte ich, wie der gebrochene Knochen in die richtige Position zurückkehrte und sich normalisierte. Dann energetisierte ich mit weißlichem Grün und weißlichem Blau. Um dem gebrochenen Knochen Halt zu geben, benutzte ich Gelb und weißliches Orange sowie eine Kombination von weißlichem Orange und weißlichem Rot.

Nach einer dreimaligen Pranabehandlung war die Patientin völlig geheilt. Eine erneute Röntgenaufnahme bestätigte dieses Ergebnis.

Dr. Nani Wigati, Juli 1997

Name:	Dr. Petrus Lukmanto
Anschrift:	Jalan Kayumanis VIII/51, Jakarta Timur Jakarta 13130, Indonesien
Alter:	44
Beruf:	Praktizierender Arzt und Pranaheiler
Fall:	Akutes Nierenversagen

Mein Patient, Ir Haryanto, erkrankte im Alter von fünfundfünfzig Jahren an akutem Nierenversagen. Er litt unter schwerer Übelkeit mit Erbrechen, Fieber und Schwäche. Die Laborwerte zeigten einen erhöhten Harnsäurewert von 280 (der Normalwert beträgt bis 50) und einen Keratinwert von 11.2 (Normalwert: 1–2).

Vierzehn Tage lang behandelte ich ihn dreimal täglich. Die Symptome verschwanden schrittweise, und nach zwölf Tagen hatten sich die Harnsäure- und Keratinwerte normalisiert. Sie sind heute noch normal.

Am Anfang konnte ich kaum an meine Fähigkeit glauben, mit Pranaenergie zu heilen, da die Reaktion stets sehr schnell erfolgte. Ich habe einige Patienten nach einem Schlaganfall oder Gehirnschlag mit Pranaenergie behandelt, und ihr Zustand hatte sich bereits nach nur ein bis zwei Behandlungen normalisiert.

Ich empfinde das Pranaheilen als sehr wertvolle Hilfe, um den natürlichen Heilungsprozeß im Körper zu beschleunigen. Es stellt ein wirkungsvolles Werkzeug für die Heilung dar, und das Ergebnis grenzt häufig an ein Wunder.

Dr. Petrus Lukmanto, Juli 1997

Irland

Name: Christine Walsh
Anschrift: Breaffy, Castlebar, Co. Mayo, Irland
Alter: 48
Beruf: Grundschullehrerin
Fall: Lungenentzündung/Akute Rückenschmerzen
Heiler: Jack und Lulu Hynes

Im Juli 1996 litt ich unter starken Schmerzen unter meinem linken Schulterblatt und hatte Schwierigkeiten beim Atmen. Ich ging zu meiner Ärztin, die eine linksseitige Lungenentzündung feststellte. Ich bekam Antibiotika. Da die Behandlung nicht anschlug, wollte sie mich ins Krankenhaus einliefern. Ich lehnte ab und erhielt eine weitere Antibiotikabehandlung.

Zu dieser Zeit begann ich eine Pranabehandlung. Schon nach zwei Heilbehandlungen mit Kristallen war der Schmerz unter meiner linken Schulter verschwunden und kam nicht wieder. Die Lungenentzündung wurde besser, und meine Ärztin war sehr erstaunt, wie schnell ich mich von der Krankheit erholte.

Im Mai 1997 hatte ich akute Rückenschmerzen, die mich völlig bewegungsunfähig machten. Schon nach nur einer Pranaheilbehandlung wurden die Schmerzen erheblich besser, so daß ich mich wieder frei bewegen konnte. Es war wie ein Wunder.

Ich bin sehr dankbar, daß ich Pranaheilen erfahren durfte.

Christine Walsh, 18. August 1997

Italien

Name: Milena Panzavolta
Anschrift: Via Carradori 19, Carpinello (FO), Italien
Alter: 41
Beruf: Angestellte
Fall: Brustkrebs
Heilerin: Loretta Zanucolli

Am 7. Oktober 1996 war eine Krebserkrankung meiner rechten Brust festgestellt worden. Da mein Sohn bereits wegen seiner Allergien im Pranazentrum (Gruppo Romagna Pranic Healing) behandelt wurde, bat ich Loretta, auch mich zu behandeln.

Sechs Monate später ging ich erneut zu einer medizinischen Untersuchung. Die Ärzte waren verblüfft und konnten gar nicht glauben, daß der Krebs verschwunden war.

Ich glaube, daß diese Heilmethode sehr wirkungsvoll und einfach wunderbar ist. Jeder sollte sich dieser neuen Behandlung unterziehen.

Milena Panzavolta, 21. Mai 1997

Kanada

Name:	Elliot Gose
Anschrift:	303 Ross-Durrance Rd., Victoria V9E 2A3, Kanada
Alter:	71
Beruf:	Emeritierter Universitätsprofessor
Fälle:	Sehnenzerrung am linken Knie/Schienbein, Carpaltunnel-Syndrom (Erkrankung der Handwurzel), Hämorrhoiden
Heilerin:	Dorothea Vickery

Als ich 1991 in den Ruhestand ging, erwartete mich ein aktives Leben auf unserem damaligen Sommersitz. Es machte mir Freude, die abgestorbenen Bäume auszuholzen, sie zu zersägen und zu Brennholz zu verarbeiten. Ich wanderte auch gern in den umliegenden Bergen. Unglücklicherweise bekam ich im Oktober 1995, ich war damals neunundsechzig Jahre, eine Sehnenzerrung am linken Knie und mußte mit dem Wandern aufhören. Ein entzündungshemmendes Mittel half nicht. Eine einmonatige Pranabehandlung von Dorothea Vickery ließ die Symptome jedoch verschwinden. In den vergangenen achtzehn Monaten bin ich wieder schmerzfrei gewandert.

Als sich ein Carpaltunnel-Syndrom an meiner rechten Hand entwickelte, befürchtete ich, kein Brennholz mehr schlagen zu können, vor allem, als mein Arzt mir eröffnete, daß es keine Heilung gäbe. Nach einigen Monaten Pranabehandlung durch Dorothea Vickery waren die Symptome jedoch verschwunden. Wenn sie einmal infolge von Überanstrengung in abgeschwächter Form wieder auftreten, verschwinden sie nach zwei Tagen Ruhe ohne erneute Behandlung. Ich schneide auf unserem großen Anwesen wieder die Bäume aus und säge Holz.

Auch Dorotheas Behandlung meiner akuten Hämorrhoidenbeschwerden im letzten Frühjahr grenzte fast ein Wunder. Schon nach dem ersten Mal war ich hundertprozentig geheilt. Sie führte vorsichtshalber noch einige Behandlungen durch, aber die Symptome sind seitdem nicht wieder aufgetreten. Das hatte ich vorher noch nie erlebt.

Elliot Gose, 18. Mai 1997

Mexiko

Name:	Maria de la Luz Bautista Riviera
Anschrift:	Calle Nogal 205, Colonia Corralejo, Zuauza, N. L., Mexiko
Alter:	55
Beruf:	Hausfrau
Fall:	Gehirntumor
Heiler:	Dr. Domingo Garcia Hernandez

Vor zwei Jahren litt ich unter sehr starken Kopfschmerzattacken. Meine Hände und Arme zitterten. Ich konnte sie weder still halten noch etwas mit den Händen festhalten. Außerdem konnte ich nicht mehr gut schlafen.

Ich suchte einen Gehirnchirurgen in einem öffentlichen Krankenhaus auf. Der stellte nach einem Computerszinitigramm einen Gehirntumor fest. Am 26. Mai sollte ich operiert werden. Ich konnte mich jedoch nicht dazu durchringen und beschloß, nach einer alternativen Behandlungsweise zu suchen.

So begann ich am 6. Mai mit einer Pranabehandlung bei Dr. Domingo Garcia Hernandez. Er stellte eine schwere Pranastauung an der rechten Seite meines Kopfes fest. Innerhalb eines Monats bekam ich zehn Pranabehandlungen – dreimal wöchentlich in den ersten beiden Wochen, zweimal wöchentlich in den beiden folgenden Wochen. Schon nach der ersten Woche waren die Symptome vollständig verschwunden.

Einen Monat nach der Pranabehandlung wurde vom Arzt wieder eine Computeruntersuchung vorgenommen. Das Ergebnis zeigte, daß der Tumor so gut wie verschwunden war. Nun ist die Operation um sechs Monate verschoben worden. In dieser Zeit bekomme ich weiterhin so lange Pranabehandlungen, bis der Tumor endgültig verschwunden ist.

Ich bin dankbar, daß es das Pranaheilen als alternative Heilmethode gibt. Ich habe mein normales Leben wieder aufgenommen und eine risikoreiche Operation vermeiden können.

Maria de la Luz Bautista Riviera, 1. August 1997

Name: Monica Lozano Garza
Anschrift: Andadores 38 Edificio Vallecito Dep. 1
Col. Cumbres, Monterrey, N. L., Mexiko
Alter: 43
Beruf: Schauspielerin
Fall: Lungenentzündung/Rückenschmerzen,
Streß und Verspannung
Heiler: Viktor Longoria

Seit meiner Jugend litt ich unter schweren Rückenschmerzen. Ich stand sehr unter Streß und fühlte mich die meiste Zeit verspannt. Dann bekam ich eine Lungenentzündung und suchte mehrere Ärzte auf.

Zur gleichen Zeit begann ich eine Pranabehandlung – drei Behandlungen alle fünf Tage. Während der ersten Sitzung behandelte Victor Longoria meine Rückenschmerzen, die Streßsymptome, Verspannungen und auch die Lungenentzündung. Seit dieser Zeit sind die Rückenschmerzen völlig verschwunden. Mein Atemproblem ließ ebenso nach wie der Streß und die Verspannung. Während der folgenden Behandlungen konzentrierte sich Herr Longoria auf meine Lungenentzündung. Nach drei Sitzungen war ich wieder gesund und fühlte mich sehr glücklich.

Ich bin dankbar, daß es Pranaheilen gibt. Es ist die wirksamste Technik, die ich je ausprobiert habe, um wieder gesund zu werden.

Monica Lozano Garza, 2. August 1997

Niederlande

Name: Edith Meex
Anschrift: Spijkerweg 5, 6584 AB Molenhoek, Niederlande
Beruf: Pranaheilerin, Reblancer, Lehrerin
Fälle: 1. Arthritis
2. Migräne

Da ich bereits beruflich mit der Bewußtheit von Körper, Seele und Geist arbeite, ist es interessant festzustellen, was das Pranaheilen dem Ganzen hinzugefügt hat.

Seit ich am Workshop für Pranaheilen teilgenommen habe, brauche ich für die Behandlungen weniger Zeit, sie sind wirkungsvoller und ergiebiger. Vorher ließ ich mich eher von meiner Intuition leiten und konnte mir oft nicht erklären, wie und warum die Heilung eintrat. Nun weiß ich, was geschieht und was ich in bestimmten Fällen machen kann.

Vorher fühlte ich mich oft an der Grenze meiner Fähigkeiten, wenn Patienten Schmerzen hatten. Jetzt aber bin ich fest davon überzeugt, daß Pranaheilen, richtig angewandt, unbegrenzte Möglichkeiten bietet. Vor dem Pranakurs war ich häufig erschöpft und sehnte mich nach freien Tagen. Heute habe ich mit dem Pranaheilen ein praktisches und einfaches Instrument in der Hand, um als Heiler und Therapeut selbst für mich zu sorgen.

Bevor das Pranaheilen in mein Leben kam, fühlte ich mich oft mit meiner Arbeit allein. Nun bin ich in das »göttliche Team« eingebunden. Das scheint mir ein hübscher Ausdruck für das zu sein, was geschehen ist. Ich empfinde jetzt die Verbindung mit dem Göttlichen und kann trotzdem auch meine eigene Intelligenz gebrauchen, wenn ich beispielsweise entscheide, welche Farben ich einsetzten muß. Das Pranaheilen gibt den Behandlungen einen gewissen letzten Abschluß. Mir ist niemals eine stärkere Heilkunst begegnet.

Fall 1: Arthritis

Frau M. hatte eine leichte Arthritis im linken Knie und konnte nicht richtig gehen. Um ihr zu helfen, nahm ich eine Fernheilung vor. Einige Tage später rief sie mich an und sagte ganz beiläufig: »Sie werden nie erraten, was ich gemacht habe. Einen langen Spaziergang! Denn die Schmerzen in meinem Knie sind verschwunden.« Ich war zunächst verblüfft und brauchte einige Minuten, um zu realisieren, was hier geschehen war. Es erfüllte mich mit Dankbarkeit, aber auch mit ein wenig Furcht. Welche Kraft ... Zwei Wochen später rief sie wieder an, weil sie sich einen Bänderriß am linken Knie zugezogen hatte. Ich erinnerte mich an den betreffenden Abschnitt im Buch. Und wieder war ich über den Heilungserfolg erstaunt.

Fall 2: Migräne

Frau H. hatte jeden Monat etwa vier bis fünf Tage schwere Migräneanfälle. Während der ersten Behandlung folgte ich der im Buch empfohlenen Vorgehensweise. Ich bat sie um einen Anruf, wenn die Migräne einsetzen würde. Einige Tage später bekam sie Migräne, und ich konnte fühlen, wie heiß die Aura um ihren Kopf war. Vorsichtig reinigte ich sie mit Grün und Blau, um sie abzukühlen. Frau H. empfand danach bereits eine Erleichterung. Während ich energetisierte, richtete ich meine Gedanken darauf aus, daß die Linderung in den nächsten Stunden zunehmen und die Venen sich entspannen und zu ihrem gesunden Zustand zurückfinden würden. Genau das geschah. Am nächsten Tag war die Migräne vorbei, und Frau H. stellte glücklich fest, daß sie nur einen Tag gedauert hatte.

Bis zu diesem Zeitpunkt war Migräne eine der Krankheiten gewesen, bei denen ich nicht wußte, wie ich vorgehen sollte. Ich bin sehr froh über das Ergebnis. Wir werden noch einige Behandlungen durchführen, um zu sehen, inwieweit sie völlig geheilt werden kann.

Edith Meex, 17. Juni 1997

Österreich

Name: Franz Danninger
Anschrift: Lebensquelle Universelle, Energie-Gesundheitszentrum
A-5164 Seeham, Österreich
Beruf: Pranaheiler
Fall: Steifer Hals

Petra Wolftaler, ein zwölfjähriges Mädchen, konnte ein halbes Jahr lang den Kopf nicht bewegen, weil der Nerv im Nackenbereich eingeklemmt war. Nach einer nur dreißigminütigen Pranabehandlung war das Problem völlig verschwunden, und die Patientin konnte ihren Kopf wieder so bewegen, als wäre sie niemals krank gewesen.

Franz Danninger, 3. Juni 1997

Philippinen

Name: Allan C. Canète
Anschrift: 3-I Stanford Street, Cubao Quezon City, Philippinen
Alter: 24
Beruf: Student
Fall: Eine Wunde
Heiler: Choa Kok Sui

Meine Wunde unter der linken Fußsohle war sechs Millimeter groß. Sie blutete nur wenig, war aber sehr schmerzhaft, da ein Muschelstückchen in der Wunde verblieben war. (Ich war am Strand von Agoo, La Union, auf eine Muschelschale getreten.) Ich versuchte vergeblich, es zu entfernen. Vor, während und nach der Pranaheilung hatte ich kein Medikament genommen.

Die Wunde war einen Tag alt. Sie hatte sich zwar nicht entzündet, aber die Symptome deuteten auf eine Entzündung hin, und ich konnte mit dem linken Fuß nicht mehr auftreten. Ich bekam hintereinander zwei Behandlungen, die erste von einigen Pranaschülern, die zweite Behandlung führte Master Choa Kok Sui selbst durch, um die schnelle Wirksamkeit der Pranaheilung zu zeigen.

Er brauchte tatsächlich nur anderthalb Stunden, um vor meinen Augen die Wunde zu heilen. Während der beiden Behandlungen fühlte ich ein Kitzeln und Kribbeln, obwohl kein Hautkontakt bestand, sondern die Hand des Heilers etwa einen Zentimeter Abstand hielt. Nach der zweiten Behandlung fühlte ich nur noch wenig Schmerz und konnte mit meinem linken Fuß wieder auftreten, obwohl das Muschelstückchen noch in der Wunde verblieben war. Zwei Tage später konnte ich es dann mit den Fingernägeln entfernen.

Ich finde diese Heilungstechnik recht ungewöhnlich, aber sie ist sehr wirkungsvoll und das Ergebnis erstaunlich. Normalerweise wäre eine solche Wunde erst in einigen Tagen geheilt und hätte sich entzünden können. Mit der Pranabehandlung heilte sie ohne Entzündung vor meinen Augen in dreieinhalb Stunden.

Allan C. Canète

Name: James Ansell Castanàrez
Anschrift: 274-C Esquivel Apt., P. Mariano St., Usuan, Taguig, Metro Manila, Philippinen
Alter: 3
Fall: Kieferentzündung
Heiler: Choa Kok Sui

Obwohl ich durch einen Artikel von Nick Joaquin im *Philippine Daily Inquirer* von Master Choa Kok Sui gehört hatte und auch sein Buch über das Pranaheilen besaß, traf ich ihn erst zwei Monate später persönlich.

Das Glück führte mich zu einer Zusammenkunft einer Meditationsgruppe, die Master Choa Kok Sui leitete. In dieser Nacht heilte er meinen dreijährigen Sohn von einer Kieferentzündung, für die bereits ein Operationstermin im Makati Medical Center festgesetzt war. Diese von einer anaeroben (ohne Sauerstoff lebenden) Bakterieninfektion hervorgerufene Kieferentzündung war bereits nach drei Tagen ohne Operation völlig geheilt. Ich bin nach diesem Erlebnis ein begeisterter Anhänger dieser Heiltechnik geworden.

Greg Castanàres (Vater), 2. September 1989

Schweiz

Name: Patricia Rüesch
Anschrift: Matthofring 26, 6005 Luzern, Schweiz
Alter: 33
Beruf: Homöopathin, Energiearbeit
Fall: Hautausschlag
Heilerin: Cheryl Weiß

Vor drei Wochen bekam ich einen Hautausschlag, der auf der Schulter begann, sich über den Rücken ausbreitete und auf die Oberarme und den Hüftbereich übergriff. Der Ausschlag war rötlich gefärbt, juckte aber nicht. Ich war bereit, zum Arzt zu gehen, wollte dann aber zuerst der Pranabehandlung eine Chance geben.

Ich rief also Cheryl Weiß an, und sie riet mir, am Abend vor der Behandlung ein Salzwasserbad zu nehmen, meinen Körper im Bad tüchtig mit Salz und einem Handtuch abzureiben und dann wenigstens eine Stunde im Salzwasser zu liegen. Am nächsten Tag behandelte Cheryl mich gute zwei Stunden lang.

Drei Tage nach der Behandlung war der Ausschlag verschwunden und ist bis heute nicht wiedergekommen. Ein weiterer Hautausschlag, ich glaube aufgrund eines Pilzes, der lange einen Juckreiz im Bauchbereich ausgelöst hatte, war ebenfalls ausgeheilt. Es war eine sehr gute und wirkungsvolle Behandlung. Vielen Dank.

Patricia Rüesch, 25. Mai 1997

Name: Max Krausler
Anschrift: Kirchmattstr. 34, 6312 Steinhausen, Schweiz
Alter: 62
Beruf: Mechaniker, Kontrolleur
Fall: Halsschmerzen und Heiserkeit
Heiler: Stefan Weiß

Bis 1984 hatte ich täglich bis zu zwei Packungen Zigaretten geraucht und mehrmals am Tag eine Pfeife. Nachdem ich mit dem Rauchen aufgehört hatte, litt ich immer wieder unter Halsschmerzen und Heiserkeit. Um die Schmerzen nachts erträglicher zu machen, mußte ich mir ein Halstuch umbinden.

Im Januar 1997 traf ich Stefan Weiß, der mir eine kurze Pranabehandlung gab. Danach war ich völlig von meinen Halsschmerzen und der Heiserkeit befreit sowie vom Gefühl, eine Art Kloß im Hals zu haben. Eine andere positive Wirkung trat später ein: Ich verlor nämlich vier Kilogramm an Gewicht.

Max Krausler, Juli 1997

Singapur

Name:	Vicki Seng Pek Armes
Anschrift:	18 Jalan Lembah Thomson, S. 577489, Singapur
Alter:	38
Beruf:	Polizeiliche Gerichtsmedizinerin (U. K.), forensische Wissenschaftlerin, Managerin des Pranic Workshop Pte. Ltd. (Singapore)
Fall:	Nasenbluten, allergische Reaktionen, kleinere Verletzungen und Abschürfungen

Seit er drei Jahre alt war, hatte mein siebeneinhalbjähriger Sohn unter häufigem Nasenbluten gelitten. Meistens dauerte es fünfzehn bis zwanzig Minuten, bis mit Hilfe von Eisbeuteln, Nasenkneifen und Druck das Blut gestillt werden konnte.

Am Tag nach meinem Pranaheilungskurs bei Master Choa Kok Sui trat das Nasenbluten erneut auf. Ich wandte sofort örtliches Sweeping am Ajnachakra an. Zum allgemeinen Erstaunen hörte nach nur drei Sweepingbewegungen das Bluten auf. Ich setzte das örtliche Sweeping am Ajnachakra mindestens zwölfmal fort und energetisierte es mit ein wenig weißem Prana. Seitdem behandele ich das immer seltener auftretende Nasenbluten mit der gleichen Technik, setze jetzt jedoch farbiges Prana ein. Hierdurch ist die Behandlungszeit natürlich kürzer geworden.

Weitere Erfahrungen mit Sofortheilungen habe ich in Schulen gemacht, in denen ich unterrichtet habe. Dort kommt es häufig zu Wunden, Abschürfungen, allergischen Reaktionen, Schmerzen und Verstauchungen. Ein siebenjähriges Mädchen beispielsweise hatte allergisch auf das Make-up für ein Schulkonzert reagiert. Sie hatte es schon vor einer halben Stunde entfernt, als sie zu mir kam, aber ihr Gesicht, die Augen, Wangen und der Hals waren noch geschwollen, juckten und schmerzten. Ich wandte sofort örtliches Sweeping mit hellem weißlich-grünem und hellem weißlich-blauem Prana an allen betroffenen Stellen an. Bereits innerhalb einer Minute gingen die Schwellungen zurück. Ich fuhr mit dem örtlichen Sweeping fort, bis die Bereiche völlig gereinigt waren. Gesicht und Hals nahmen ihre normale Farbe wieder an, und das Mädchen ging fort, als sei nichts gewesen.

Ich machte auch die Erfahrung, daß fortgeschrittenes Pranaheilen bei der Behandlung von kleineren Wunden und Abschürfungen wahre Wunder wirkt, um die Blutung zu stillen und die Schmerzen zu lindern.

Von allen Patienten, die ich geheilt habe, sind es immer die Kinder gewesen, ganz gleich in welchem Alter, die am empfänglichsten waren.

Vicki Seng Pek Armes, 3. August 1997

Uruguay

Name: Isaak Gomez Cabrera
Anschrift: Obligado 1296, Montevideo, Uruguay
Alter: 65
Fall: Schüttellähmung
Heiler: Del Pe

Im Mai 1996 unterzog ich mich einer Operation zur Entfernung einer Wasserzyste an der linken Niere. Der Chirurg sagte mir, daß ich längere Zeit Schmerzen in diesem Bereich haben könnte. Etwas später fühlte sich mein ganzes linkes Bein kalt an, schmerzte und wurde schwächer und dünner. Ich begann zu hinken. Auch der linke Arm verlor an Kraft, und ich fühlte mich müde. Mit den Mitteln der allopathischen Medizin konnte die Ursache der Beschwerden nicht ermittelt werden. Ein Homöopath diagnostizierte schließlich Schüttellähmung (Parkinsonkrankheit). Neben der homöopathischen Versorgung wurden noch Akupunktur, makrobiotische Ernährung, Reiki, Yoga und Ayurveda eingesetzt, jedoch alles ohne Erfolg. Neue Symptome kamen hinzu, wie Schwächung der Arme und Beine, Zittern und Lähmungen, Verkrümmung des Rückens, Versteifung, Schwierigkeiten beim Atmen durch Kontraktion des Zwerchfells, Gewichtsverlust, Schlaflosigkeit, Verstopfung, Verlust des Sexuallebens, beschleunigte Alterung, Schwäche des gesamten Körpers und geistige Verwirrung.

Im Juli 1977 hörte ich einen Einführungsvortrag ins Pranaheilen von Herrn Del Pe, der auch Pranakurse ankündigte. Ich hatte sofort das Gefühl, daß die Pranaheilung für mein Problem von Bedeutung war. Also nahm ich am Grundkurs und an den Kursen für Fortgeschrittene teil. Am ersten Tag fühlte ich mich anfänglich noch schwach und müde. Am Ende des Tages stellte ich jedoch fest, daß ich nach der Meditation über die zwei Herzen wieder Kraft gewonnen hatte. Während der folgenden Tage ging es mir erheblich besser, so daß die Dosis meiner Tabletten gegen die Schüttellähmung (Levo-Dopa) verringert werden konnte. Am letzten Tag des Pranakurses für Fortgeschrittene war mir nach Tanzen zumute. Meine Stimme wurde kräftiger, und auch meine intellektuellen Fähigkeiten begannen sich zu normalisieren. Während ich bei Herrn Del Pe die Meditation über die zwei Herzen und die Selbstheilungstechniken lernte und anwendete, hatte ich das Gefühl, als ob frische Luft meinen ganzen Körper durchströmte und meine verspannten Muskeln löste, die nun wieder den Anordnungen meines Geistes gehorchten.

Ich wende weiterhin alles an, was ich in den Workshops gelernt habe – die Körperübungen, Pranaatmung, Meditation und Selbstheilung. Ich fühle mich wie neugeboren. Meine körperliche Erscheinung entspricht nun höchstens der eines Mannes in meinem Alter.

Isaac Gomez Cabrera, 23. Juli 1997

Name:	Maria Elena Garcia
Anschrift:	Garcia Lago 12, Paso Carrasco, Montevideo, Uruguay
Alter:	37
Beruf:	Rückenschmerzen
Heiler:	Del Pe

Der Senior-Pranaheiler Herr Del Pe heilte meine chronischen Lendenwirbelschmerzen in fünf Minuten. Er zeigte mir eine Technik, um meine Chakras zu reinigen und meinen Rücken gesund zu erhalten. Seitdem habe ich diese Technik immer mit Erfolg angewandt. Sie hilft auch gegen Menstruationskrämpfe. Welch eine Erleichterung! Ich danke für diese unbezahlbaren Hinweise und die Möglichkeit zu lernen, wie wir diese Technik selbst anwenden können.

Maria Elena Garcia, 15. Mai 1997

Venezuela

Name:	Marisol de Armas
Anschrift:	Calle Los Caciques, Qta »Peluza« Urb El Llanito, Caracas, Miranda, Venezuela
Alter:	53
Fall:	Migräne
Heilerin:	Alejandra Graterol

Bis zum Juli litt ich unter schwerer Migräne, die so stark war, daß ich mich jedesmal ins Bett legen mußte. Ich schrie vor Schmerzen und hatte das Gefühl, mein Kopf würde explodieren. Ich suchte mehrere Ärzte auf, die mich eingehend untersuchten, um die Möglichkeit eines Tumors auszuschließen. Sie kamen jedoch zu keinem Ergebnis, das die starken Schmerzen erklärt hätte.

Als ich im Juni 1996 bei mir zu Hause einen weiteren Migräneanfall bekam, war gerade Alejandra Graterol zu Besuch. Sie nahm eine Heilung bei mir vor. Nach einer einzigen Behandlung verschwand nicht nur der akute Schmerz, sondern ich habe seit nun fast einem Jahr keine Migräne mehr gehabt. Inzwischen bin ich selbst Pranaheilerin geworden.

Marisol de Armas, 23. Mai 1997

Name:	Judy Parra
Anschrift:	Ave. Ppal Urb. Lomas de Prados del Este, Res. Cybele, Apto. 8-D Caracas, Miranda, Venezuela
Alter:	40
Fall:	Allergien im Nasenbereich
Heilerin:	Alejandra Graterol

In den vergangenen achtzehn Jahren habe ich unter Allergien im Nasenbereich gelitten. Die häufigen Anfälle waren ein großes Problem für mich geworden. Der Schleim war grün und blutig und wurde täglich verklebter. Ich kam an einen Punkt, an dem es schwierig wurde zu atmen, und in meiner Brust waren seltsame Geräusche zu hören.

Ich fühlte mich sehr schlecht, als ich Alejandra Graterol kennenlernte. Doch schon nach der ersten Behandlung war ich völlig geheilt. Sie ist großartig, und ich weiß nicht, wie ich ihr vergelten kann, was sie bei mir erreicht hat. Ich danke allen Meistern, die sie auf den Weg, uns Gutes zu tun, begleiten. So sei es.

Judy Parra, 1. Mai 1997

Name:	Berta Arrico
Anschrift:	Urb. Los Samanes, Calle 13, Edf. Navacerrada Apto B2, Caracas, Venezuela
Alter:	53
Fall:	Chronische Stirn- und Nebenhöhlenentzündung (Sinusitis)
Heilerin:	Bonnie Guevara

Seit meinem sechsunddreißigsten Lebensjahr habe ich unter einer Verstopfung der Nase gelitten, wodurch die Atemkapazität der Nase fast zu hundert Prozent reduziert war. Daher war ich gezwungen, ständig durch den Mund zu atmen. Damals habe ich auch meinen Geruchs- und Geschmackssinn verloren, außerdem traten immer wieder Anfälle von Bewußtlosigkeit auf.

Ich habe viele Ärzte aufgesucht, die alle zu dem Schluß kamen, daß ich unter einem angeborenen allergischen Zustand leide.

Zum Glück bot Frau Bonnie Guevara mir dann eine Pranaheilbehandlung an, die zu ausgezeichneten Ergebnissen führte. Nach nur vier Behandlungen war ich in der Lage, hundertprozentig normal zu atmen. Ich erlangte meinen Geruchs- und Geschmackssinn wieder und nehme heute meine Umgebung aufmerksamer wahr denn je.

Berta Arrico, 11. Mai 1997

Kapitel 8

Meditation über zwei Herzen – Weg zur Erleuchtung

Ohne das Tor zu verlassen,
Kannst du das Erdreich erfassen;
Ohne durchs Fenster zu spähn,
Den Weg des Himmels sehn.
Je weiter wir hinausgegangen,
Desto geringer wird unser Verstehn.
Deshalb der Heilige Mensch:
Ohne zu wandeln, versteht er;
Ohne zu sehn, benennet er;
Ohne zu tun, vollendet er.

Lao-tse, *Tao-Tê-King,* XLVII

Die Meditation sollte auf die Wahrnehmung der Einheit mit Gott gerichtet sein. Die ganze Aufmerksamkeit muß der Wahrnehmung Gottes gelten. Denke stets daran, daß das Reich Gottes in dir ist. Suche es nicht da und dort, sondern in dir selbst.

Joel Goldsmith

Der Weg zur Erleuchtung oder die »Meditation über zwei Herzen« ist eine Methode zur Erreichung des buddhischen oder kosmischen Bewußtseins. Sie ist auch eine Form des Dienstes an der Welt, denn Liebe und Zuneigung bringen Segen und Harmonie.

Die »Meditation über zwei Herzen« – ein Weg, der in den Mei-Ling-Heilzentren gelehrt und praktiziert wird – beruht auf dem Prinzip, daß die Aktivierung einiger Hauptchakras den Zugang oder das Tor zu bestimmten Ebenen oder Bewußtseinsschichten eröffnet. Der Weg zur Erleuchtung oder zu buddhischem Bewußtsein verlangt, daß das Scheitelchakra vollkommen aktiviert ist. Es gleicht dann einer Schale: Seine zwölf inneren Blütenblätter öffnen sich, sie stellen sich auf und bilden eine nach oben offene Schale, die spirituelle Energien aufnimmt. Diese werden von hier aus auf andere Bereiche des Körpers verteilt. Die Kronen der Könige und Königinnen sind nichts anderes als unzulängliche Nachbildungen des unbeschreiblich strahlenden Scheitel-

oder Kronenchakras eines vollkommen entwickelten Menschen. Auch der heilige Gral ist ein Symbol hierfür.

Die vollständige Aktivierung des Kronenchakras ist von der des Herzchakras abhängig. Das Herzchakra ist, da es dessen aus zwölf goldenen Blütenblättern bestehendem inneren Chakra gleicht, die »niedere Entsprechung« des Kronenchakras. Das Kronenchakra ist das Zentrum der Erleuchtung und der göttlichen Liebe, des Einswerdens mit allem. Man könnte auch sagen, das Herzchakra ist das Zentrum höherer Emotionen, des Mitleids, der Freude, der Zuneigung, der Rücksichtnahme, der Barmherzigkeit und anderer edler Gefühle.

Es gibt verschiedene Möglichkeiten zur Aktivierung des Herz- und des Kronenchakras. Man kann zum Beispiel körperliche Bewegung oder Hatha-Yoga, Yoga-Atemtechniken, Mantras oder Visualisierungstechniken anwenden. Alle diese Methoden sind wirksam, aber langwierig. Am wirkungsvollsten ist es, über Liebe und Zuneigung zu meditieren und die ganze Erde mit dieser liebevollen Zuneigung zu segnen. Werden Herz- und Kronenchakra zur Segnung der Erde eingesetzt, werden sie zu Kanälen spiritueller Energien. Die Segnung der Erde mit liebender Zuneigung ist eine Form, der Welt zu dienen; dieser Segen fällt in vielfacher Weise auf Sie selbst zurück. Durch Ihre Segnung werden Sie selbst gesegnet. Gebend empfangen Sie. So ist das Gesetz.

Auch ein Mensch mit voll entwickeltem Kronenchakra gelangt nicht unbedingt zur Erleuchtung, bevor er nicht gelernt hat, sein Kronenchakra auch zu gebrauchen. Das wäre so, als besäßen Sie einen hochentwickelten Computer, könnten ihn aber nicht richtig bedienen. Sobald das Kronenchakra vollständig aktiviert ist, müssen Sie über das Licht, über das Mantra »Aum« und über die Lücke zwischen zwei Aums meditieren. (*Aum* ist eine Sanskrit-Bezeichnung für das höchste Wesen. Es wird im Arabischen »Allah«, im Chinesischen »Tao« und in unserer Sprache »Gott« genannt.) Indem Sie sich ausschließlich und sehr intensiv auf das Licht und auf die kleine Unterbrechung zwischen den beiden Aums konzentrieren, erreichen Sie die Erleuchtung oder »Samadhi«.

Bei den meisten Menschen sind die anderen Chakras ziemlich stark aktiviert. Wurzelchakra, Sexualchakra und Solarplexuschakra sind bei praktisch allen Menschen aktiviert. Dadurch ist bei ihnen der Selbsterhaltungstrieb, der Geschlechtstrieb und die Neigung zu niederen emotionalen Reaktionen sehr ausgeprägt. Aufgrund der weiten Verbreitung der modernen Ausbildungs- und Arbeitsmethoden, die den Einsatz mentaler Fähigkeiten voraussetzen, sind bei vielen Menschen auch das Ajnachakra und das Halschakra entwickelt. Herzchakra und Kronenchakra bleiben jedoch bei den meisten Menschen unentwickelt. Bedauerlicherweise fördert die moderne Erziehung noch die Tendenz zur Entwicklung des Halschakras und des Ajnachakras, also die übermäßige Betonung des konkreten und abstrakten Denkens. Die Entwicklung des Herzens wird dagegen vernachlässigt. Daher trifft man heute so oft auf Menschen, die zwar recht intelligent sind und Erfolg haben, doch der Umgang mit ihnen ist überaus anstrengend. Ein Mensch dieser Art ist emotional meist noch nicht erwachsen, oder anders ausgedrückt: Sein Herzchakra ist unterentwickelt. Dies wird an seinen zwischenmenschlichen Beziehungen deutlich: Er hat kaum einen Freund, er hat keine Familie, oder vielleicht sind seine Familienverhältnisse zerrüttet. – Eine »Meditation über zwei Herzen« läßt den Menschen sein harmonisches Gleichgewicht wiederfinden und ermöglicht es ihm, alle Hauptchakras mehr oder weniger gleichmäßig zu entwickeln.

Ob das abstrakte und konkrete Denken konstruktiv oder destruktiv eingesetzt wird, hängt von der Entwicklung des Herzens ab. Sind das Solarplexuschakra überentwickelt und das Herzchakra unterentwickelt, so sind die niederen Emotionen aktiv, die höheren Emotionen sind nur schwach wirksam, so daß die geistigen Kräfte wahrscheinlich destruktiv eingesetzt werden. Solange das Herz bei der Mehrzahl der Menschen noch nicht entwickelt ist, bleibt der Weltfrieden ein unerreichbarer Traum. Wichtiger Grundsatz unseres Erziehungssystems sollte daher die Entwicklung des Herzens sein.

Jugendliche unter achtzehn Jahren dürfen den Weg zur Erleuchtung noch nicht betreten, da ihr Körper einer zu großen Menge feinstofflicher Energien noch nicht standhält. Es könnten sich im Laufe der Zeit sogar Lähmungen im körperlichen Bereich bemerkbar machen. Auch Patienten mit Herzleiden sollten die »Meditation über zwei Herzen« unterlassen, weil es zu schweren Pranastauungen im Herzbereich kommen könnte. Für alle, die die Absicht haben, regelmäßig die »Meditation über zwei Herzen« durchzuführen, ist die Selbstreinigung und Persönlichkeitsbildung durch tägliche innere Reflexion sehr wichtig. Diese Meditation aktiviert nicht nur das Herzchakra und das Kronenchakra, sondern auch die anderen Chakras, und deshalb werden sowohl die positiven als auch die negativen Charakterzüge des Meditierenden verstärkt oder aktiviert. Das kann jeder an sich selbst erfahren.

Vorgehen:

Reinigung des Ätherleibes durch körperliche Betätigung: Führen Sie etwa fünf Minuten lang Körperübungen aus. Die physische Bewegung wirkt reinigend und energetisierend auf den Ätherkörper. Dabei wird hellgraue Materie oder verbrauchtes Prana aus dem Körper ausgeschieden. Die Körperübungen sind notwendig, um die Gefahr einer Pranastauung so gering wie möglich zu halten, wenn durch die Meditation im Ätherkörper feinstoffliche Energien in großer Menge erzeugt werden.

Anrufung göttlichen Segens: Die Anrufung des Segens eines spirituellen Führers ist sehr wichtig. Jeder Schüler auf dem geistigen Weg hat spirituelle Führer, ob er sie bewußt wahrnimmt oder nicht. Die Anrufung ist notwendig, damit Sie Schutz, Hilfe und Führung erhalten. Ohne die Invokation könnte die Anwendung höherer Meditationstechniken gefährlich werden. Sie können Ihre eigene Invokation formulieren. Choa Kok Sui benutzt im allgemeinen die folgende Anrufung:

Vater, demütig rufe ich Deinen göttlichen Segen an!
Ich bitte um Schutz, Führung, Hilfe und Erleuchtung.
Ich danke Dir und vertraue ganz auf Dich!

Aktivierung des Herzchakras – Segnung der ganzen Erde durch liebevolle Zuneigung: Drücken Sie mit dem Finger einige Sekunden gegen das vordere Herzchakra. Dadurch fällt Ihnen die Konzentration auf dieses Chakra leichter. Konzentrieren Sie sich dann auf das vordere Herzchakra, und segnen Sie die Erde mit Ihrer liebenden Zuneigung. Choa Kok Sui spricht dabei gewöhnlich die folgende Segnung:

Aus dem Herzen Gottes
sei die ganze Erde gesegnet
mit Liebe und Zuneigung;
sei die ganze Erde gesegnet
mit Freude, mit Glück und mit dem Frieden Gottes;
sei die ganze Erde gesegnet
mit Verständnis, Harmonie, guter Absicht
und mit dem Willen zum Guten.
So sei es!

Aus dem Herzen Gottes
mögen die Herzen aller fühlenden Wesen
erfüllt werden von Freude, von Glück und vom
Frieden Gottes;
mögen die Herzen aller fühlenden Wesen
erfüllt werden von Verständnis, Harmonie,
guter Absicht
und vom Willen zum Guten.
Ich danke Dir. So sei es!

Anfänger sprechen diesen Segen nur ein- oder zweimal. Man darf zu Beginn nicht zu viel tun. In manchen Fällen kann sogar schon dadurch eine leichte Pranakongestion im Herzbereich zu spüren sein. Das bedeutet, daß der Ätherkörper noch nicht genügend gereinigt ist. Nehmen Sie in diesem Fall das örtliche Sweeping vor, und beseitigen Sie die Stauung.

Die Segnung darf nicht mechanisch gesprochen werden. Sie sollten den tieferen Sinn eines jeden einzelnen Satzes innerlich fühlen und ganz erfassen. Sie können dazu auch die Visualisierung zu Hilfe nehmen. Visualisieren Sie bei der Segnung der Erde durch Ihre liebende Zuneigung, daß sich die Aura der Erde strahlend rosa färbt. Beim Segnen der Erde mit Freude, Glück und Frieden visualisieren Sie Menschen, die lächeln, obwohl sie ernste Probleme haben. Ihr Herz ist erfüllt von Freude, Glaube, Hoffnung und Frieden. Visualisieren Sie, wie die Probleme immer leichter und die Gesichter immer heller werden. Beim Segnen der Erde mit Harmonie, guter Absicht und dem Streben nach Gutem visualisieren Sie Menschen oder Nationen, die nahe daran sind, gegeneinander zu kämpfen, die sich aber versöhnen, bevor es zum Kampf kommt. Visualisieren Sie, wie diese Menschen ihre Waffen niederlegen und einander umarmen. Visualisieren Sie, daß alle diese Menschen von guter Absicht erfüllt sind und den Willen haben, ihre guten Absichten in die Tat umzusetzen. Dieser Segen kann einer Nation oder mehreren Nationen gelten, einer Familie, einem Menschen, aber auch einer bestimmten Gruppe von Menschen. Richten Sie diese Segnung jedoch niemals auf ein einzelnes Baby oder Kind, weil ein so junger Mensch durch die bei dieser Meditation erzeugte intensive Energie überfordert sein könnte.

Aktivierung des Kronenchakras – Segnung der Erde mit liebender Zuneigung: Drücken Sie mit dem Finger einige Sekunden auf den Scheitel, um die Konzentration auf das Scheitelchakra zu erleichtern, und segnen Sie die ganze Erde mit Ihrer liebenden Zuneigung. Sobald das Scheitel- oder Kronenchakra ganz geöffnet ist, wird mancher spüren, daß sich über dem Scheitel etwas entfaltet oder daß etwas auf den Scheitel drückt. Nachdem auf diese Weise das Kronenchakra aktiviert worden ist, konzentrieren Sie sich nun gleichzeitig auf das Herzchakra und segnen die Erde erneut mehrmals mit liebender Zuneigung. Herz- und Kronenchakra vereint werden die Wirksamkeit der Segnung steigern.

Die Erleuchtung – Meditation über das Licht, über Aum und die Lücke zwischen zwei Aums: Visualisieren Sie einen strahlend weißen

Lichtpunkt über dem Scheitel oder innen in der Mitte des Kopfes, und sagen Sie gleichzeitig mental das Mantra »Aum«. Konzentrieren Sie sich ganz stark auf den Lichtpunkt, auf Aum und die Lücke zwischen zwei Aums. Wenn Sie mental das Mantra »Aum« aussprechen, werden Sie bemerken, daß die einzelnen Aums nicht ununterbrochen aufeinanderfolgen, sondern daß es zwischen zwei Mantras oder zwischen zwei Aums jeweils eine winzige Unterbrechung gibt. Meditieren Sie fünf bis zehn Minuten darüber.

Sobald der Geistesschüler sich gleichzeitig voll und ganz auf den Lichtpunkt und auf die Lücke zwischen zwei Aums konzentrieren kann, wird er eine innere »Lichtexplosion« erleben. Sein ganzes Wesen ist auf einmal von Licht erfüllt. Er wird zum ersten Mal einen Eindruck dessen bekommen, was Erleuchtung, was göttliche Ekstase ist. Diese Erfahrung des buddhischen Bewußtseins oder die Erleuchtung bedeutet, zu verstehen, was Jesus mit dem Wort meinte: »Dein Auge gibt dem Körper Licht. Wenn dein Auge gesund ist, dann wird auch dein ganzer Körper hell sein« (Lukas 11, 34). »Denn sehet, das Reich Gottes ist inwendig in euch« (Lukas 17, 21).

Bei manchen Menschen kann es Jahre dauern, bis sie einen ersten Blick auf das buddhische Bewußtsein werfen dürfen. Bei anderen dauert es nur Monate, bei manchen sogar nur Wochen. Einigen wenigen gelingt schon beim ersten Versuch eine Bewußtseinserweiterung. Das geschieht dann gewöhnlich mit Hilfe eines Älteren oder eines Helfers.

Während der beschriebenen Meditation muß der Schüler stets neutral bleiben, er darf nicht von der Vorstellung bestimmter Ergebnisse oder bestimmter Erwartungen erfüllt sein.

Freisetzung überschüssiger Energie: Nach Beendigung der Meditation wird die überschüssige Energie durch Segnung der Erde mit Licht, Liebe und Frieden freigesetzt. Geschieht das nicht, könnte im Ätherkörper eine Stauung entstehen, und auf lange Sicht würde sich durch den Energieüberschuß auch der Zustand des sichtbaren Körpers verschlechtern. Manche Geistesschulen sorgen für Freisetzung der überschüssigen Energie, indem sie visualisieren, daß diese durch die Chakras ausgestrahlt wird. Dabei werden die Chakras immer kleiner und dunkler. Leider wird bei dieser Methode die überschüssige Energie nicht konstruktiv genutzt.

Danksagung: Nach Abschluß der Meditation danken Sie stets den spirituellen Führern für ihren Segen.

Kräftigung des sichtbaren physischen Körpers durch Massage und weitere körperliche Betätigung: Nach Abschluß der Meditation nehmen Sie sich etwa fünf Minuten Zeit für eine Massage und einige Körperübungen. Dadurch soll der sichtbare Körper noch weiter gereinigt und gekräftigt werden. Eine größere Menge des verbrauchten Pranas wird aus dem Körper ausgeschieden und die Assimilation frischen Pranas und spiritueller Energien erleichtert. Dies dient nicht zuletzt der Schönheit und Gesundheit. Massage und Gymnastik nach der Meditation verringern auch die Gefahr einer Pranastauung, und es wird zudem vermieden, daß Energie in bestimmte Teile des Körpers fließt, wo sie eine Erkrankung auslösen könnte. Im Laufe der Zeit werden Sie sich selbst von manchem Leiden kurieren, wenn Sie zuerst die »Meditation über zwei Herzen« anwenden und danach entsprechende Körperübungen durchführen. Es ist sehr wichtig, diese Reihenfolge einzuhalten. Obwohl der Ätherkörper bei der Meditation ganz strahlend und sehr kräftig wird, käme es im andern Fall zu einer Schwächung des physischen Leibes, weil dieser auf lange Sicht nicht in der Lage ist, der bei der Meditation erzeugten überschüssigen Energie standzuhalten. Hat man dies einmal an sich selbst erlebt, so wird man die Feststellung gut nachvollziehen können.

Bei manchen Menschen besteht die Neigung, nach einer solchen Meditation die körperlichen Übungen wegzulassen und statt dessen lieber noch ein wenig den glückseligen Zustand zu genießen. Man sollte diesem Bedürfnis aber nicht nachgeben, weil sonst im Laufe der Zeit die körperliche Gesundheit Schaden nähme.

Die Anweisungen erscheinen vielleicht recht lang und umständlich, doch die Meditation selbst ist ein kurzer, einfacher und sehr wirksamer Vorgang. Man braucht dazu nicht mehr als zehn bis fünfzehn Minuten.

Es gibt unterschiedliche Grade der Erleuchtung. Die Kunst der »Intuition« oder das »direkte synthetische Wissen« setzt eine ständige Meditationspraxis über einen längeren Zeitraum voraus. Anders ausgedrückt: Es sind viele Inkarnationen erforderlich, um eine gewisse Leichtigkeit oder Gewandtheit im Gebrauch der buddhischen Fähigkeiten zu entwickeln.

Die Segnung der Erde mit liebender Zuneigung kann auch in der Gruppe als eine Form des Dienstes an der Welt durchgeführt werden. In diesem Fall segnen Sie die Erde zuerst durch das Herzchakra, danach durch das Kronenchakra und schließlich gleichzeitig durch das Kronen- und das Herzchakra. Nach Abschluß der Meditation setzen Sie die überschüssige Energie frei. Die anderen Teile der Meditationsübung werden weggelassen. Die Kraft der Segnung wird um ein Vielfaches gesteigert, wenn sie in der Gruppe durchgeführt wird. Eine

Gruppe von sieben Menschen hat die Kraft einhundert einzelner Personen, die – jeder für sich – den Segen aussprechen.

Wie die Pranaheilung auf »wunderbare« Weise leichte und schwere Erkrankungen zu heilen vermag, kann auch die von einer größeren Menschengruppe ausgeführte »Meditation über zwei Herzen« auf wunderbare Weise die ganze Erde heilen und Harmonie und Frieden in der Welt fördern. Diese Botschaft richtet sich an alle Leser, die die nötige Reife und guten Willen besitzen.

Es gibt noch fortgeschrittenere Meditationstechniken, als es die »Meditation über zwei Herzen« ist. Eine dieser noch höher entwickelten Meditationsformen bezeichnet man als »Arhata-Meditation«. Sie ist jedoch nur für wenige Auserwählte bestimmt.

> »Das Hauptproblem ist nicht der Schüler, sondern der Erzieher; unser eigenes Herz und unser Geist müssen gereinigt werden, wenn wir fähig sein sollen, andere zu erziehen. Ohne eine Veränderung des Herzens, ohne guten Willen, ohne die innere Verwandlung, die aus der Selbstwahrnehmung entsteht, kann es keinen Frieden und kein Glück für die Menschen geben.«
>
> J. Krishnamurti
> *Education and the Significance of Life*

Meditation über zwei Herzen

Zur Reinigung des ätherischen Körpers führen Sie etwa fünf Minuten lang körperliche Übungen durch.

Anrufung des göttlichen Segens.

Um das Herzchakra zu aktivieren, konzentrieren Sie sich darauf und segnen die ganze Erde mit liebender Zuneigung.

Um das Kronenchakra zu aktivieren, konzentrieren Sie sich darauf und segnen die ganze Erde mit liebender Zuneigung. Danach segnen Sie die Erde gleichzeitig durch das Kronenchakra und das Herzchakra mit liebender Zuneigung.

Um zur Erleuchtung zu gelangen, konzentrieren Sie sich auf den Lichtpunkt, auf das Aum, und auf die Lücke zwischen zwei Aums.

Setzen Sie die überschüssige Energie frei, indem Sie die Erde mit Licht, Liebe und Frieden segnen.

Danksagung.

Zur Kräftigung des sichtbaren physischen Körpers massieren Sie Gesicht und Körper, danach führen Sie etwa fünf Minuten lang Körperübungen aus.

Die Segnung der Erde mit liebender Zuneigung

Aus dem Herzen Gottes
sei die ganze Erde gesegnet
mit Liebe und Zuneigung;
sei die ganze Erde gesegnet
mit Freude, mit Glück und mit dem Frieden Gottes;
sei die ganze Erde gesegnet
mit Verständnis, Harmonie, guter Absicht
und mit dem Willen zum Guten.
So sei es!

Aus dem Herzen Gottes
mögen die Herzen aller fühlenden Wesen
erfüllt werden von Freude, von Glück und dem
Frieden Gottes;
mögen die Herzen aller fühlenden Wesen
erfüllt werden von Verständnis, Harmonie,
guter Absicht
und dem Willen zum Guten.
Ich danke Dir. So sei es!

Stärkung der Heilkraft

Wenn ein Mensch täglich oder doch regelmäßig die »Meditation über zwei Herzen« ausübt, so nehmen seine Hauptchakras und die jeweilige Aura an Größe zu, und sein Energiekörper wird stärker und dynamischer. Beobachtungen haben ergeben, daß Pranaheiler nach dieser Meditation viel schneller, oft sogar erstaunlich schnell, ihre Patienten zu heilen vermochten.

Führen Sie dieses einfache Experiment durch, um die Gültigkeit dieser Aussage selbst zu überprüfen:

Bitten Sie jemanden, der in dieser Meditationsform geübt ist oder sie mindestens zwei oder drei Wochen regelmäßig praktiziert hat, dieses Experiment mit Ihnen zusammen durchzuführen.

Vor der Meditation scannen Sie seine Hauptchakras sowie die innere und äußere Aura.

Drei bis vier Minuten, nachdem Ihr Partner mit der Meditation begonnen hat, scannen Sie seine Hauptchakras sowie die innere und äußere Aura erneut. Achten Sie auf die Größenunterschiede vor und nach der Meditation.

Während des Scannings nehmen Sie mindestens fünf Meter Abstand von Ihrem Partner und versuchen, seinen Energiekörper zu fühlen. Vielleicht spüren Sie ein Kribbeln oder eine andere leichte Empfindung an Hand oder Fingern. Eventuell erinnert Sie das Gefühl auch an die Wirkung von schwachem elektrischem Strom.

Einige Stunden nach der Meditation werden die Chakras und die innere Aura langsam wieder kleiner. Trotzdem werden Ihre Chakras und die innere Aura insgesamt ganz erheblich wachsen, wenn Sie diese Meditation mindestens ein Jahr lang täglich ausüben, da die Regelmäßigkeit die Wirkung der einzelnen Meditationen zusammenfaßt und erhöht.

Ein Heiler mit großen Chakras und einer großen inneren Aura hat eine starke Heilkraft und kann kleinere Erkrankungen sehr schnell, meistens sogar spontan heilen. Die innere Aura eines erfahrenen Heilers der Mittelstufe sollte einen Radius von mindestens einem Meter haben, die eines fortgeschrittenen Pranaheilers von mindestens fünf Metern. Ein kraftvoller Meister im Pranaheilen kann eine innere Aura mit einem Radius von einigen hundert Metern besitzen. Ein Mensch mit großen Chakras und großer innerer Aura kann mit einer starken Pumpe verglichen werden, während kleine Chakras und eine kleine Aura einer Miniaturpumpe gleichen. Es ist also von Vorteil, diese Meditation täglich oder zumindest regelmäßig durchzuführen.

Ein kräftiger und dynamischer Energiekörper stärkt nicht nur die Heilungskräfte, sondern auch die Produktivität und Wirksamkeit der sonst geleisteten Arbeit. Die Unterweisung ganz unterschiedlicher Schüler hat gezeigt, daß erfolgreiche Menschen und erstklassige Praktiker gewöhnlich größere Chakras mit einem Radius von etwa zwölf bis fünfzehn Zentimetern und eine innere Aura von mindestens einem Meter besitzen. Strahlt ein Mensch eine große Anziehungskraft oder ein starkes Charisma aus, so sind seine Chakras und die innere Aura meistens größer als gewöhnlich. Oft übt er auch einen starken Einfluß auf andere Menschen aus.

Wer regelmäßig meditiert, entwickelt seine intuitiven Fähigkeiten und seine Intelligenz. Die Lösung anstehender Probleme fällt ihm dann erheblich leichter, da er sie besser durchschauen kann.

Arhata-Yoga

Es gibt noch weiter fortgeschrittene Meditationstechniken als die »Meditation über zwei Herzen«. Zu diesen zählt das Arhata-Yoga, das nur für einen ausgewählten Personenkreis bestimmt ist. Arhata-Yoga wird auch »Yoga der Synthese« genannt. Es hat die Aktivierung der Chakras und das Erwecken der Kundalinikraft zum Ziel, und zwar auf eine sichere und systematische Weise. Das ist insofern sehr wichtig, als einer der häufigsten und größten Fehler spiritueller Schüler darin besteht, die Kundalinikraft erwecken zu wollen, um die Chakras zu aktivieren. Ein wahrhaft fortgeschrittener Yogi oder Ch'i-Kung-Praktizierender ist sich bewußt, daß zunächst eine Selbstreinigung und eine schon weitgehende Aktivierung der Chakras vorgenommen werden muß, bevor die Kundalinikraft erweckt werden darf. Sonst kann es zu sehr ernsten Pranastauungen kommen, weil viel zuviel Kundalinienergie in die noch unteraktivierten und relativ kleinen Chakras strömt, was zu körperlichen Erkrankungen und Unwohlsein führen kann. Arhata-Yoga sollte daher stets nur unter der Anleitung eines fortgeschrittenen spirituellen Führers oder Meisters praktiziert werden.

Referenzen

Name:	Imelda P. Viloria, MD., FPCCP, Mitglied des philippinischen Ärztebundes für Lungenleiden
Adresse:	19 Emerald St., Nelsonville, Batasan Hills Queson City, Philippinen

Frage: Könnten Sie uns Ihre Erfahrungen mit der »Meditation über zwei Herzen« beschreiben?

Imelda: Meine allererste Erfahrung machte ich mit der »Meditation über zwei Herzen« während einer Einführungsveranstaltung über Pranaheilen, die im Veterans Memorial Medical Center stattfand. Ich erinnere mich an die Tränen, die mir während der Meditation nur so herabliefen. Vielleicht geschah eine Heilung. Jedenfalls fühlte ich mich nach der Meditation viel leichter, so als wäre eine schwere Last von mir genommen worden.

Meine zweite Erfahrung mit der »Meditation über zwei Herzen« machte ich während eines Seminars über Pranaheilen mit Master Choa Kok Sui im Institute for Inner Studies. Ich war nach der Meditation sehr müde. Zwei Stunden später fühlte ich mich ohne jeden ersichtlichen Grund sehr glücklich. Ich konnte einfach lachen und meine Freude mit anderen teilen. Das wiederholte sich am zweiten Tag des Workshops.

Frage: Wie lange praktizieren Sie diese Meditation schon?

Imelda: Seit nunmehr einem Jahr übe ich die »Meditation über zwei Herzen« regelmäßig aus.

Frage: Inwiefern hat diese Meditation Ihr Leben verändert?

Imelda: Seitdem verstehe ich mich selbst und andere besser, ich bin toleranter geworden und nicht mehr so leicht verärgert. Ich bin durchdrungen von innerem Frieden, von einem stärkeren Gefühl der Vergebung für mich selbst und andere. Meinen Tag beginne ich mit der »Meditation über zwei Herzen«. Sie gibt mir die Sicherheit, daß Gottes Liebe mich leitet. Selbst wenn etwas nicht so gelingt, wie ich es mir vorgestellt habe, fühle ich mich sicher und erwarte das Gute, das mir geschehen wird. Es ist einfach leichter, zu lächeln, zu arbeiten und zu geben. Das Leben ist gut.

Imelda Viloria, 16. März 1997

Name: Steven Martin
Anschrift: Suite 275, Unit 5, State Condominiúm II 117
Aguirre Street, Legaspi Village, Makati City, Philippinen

Frage: Welches war Ihre erste Erfahrung mit der »Meditation über zwei Herzen«?

Steven: Ich kam zum ersten Mal mit der »Meditation über zwei Herzen« in Berührung, als ich 1994 einen Kursus von Master Choa Kok Sui über Pranaheilen im Institute for Inner Studies besuchte. Als wir die Meditation durchführten, hatten viele der anderen Teilnehmer unglaubliche Erlebnisse, die sahen glänzendes weißes Licht und viele Farben. Bei mir war nichts geschehen! Sie können sich vorstellen, wie enttäuscht ich war. Ich vertraute aber dem Rat meines Lehrers und fuhr mit der Meditation fort.

Frage: Inwieweit hat diese Meditation Ihr Leben und Ihr Bewußtsein verändert?

Steven: Nachdem das Meditieren mir zur Gewohnheit geworden war, begann ich einige Veränderungen in mir selbst festzustellen – Veränderungen, die ich in der Gruppe nicht wahrgenommen hatte, da ich mir meiner selbst immer bewußt geblieben war. Die erste und sicherlich wichtigste Veränderung betraf mein Verhalten anderen

Menschen gegenüber. Während ich vorher mißtrauisch und mehr oder weniger aggressiv gewesen war, ging ich jetzt offener und toleranter mit ihnen um. Ich ahnte, daß ich den wichtigsten Sinn der Meditation vorher vielleicht überhaupt nicht begriffen hatte: daß sie nicht dafür gedacht ist, den Meditierenden mit einem unglaublichen psychischen Feuerwerk zu blenden, sondern dafür, seine Fähigkeit zur Liebe zu entwickeln. Nachdem ich nach und nach diese Wahrheit verinnerlicht hatte und nicht länger unvernünftige Erwartungen an die Meditation stellte, kam es zu einigen Phänomenen. Einmal fühlte ich, daß ich während des letzten Teils der Meditation ein wenig aus meinem Körper heraustrat. Ein anderes Mal empfand ich ein leichtes Kribbeln oben auf dem Kopf, als ob sich das Kronenchakra dort geöffnet hätte. Gelegentlich verfiel mein Körper in kreisende Bewegungen. Schließlich hatte ich während der ganzen Meditation das intensive Gefühl, daß sich Wirbel im Zentrum meiner Handflächen befinden.

Ich bin glücklich, mit diesen unglaublichen Erlebnissen gesegnet zu sein, und voller Hoffnung, mit dieser Meditation noch weitere Erfahrungen machen zu dürfen. Mehr als alles andere jedoch zählt für mich das unwahrscheinliche Gefühl der Liebe, verbunden mit Harmonie und gutem Willen, das mich seit dieser großartigen Meditation erfüllt.

Steven Martin, 20. März 1997

Bericht von Rolando A. Carbonell

Meditation ist eine individuelle Erfahrung und deshalb für jeden etwas anderes und für jeden etwas Einzigartiges. Jede meditative Erfahrung hat etwas von einem zutiefst persönlichen spirituellen Abenteuer, es ist jedesmal eine Odyssee in die Bereiche der eigenen geheimnisvollen inneren Existenz. Es ist ein Augenblick der Wahrnehmung der Gottesgegenwart – und Gott ist in jedem von uns gegenwärtig.

Was ich mitzuteilen habe, ist meine eigene Erfahrung, die auf einigen Experimenten mit der »Meditation über zwei Herzen« beruht. Auf dieser Grundlage könnte sich im Verlauf der weiteren Praxis eine andere Art der Erfahrung entwickeln, die ebenso unvorhersehbar und ebenso überraschend wie die vorangegangene ist. Sie könnte noch tiefgreifender sein und sogar bis zur inneren Offenbarung gehen. Soweit es mich betrifft, bleibt jedoch stets ein »pfadloser Pfad« zurück, ein lautloses Beben, ein Wohlgeruch, ein Erglühen, ein Hochgefühl. Aber ich greife meiner Geschichte vor …

Ich muß zuerst erwähnen, daß ich seit 1962, als mich mein erster Guru mit dem Yoga bekannt machte, verschiedene Meditationsexperimente durchgeführt habe. Der Entwicklungsprozeß war nicht einfach für mich. Es war ein harter Kampf, als ich versuchte, den Stier, der meinen Geist darstellt, zu zähmen; und der Kampf, mein Ego zu besiegen, war ebenso schwer. Das Streben nach Transzendenz war für mich nie ein leichter Weg.

Dann, als sei es vom göttlichen Geschick oder Willen geplant gewesen, wurde ich in die einzigartige »Meditation über zwei Herzen« eingeführt. Da gelang es mir plötzlich – vielleicht auch aufgrund meiner früheren Vorbereitungen – mich voller Vertrauen und ohne Mühe einfach gehenzulassen und mich dem vollkommenen Strom zu überlassen, indem ich die in diesem Buch gegebenen Anweisungen befolgte.

Sobald ich meinen »inneren Raum« betrat, dabei ein strahlendes weißes Licht in meinem Herzchakra und in meinem Kronenchakra visualisierte, gleichzeitig rhythmisch, tief und in fast musikalischen Kadenzen atmete und Segen und liebende Zuneigung für das ganze Universum verströmte, schien ich aus dem Raum hinausgewirbelt zu werden. Ich fühlte mich fast körperlos. Ich spürte, daß sich das Scheitelzentrum wie die Schale einer Lotosblüte öffnete, immer größer wurde und immer mehr Licht faßte und ausstrahlte. Dieses Licht ergoß sich über mein ganzes Wesen. Gleichzeitig pulsierten in einem fast noch stärkerem Licht die Lotosblütenblätter meines Herzzentrums.

Aus irgendeinem unerklärlichen Grund, jenseits aller Logik und jenseits aller Worte, fühlte ich eine alles übersteigende Liebe zur ganzen Menschheit. Es war, als ob ich mir sehr stark wünschte, alle Menschen mit diesem Licht der Liebe und der Zuneigung, des Verstehens und der Weisheit zu durchdringen. Es war, als ob es für dieses Licht keine Grenzen gäbe. Vielleicht war es auch mehr eine Erweiterung des Bewußtseins, denn zu jenem Zeitpunkt schien für einen Augenblick das Gefühl der Allwissenheit zu herrschen. Es war ein Gefühl, das mich ganz demütig machte, das aber doch überwältigend war.

Wenn dies tatsächlich der Weg zur Erleuchtung ist, dann kann ich wirklich sagen: »Ich habe das Licht gesehen.« Aber noch bewegender war es für mich, mich selbst als ein Wesen aus Licht zu erfahren – als ob jede Zelle meines ganzen Wesens von Licht erfüllt sei oder ich selbst zu Licht geworden wäre. Ich tauchte aus dieser kurzen Initiationserfahrung der ›Meditation über zwei Herzen‹ auf und fühlte mich gereinigt, gesäubert und energetisiert durch einen Strom aus Licht, ja ich würde sogar sagen, durch eine große Lichterflut!

Diese einmalige meditative Erfahrung war etwas Denkwürdiges. Nachfolgende Experimente mit dieser Meditationstechnik verliefen zwar nicht unbedingt ebenso dramatisch wie beim ersten Mal, sie verschafften mir jedoch einige wertvolle Einsichten, die zu gewaltig sind, als daß ich sie in Worte fassen könnte. Es ist, als ob man sich verliebt hätte. Wie sehr man sich auch bemüht, das Gefühl zu beschreiben, man findet keinen richtigen Ausdruck dafür. Es ist nicht verwunderlich, daß die Mystiker darüber Stillschweigen bewahren. Es ist eine wortlose Erfahrung des Unerklärlichen, des Wunderbaren. Und doch: Wie einfach, leicht und tröstlich ist es! Man braucht nur das Ego loszulassen und aufrichtige Demut, innere Reinheit und echte Liebe zu Gott zu entwickeln, und es entsteht dieses innige Gefühl der Einheit mit allen Menschen, mit dem gesamten lichterfüllten Universum.

Meditation, eine Reise in die inneren Bereiche der eigenen Existenz, ist in Wahrheit die Sprache der Ekstase, des seligen Bewußtseins, der göttlichen Gegenwart.

Ich bete darum, daß jeder auf seine eigene, einzigartige und individuelle Art die kraftvolle Wirkung der »Meditation über zwei Herzen« erlebt. Außerdem bete ich darum, daß jeder einmal Zeuge jener Erregung, jenes Aufleuchtens des inneren Lichtes und jener überwältigenden Wahrnehmung wird, daß wir »das Licht der Welt« sind – und daß dieses Licht die einzige Hoffnung in unserer Welt der Verzweiflung ist, das Licht, das uns Weisheit, Liebe, Verstehen und inneren Frieden schenkt.

Vielleicht ist es mir gelungen, mit meinen Worten etwas auszudrücken, und doch übersteigt die Meditation alle Worte. Es ist leichter, sie zu erleben, als sie zu erklären.

Rolando A. Carbonell

Persönlichkeitsbildung: Die fünf Tugenden

Von einem Pranaheiler wird erwartet, daß er ein Vorbild für seine Patienten und deren gesamtes soziales Umfeld ist. Deshalb kommt der Entwicklung dieser Tugenden eine große Bedeutung zu.

1. Liebevolle Zuwendung und das Verbot zu verletzen:
Hierunter fällt ganz einfach die Vermeidung jeder Art von Grausamkeit. Die liebevolle Zuwendung kann körperlich, mit Worten und geistig vermittelt werden. Sich höflich und zuvorkommend zu verhalten ist ein Ausdruck liebevoller Zuwendung. Sie können andere durch er-

mutigende Worte aufbauen. Die Menschen sind wie Pflanzen, die Nahrung brauchen, um zu wachsen und aufzublühen. Sie können beispielsweise die Leistungen eines Menschen würdigen oder anerkennen: Das wird ihn inspirieren, noch besser zu werden. Liebevolle Zuwendung auf der geistigen Ebene bedeutet, einen anderen zu segnen.

In der Pranaheilung ist mit liebevoller Zuwendung die Heilung eines Patienten gemeint, auch wenn dieser nichts dafür bezahlen kann – also die Heilung anderer aus Freundlichkeit und Mitgefühl.

Die Vermeidung von Verletzungen beinhaltet, daß andere Menschen weder physisch noch verbal oder psychisch verletzt werden dürfen. Das betrifft auf körperlicher Ebene das Gebot »Du sollst nicht töten« und andere nicht aus Wut oder Bösartigkeit verletzen. Auch Tieren gegenüber ist diese Haltung sehr wichtig. Manchmal müssen wir einem Tier, das uns als Nahrung dient, das Leben nehmen. Das darf aber nicht mit Grausamkeit, Bosheit oder Freude am Leiden des Tieres einhergehen. Das gilt auch für das Töten von Ratten, Küchenschaben, Mücken und anderen Insekten, das aus hygienischen Gründen erlaubt sein muß.

Um niemanden verbal zu verletzen, sollten Sie keine harten oder kränkenden Worte benutzen, die oftmals länger brauchen, um zu heilen, als eine physische Verletzung. Eine körperliche Wunde heilt zumeist in einer oder zwei Wochen, eine durch eine taktlose oder bösartige Bemerkung entstandene Wunde kann dazu Jahre brauchen, wenn sie überhaupt heilt. Achten Sie daher auf Ihre Worte, damit Sie andere damit nicht verletzen. Müssen Sie jemanden kritisieren, so gehen Sie liebevoll und behutsam vor. Kritisieren Sie, anders ausgedrückt, mit dem Herzen. Sie werden feststellen, daß Sie damit mehr bewirken, weil der andere eher bereit ist, Ihre Kritik in dieser Form anzunehmen.

Auf einer subtileren Ebene umfaßt das Gebot den Verzicht auf übermäßige gedankliche Kritik. Das gleiche gilt auch für Neid. Bemühen Sie sich darum, niemandem in Gedanken zu schaden. So kann jemand physisch und mit Worten ganz harmlos wirken, in Gedanken jedoch ständig die Fehler und Unvollkommenheiten anderer kritisieren. Das heißt nicht, daß er Schwächen anderer nicht wahrnehmen darf, aber es gibt keinen Grund, warum er zehn oder zwanzigmal täglich – und das dreihundertfünfundsechzig Tage im Jahr – bei diesen negativen Eigenschaften verweilen müßte. Durch ein derartiges Verhalten erschaffen Sie ein negatives Bild des anderen und erschweren beziehungsweise verhindern selbst seine Veränderung zum Positiven. Gedankliche Kritik hilft also nicht, sondern blockiert und verzögert. Bevor Sie jemanden kritisieren, sollten Sie daran denken, daß niemand perfekt ist und daß jede Entwicklung ihre Zeit braucht. Spirituelle Entwicklung impliziert einen Prozeß, und dieser wiederum braucht Zeit.

Auf dem Gebiet des Pranaheilens liegt eine Verletzung des anderen vor, wenn der Heiler seine psychischen Kräfte mißbraucht.

Liebevolle Zuwendung und die Vermeidung jeder Verletzung anderer sind für eine gute und harmonische zwischenmenschliche Beziehung unverzichtbar. Es ließe sich besser leben in dieser Welt, wenn sich jeder hieran hielte.

2. Großzügigkeit und das Verbot zu stehlen:
Großzügigkeit bedeutet, zu teilen oder zu geben. Auf der physischen Ebene heißt das, in vernünftiger Form anderen etwas von seinem Geld abzugeben. Der Schlüssel zum Wohlstand liegt im Geben. Einen Teil Ihres Einkommens für spirituelle und mildtätige Einrichtungen zu spenden ist ein Akt der Großzügigkeit. Man hat sogar beobachtet, daß Patienten, die dem Heiler gegenüber großzügiger sind, gewöhnlich schneller gesund werden, da sie durch den Akt des Gebens die heilende Energie besser empfangen und assimilieren können. Manchmal gesunden sie sogar, noch bevor die Heilung bewußt durchgeführt wird. Eine weitere Form der Großzügigkeit ist die Segnung der Erde. Auf emotionaler Ebene sind Sie großzügig, wenn Sie warmherzig, aufbauend und unterstützend handeln. Im geistigen Bereich können Sie Ihr Wissen und Ihre Fähigkeiten mit Menschen teilen, die bereit und willens sind zu lernen. Sie werden beobachten, daß hierdurch Ihr Verständnis wächst. Nicht ohne Grund heißt es, daß man erst dann etwas wirklich beherrscht, wenn man beginnt, es zu lehren.

Das Verbot zu stehlen bedeutet, sich nichts anzueignen, was einem nicht gehört. Auf dem Gebiet der Beziehungen schließt das mit ein, daß man weder Liebe »stiehlt« noch den Partner eines anderen begehrt. Auf einer höheren Ebene gehört hierzu, daß man sich nicht mit dem Verdienst und Ansehen eines anderen schmückt. Im Bereich der Pranaheilung bedeutet das Verbot zu stehlen, daß die Bezahlung des Heilers in einem ausgewogenen Verhältnis zu seiner Leistung stehen muß. Eine zu geringe oder gar keine Bezahlung, obwohl der Patient die finanziellen Mittel hierzu hat, wird sich in einer Verzögerung oder sogar in einem Ausbleiben der Heilung niederschlagen.

3. Ehrlichkeit und das Verbot zu lügen:
Ehrlichkeit muß auf eine Weise praktiziert werden, daß andere sich dadurch nicht verletzt fühlen oder Schaden erleiden. Niemand sollte Ehrlichkeit und Aufrichtigkeit als Werkzeug oder Waffe benutzen, um

andere emotional zu verletzen. Ehrlichkeit darf nicht in böswilliger Absicht eingesetzt werden, das wäre ein Mißbrauch dieser Tugend. Im Konfliktfall hat die Tugend der liebevollen Zuwendung Vorrang vor der Ehrlichkeit.

Das Verbot zu lügen bedeutet, daß niemand böswillig oder in der Absicht, sich einen Vorteil zu verschaffen, unwahre oder falsche Behauptungen aufstellen darf.

4. Fleiß und das Verbot, träge zu sein:
Beim Pranaheilen bedeutet Fleiß, die Bücher über Pranaheilung eingehend zu studieren. Fleiß beinhaltet zudem, regelmäßig verschiedene Pranaheilmethoden auszuüben, um gute Heilfähigkeiten zu erlangen und den Patienten gründlich zu heilen. Fleiß umfaßt auch einen ausgeprägten Sinn für Verantwortung. Wird jemandem eine bestimmte Aufgabe gestellt, so muß er diese auch auf richtige Weise zu Ende bringen, und zwar ohne langes Zaudern. Ein anderer Ausdruck für Fleiß in diesem Sinne ist unablässiger zielgerichteter Einsatz.

Dieser unablässige zielgerichtete Einsatz ist der Schlüssel zu Erfolg und spiritueller Entwicklung.

5. Mäßigung und das Verbot von Exzessen:
Es ist wichtig, daß man ein extrem unmäßiges Verhalten vermeidet und maßvoll lebt. Bei der Pranaheilung gilt es durchaus als erstrebenswert, viele Menschen zu heilen und ihnen zu helfen – aber nicht bis zur Erschöpfung. Es ist definitiv zuviel und belastend für die eigene Gesundheit, fünf bis sechs Tage in der Woche zu heilen. Es hat schon Heiler gegeben, die aufgrund derartiger Übertreibung sehr krank geworden und bereits in jungen Jahren gestorben sind. Der Heiler kann für die Gesellschaft sehr viel länger von Nutzen sein, wenn er auch beim Heilen vernünftig maßhält.

Daß Sexualverhalten sollte ebenfalls von Mäßigung geprägt sein. Es wirkt sich positiv aus, solange es nicht übertrieben wird. Zuviel Sexualität über einen zu langen Zeitraum führt zu einer dramatischen Abnahme der Kraft zu heilen.

Finanziell gesehen bedeutet Mäßigung, sein Geld nicht sinnlos zu verschwenden. Wenn möglich, sollten zwanzig bis dreißig Prozent des Nettoeinkommens (nach Abzug der Steuern und der zehn Prozent für wohltätige Zwecke) gespart und angelegt werden. Hierin liegt einer der Schlüssel zum Wohlstand.

Empfohlenes Vorgehen

Innere Besinnung und feste Willensentscheidung:
Man sollte versuchen, in jeweils nur *einer* Tugend die Meisterschaft anzustreben und sich am besten zwei Monate lang ganz auf sie zu konzentrieren. Meditieren Sie darüber, was Sie den Tag über für diese Tugend getan haben. Seien Sie sich Ihrer positiven Handlungen bewußt. So entwickeln Sie Ihre Selbstachtung. Gleichzeitig achten Sie aber auch auf die Fehler, die Ihnen unterlaufen sind.

Nehmen Sie sich also Zeit für eine innere Besinnung. Ihr negatives Verhalten radieren Sie in Gedanken aus und stellen sich mindestens fünfmal vor, wie Sie sich richtig verhalten. Sie haben hiermit eine feste Willensentscheidung getroffen. Hinter diesem Vorgang steht der Aspekt, daß häufig wiederholte richtige Gedanken zu einem richtigen Verhalten führen, das sich wiederum im Laufe der Zeit als Tugend manifestiert. Innere Besinnung und feste Willensentscheidung sollten wenigstens zwei Jahre lang intensiv praktiziert werden.

Daher ist das Hauptproblem nicht der Schüler, sondern der Erzieher; unser eigenes Herz und unser Geist müssen gereinigt werden, wenn wir fähig sein sollen, andere zu erziehen.
Ohne eine Veränderung des Herzens, ohne guten Willen, ohne die innere Verwandlung, die aus der Selbstwahrnehmung entsteht, kann es keinen Frieden und kein Glück für die Menschen geben.

J. Krishnamurti, *Education and the Significance of Life*

... Liebe entwickelt immer das Beste im Kind wie im Mann.

Erleuchtung ist das höchste Ziel der Erziehung.

Alice Bailey, *Education in the New Age*

Worte Buddhas:

Laßt uns unsere Gedanken prüfen, damit wir keine schlechte Tat tun. Denn wie wir säen, so ernten wir.

Haß hört niemals auf durch Haß in dieser Welt. Er endet allein durch die Liebe. Das ist ein altes Gesetz.

Wohlwollen allen Menschen gegenüber ist die wahre Religion: Bewahrt in euren Herzen ein grenzenloses Wohlwollen für alles, was lebt.

Geht hin und tut eure Pflicht: Zeigt Nächstenliebe euren Brüdern und befreit sie vom Leiden.

Worte Christi:

Also ein jeglicher guter Baum bringt gute Früchte; aber ein fauler Baum bringt schlechte Früchte. Ein guter Baum kann nicht schlechte Früchte bringen, und ein fauler Baum kann nicht gute Früchte bringen. Darum an ihren Früchten sollt ihr sie erkennen.

Matthäus 7, 17–20

Liebet eure Feinde, tut denen wohl, die euch hassen; segnet die, so euch verfluchen, bittet für die, so euch beleidigen. Matthäus 6, 27–28

Du sollst lieben Gott, deinen Herrn, von ganzem Herzen, von ganzer Seele und von ganzem Gemüte. Dies ist das vornehmste und größte Gebot. Das andere aber ist ihm gleich: Du sollst deinen Nächsten lieben wie dich selbst. Matthäus 22, 37–39

Gehet hin und heilt die Kranken. Matthäus 10, 8

Kontaktadressen

Kurse und Seminare

Master Choa Kok Sui hält Seminare und Kurse über folgende Themen:

- Pranaheilen*
- Pranaheilen für Fortgeschrittene*
- Prana-Psychotherapie*
- Pranaheilen mit Kristallen*
- Psychische Selbstverteidigung*
- Kriyashakti: Die Kunst der Materialisation (Wohlstand und Erfolg)
- Arhata-Yoga: Vorbereitungskurs, 1., 2., 3., 4., 5. und höhere Grade
- Hellsichtigkeit u. a.

Dazu wenden Sie sich bitte an:

Institute for Inner Studies, Inc.
P.O. Box 4903
Makati Central Post Office
Makati City 1289
Philippinen
Tel.: +632/ 819/1874; 812/2326; 813/2562
Fax: +632/ 731/3828

* Für diese Seminare in Deutschland wenden Sie sich bitte an:

Claussen-Organisation
Tal-Haus/Rütte
79682 Todtmoos-Rütte
Tel.: 0 76 74 / 86 62
Fax: 0 76 74 / 12 74

Kontaktadressen im deutschsprachigen Raum

Deutschland

Sai Cholleti und Ruth Ebbinghaus
PRANA Germany e.V.
Sollner Straße 71
81479 München
Tel./Fax: 0 89 / 79 52 90
e-mail:
PRANA-Germany@t-online. de
http://www. prana-heilung. de

Baden-Württemberg

Gabriele Kopp
Max-Eyth-Straße 16
71229 Leonberg
Tel.: 0 71 52 / 7 34 72
Fax: 0 71 52 / 92 99 38

Bayern

Beate Stoyanoff
Prinzregentenstraße 64
81675 München
Tel.: 0 89 / 4 70 58 80
Fax: 0 89 / 4 70 58 88

Elisabeth Gilgen-Ammar
Friedberger Straße 117
86163 Augsburg
Tel.: 08 21 / 66 83 14
Fax: 08 21 / 66 85 85

Frank Bartkiewitz
Eichbaumstraße 12
85635 Höhenkirchen-Siegersbrunn
Tel.: 0 81 02 / 74 85 67
Fax: 0 81 02 / 74 85 68

Alois Heller
Niederhart 2
94113 Tiefenbach
Tel./Fax: 0 85 46 / 6 24

Berlin

Igor Rosegger
Brahestraße 38
10589 Berlin-Charlottenburg
Tel./Fax: 0 30 / 3 44 72 65

Bremen

Manfred Wordemann
Dorfstraße 9
28816 Stuhr
Tel.: 04 21 / 80 37 86

Hamburg

Eiko und Michaela Friedrich
Bilser Straße 20 b
22297 Hamburg
Tel.: 0 40 / 51 72 69

Winfried J. J. Pfliegel
Hartwig-Hesse-Straße 27
20257 Hamburg
Tel.: 0 40 / 40 51 53
Fax: 0 40 / 49 33 03

Olaf Belz
Offakamp 9a
22529 Hamburg
Tel.: 0 40 / 55 76 07 37
Fax: 0 40 / 55 76 07 38

Hessen

Peter Rüther
Heckershäuser Straße 29
34127 Kassel
Tel.: 05 61 / 89 73 41

Frank-Peter Rasch
Lindenhof 1
61279 Grävenwiesbach
Tel.: 0 60 86 / 97 03 97

Niedersachsen

Elke Pocza
Möwensteert 12
26723 Emden
Tel.: 0 49 21 / 6 58 47

Dr. Margrit Gölling
Weingarten 22
21481 Lauenburg
Tel.: 0 41 53 / 34 11

Nordrhein-Westfalen

Peter Berg
Stiftstraße 9
58706 Menden
Tel.: 0 23 73 / 39 00 10
Fax: 0 23 73 / 39 08 50
e-mail:
info@moses-online.com

Felicitas Hestermann
Lüfthildisgässchen 7b
53340 Meckenheim
Tel.: 0 22 25 / 1 65 41

Rheinland-Pfalz

Adelheid Weber
Am Haseberg 4
56414 Herschbach/Oww
Tel.: 0 64 35 / 24 28
Fax: 0 64 35 / 36 71

Österreich

PRANIC HEALING
ÖSTERREICH
Burgi Sedlak
Haydnstraße 26
A-5020 Salzburg
Tel./Fax: 00 43 / 6 62 / 88 76 44
e-mail: burgi.sedlak@aon.at
http://www.prana.at

Claudia Dieckmann
Schopenhauer Straße 52
A-1180 Wien
Tel.: 00 43 / 1 / 4 08 54 55

Veronika Herschmann
Kopfstraße 16
A-6805 Gisingen
Tel./Fax: 00 43 / 55 22 / 7 95 70

Manfred Preining
Unter Egging 40
A-3373 Kemmelbach
Tel.: 00 43 / 74 12 / 5 26 20

Schweiz

Stefan und Cheryl Weiss
Hauptstrasse 2
CH-6033 Buchrain (LU)
Tel.: 00 41 / 41 / 4 42 08 08
Fax: 00 41 / 41 / 4 42 08 09

Literaturhinweise

Andrews, Ted: *Die Aura sehen und lesen.* Verlag Hermann Bauer, Freiburg 1999

Bailey, Alice: *Eine Abhandlung über die Sieben Strahlen.* Bd. 4: Esoterisches Heilen. Lucis Trust, Genf 1988

Bardon, Franz: *Der Weg zum wahren Adepten.* Verlag Hermann Bauer, Freiburg 2000

Bardon, Franz: *Die Praxis der magischen Evokation.* Verlag Hermann Bauer, Freiburg 1997

Chia, Mantak: *Praktisches Lehrbuch zur Erweckung der heilenden Urkraft Chi. Tao Yoga.* Ludwig Verlag, München 1992

Chia, Mantak: *Tao Yoga des Heilens. Die Kraft des inneren Lächelns, die Sechs Heilenden Laute und die Praxis der Chi-Selbstmassage.* Ludwig Verlag, München 1992

Choa, Kok Sui: *Die hohe Kunst des Pranaheilens.* Verlag Hermann Bauer, Freiburg 1997

Eckert, Achim: *Das heilende Tao. Die Lehre der fünf Elemente.* Verlag Hermann Bauer, Freiburg 1999

Edwards, Harry: *Wege zur Geistheilung.* Verlag Hermann Bauer, Freiburg 1999

Geisler, Gert (Hrsg.): *Paramedizin – Andere Wege des Heilens.* Verlag Hermann Bauer, Freiburg 1984 (vergriffen)

Hakim, Sheikh: *Die Heilkunst der Sufis.* Verlag Hermann Bauer, Freiburg 1985 (vergriffen)

Harner, Michael: *Der Weg des Schamanen. Ein praktischer Führer zu innerer Heilkraft.* Ariston, Kreuzlingen 1999

Höting, Hans: *Die sechs heiligen Laute* (mit Tonkassette). Verlag Hermann Bauer, Freiburg 1988 (vergriffen)

Johanson, Tom: *Heilkraft, die von innen kommt.* Verlag Hermann Bauer, Freiburg 1994 (vergriffen)

Krieger, Dolores: *Therapeutic Touch. Die Heilkraft unserer Hände.* Verlag Hermann Bauer, Freiburg 1995

Leadbeater, C. W.: *Die Chakras.* Verlag Hermann Bauer, Freiburg 1994 (vergriffen)

Leadbeater, C. W.: *Der sichtbare und der unsichtbare Mensch*. Aquamarin Verlag, Grafing 1999

Ohashi, Wataru: *Shiatsu – die japanische Fingerdrucktherapie*. Verlag Hermann Bauer, Freiburg 1999

Paramahansa Yoganda: *Autobiographie eines Yogi*. Scherz Verlag, München 1995 (überarbeitete Neuausgabe)

Regardie, Israel: *Das magische System des Golden Dawn*. 3 Bde., Verlag Hermann Bauer, Freiburg 1998

Reilly, Harald J. und Ruth H. Brod: *Das große Edgar Cayce-Gesundheitsbuch*. Verlag Hermann Bauer, Freiburg 1999

Schiegl, Heinz: *Color-Therapie. Heilung durch Farbenkraft*. Verlag Hermann Bauer, Freiburg 1991 (vergriffen)

Sherwood, Keith: *Die Kunst spirituellen Heilens*. Verlag Hermann Bauer, Freiburg 1997

Sherwood, Keith: *Kraftzentren des Lebens*. Verlag Hermann Bauer, Freiburg 1994 (vergriffen)

Taniguchi, Masaharu: *Die geistige Heilkraft in uns*. Lorber Verlag & Turm Verlag, Bietigheim-Bissingen 1999

Vivekananda, Swami: *Raja-Yoga*. Verlag Hermann Bauer, Freiburg 1995, esotera-Taschenbuch

Register der behandelten Krankheiten

Arm, Schulter-Arm-Syndrom 91
Athritis und Rheumatismus 139
Arthritis, schwere 139
Arthrose 139
Asthma 131
Astigmatismus 124
Augen, überanstrengte oder müde 82

Bettnässen, siehe Harndrang
Blähungen 88
Blinddarmentzündung, chronische 138
Bluthochdruck 129
Brust, kleine 137

Cholesterinspiegel, hoher 128

Durchfall 89
Dysmenorrhöe (schmerzhafte Menstruation) 90

Ekzeme und leichtere Hautausschläge 93
Endokrine Drüsen, Erkrankungen der 136
Erkältung 84

Fieber 85
Furunkel 94

Gelenkrheumatismus (chronischer Rheumatismus) 141
Geruchssinn, Verlust des 138
Gicht 140
Glaukom (Grüner Star) 125
Grüner Star, siehe Glaukom

Haar, schütteres 137
Hals, steifer 96
Halsentzündung (Angina) 122
Hämorrhoiden 137
Harndrang, häufiger 138
Herzerkrankungen 126
Husten und Schnupfen, siehe Erkältung

Insektenstiche 94

Knochenbrüche (gebrochener Finger) 136
Kopfschmerzen 82
Krebs, Linderung 146
Kurzsichtigkeit 124

Lähmung aufgrund eines Schlaganfalls 143
Leberleiden 133
Lungenerkrankungen 130

Magen- und Zwölffingerdarmgeschwür 134
Magenschmerzen 88
Masern 121
Menstruation, ausbleibende 91
–, schmerzhafte, siehe Dymenorrhöe
–, unregelmäßige 91
Mumps, siehe Halsentzündung
Muskelkrämpfe 96
Muskelschmerzen 91

Nase, verstopfte, siehe Sinusitis
Nasenbluten 96
Nebenhöhlenentzündung 138
Nieren- und Blaseninfekte 134

Ohnmacht 123
Ohrenerkrankungen 83
Operationen, prä- u. postoperative Behandlungen 145

Parodontose/Parodontitis 123
Pickel 94
Prostatadrüse, Vergrößerung 139

Rheumatismus 139
Röteln 121
Rückenschmerzen und Rückenverletzungen 91

Schielen 125
Schlaflosigkeit 93
Schluckauf 96
Schnittwunden 92
Schwäche, allgemeine 94
Schwangerschaft und Geburt 144
Sexualstörungen 135
Sinusitis (Stirn- und Nebenhöhlen-entzündung) 138
Sonnenbrand 92
Stirn- und Nebenhöhlenentzündung, siehe Sinusitis
Streß oder Anspannung 148

Verbrennungen 92
Verletzung durch Stoß, Quetschung oder Erschütterung 92

Verstauchungen 91
Verstopfung 89

Weitsichtigkeit 124
Windpocken 121
Wirbelsäulenverkrümmung 143

Zahnfleischbluten 123
Zahnschmerzen 83

Verlag Hermann Bauer · Freiburg im Breisgau

Choa Kok Sui

Die hohe Kunst des Pranaheilens

365 Seiten mit 4 fbg. Tafeln und 74 Zeichnungen, gebunden
ISBN 3-7626-0492-4

Die älteste Form natürlichen Heilens ist das Pranaheilen, eine einfache und doch enorm wirkungsvolle Methode. In seinem Buch vermittelt Choa Kok Sui die Grundlagen dieser Heilweise. Herzstück des klar gegliederten Buches ist die Übertragung von Farbprana. Schritt für Schritt erfahren Sie, wie man die universelle Lebenskraft Prana als Farbenergie aufnimmt und anwendet, um sich und andere zu heilen.

Choa Kok Sui

Grundlagen der Prana-Psychotherapie

200 Seiten, kartoniert; ISBN 3-7626-0520-3

Unser geistig-seelisches Wohlbefinden ist von einem ungehinderten Fluß und der Reinheit des in uns fließenden Pranas abhängig. Die Hauptchakras sind auch für unsere psychischen Vorgänge verantwortlich.
Mit seinem Buch zur Pranaheilung stellt Choa Kok Sui erste Grundlagen einer neuen Heilmethode zur Vorbeugung und Behandlung psychischer Leiden vor. Daneben geht der Autor auch auf die energetischen Gefahren ein, wie sie Psychotherapeuten bei ihrer Arbeit begegnen, und zeigt auf, wie sie diese rechtzeitig vermeiden können.

Choa Kok Sui

Pranaheilen mit Kristallen

160 Seiten mit 54 Zeichnungen, kartoniert
ISBN 3-7626-0574-2

Ein Kristall ist nicht einfach nur ein hübsch anzusehender Edelstein, er kann einem Pranaheiler auch als »Werkzeug« dienen. Vier Grundtechniken für die Behandlung und die Verwendung von Kristallen beim Pranaheilen werden vermittelt: das Reinigen, Aufladen, Programmieren und Stabilisieren eines Kristalls.

Verlag Hermann Bauer · Freiburg im Breisgau